U0920706

皮书系列

皮书系列

皮书系列

皮书系列

广视角·全方位·多品种

皮书系列

皮书系列

皮书系列

皮书系列为“十二五”国家重点图书出版规划项目

皮书系列

皮书系列

皮书系列

皮书系列

皮书系列

皮书系列

权威·前沿·原创

皮书系列

皮书系列

皮书系列

皮书系列

皮书系列

中国教育发展报告（2012）

ANNUAL REPORT ON CHINA'S EDUCATION (2012)

主　编／杨东平
副主编／柴纯青　黄胜利

社会科学文献出版社
SOCIAL SCIENCES ACADEMIC PRESS (CHINA)

图书在版编目（CIP）数据

中国教育发展报告．2012/杨东平主编．—北京：社会科学文献出版社，2012.3
（教育蓝皮书）
ISBN 978-7-5097-3147-5

Ⅰ.①中… Ⅱ.①杨… Ⅲ.①教育事业-研究报告-中国-2012
Ⅳ.①G52

中国版本图书馆 CIP 数据核字（2012）第 021502 号

教育蓝皮书
中国教育发展报告（2012）

主　　编／杨东平
副 主 编／柴纯青　黄胜利

出 版 人／谢寿光
出 版 者／社会科学文献出版社
地　　址／北京市西城区北三环中路甲 29 号院 3 号楼华龙大厦
邮政编码／100029

责任部门／皮书出版中心（010）59367127　　责任编辑／丁　凡
电子信箱／pishubu@ ssap. cn　　责任校对／高忠磊
项目统筹／邓泳红　　责任印制／岳　阳
总 经 销／社会科学文献出版社发行部（010）59367081　59367089
读者服务／读者服务中心（010）59367028

印　　装／北京季蜂印刷有限公司
开　　本／787mm×1092mm　1/16　　印　　张／21
版　　次／2012 年 3 月第 1 版　　字　　数／360 千字
印　　次／2012 年 3 月第 1 次印刷
书　　号／ISBN 978-7-5097-3147-5
定　　价／59.00 元

教育蓝皮书编委会

主　　编　杨东平

副 主 编　柴纯青　黄胜利

课题核心组成员

杨东平　柴纯青　黄胜利　熊丙奇　袁桂林
王　烽　储朝晖　刘胡权　曾国华　杨　旻

本书作者　（以文序排列）

杨东平　张天雪　李　康　储朝晖　王　建
熊丙奇　柴纯青　王　丽　张俊列　薛文俊
刘胡权　袁桂林　常宝宁　秦　凤　赵明仁
康　健　李泽林　滕　蔓　梁　鸿　莫丽娟
王伯庆　门　垚　骆利娟　王梦萍　孙大伟
董倩倩　王安然　李春玲　王玉国　周　玲
成　刚　孙晓梁

摘　要

2011 年，是贯彻《国家中长期教育改革和发展规划纲要（2011～2020 年）》的第一年。各级政府在优先发展教育、促进教育公平、义务教育均衡发展、学前教育改革等方面，取得了明显成效，教育供求关系继续改善。与此同时，公众参与教育改革、自下而上的自主探索也在升温。政府积极回应社会需求，教育治理方式出现与民间良性互动的新的改善。

国家启动“学前教育三年行动计划”，各地采取了一系列措施，使学前教育得到较快发展。各地积极推进义务教育均衡发展，各省与教育部分别签署了区域教育均衡发展的备忘录，出现了一些新的典型经验和不同模式。各地继续探索高考制度改革，在考试科目、招生方式、录取模式、考试安全和公平公正等方面都有新的进展。国家出台了民办教育的新政策，民办高校首次获得了研究生招生资格。在民办教育综合改革试点上，开始探索民办学校按营利和非营利实行分类管理。

基础教育新课程改革已走过十年的历程。据调查教师对新课改理念认同度较高，但在实践过程中也凸显一些问题。全国涌现了许多自下而上的基层自主教学改革探索案例，这些基层实践尊重学生的主体地位，体现了教育家的自主精神。

教育的热点难点问题在持续发酵升温。2011 年，农村儿童营养问题、频发的校车事故等为全社会关注，引发公众对农村地区大规模“撤点并校”、寄宿制学校等政策的反思。调查发现，我国西部贫困地区中小学师生有近 13% 心理健康状况偏低。义务教育阶段大班额现象、农村特岗教师、家庭教育等受到关注。在大中城市，基础教育阶段的应试教育，择校竞争仍未得到遏制，“小升初”乱象丛生。这一问题的有效治理，关键在于政府是否有决心、有魄力，严格依法行政、依法治教。南方科技大学以“自主招生、自授学位”、“去官化、去行政化”为理念的办学体制改革艰难前行，显示出教育体制改革的实际困境。

教育的多元化和选择性也在增加。一些家长和学生“用脚投票”，逃离应试教育。近年来出现的新一轮留学潮，留学生低龄化特点日益明显，高中阶段国际班的规模不断扩大。正在出现的“在家上学”的探索，具有可能的发展空间。

受出生率下降的影响，我国高等教育进入了生源下降的时代。在这一背景之下，高校应缩减招生，调整专业结构，突出办学特色，并且调整新生培养方式，加强其对大学的适应性。基于6所985高校毕业生的调查结果显示：应届毕业生中只有大约三分之二的人会在当年进入劳动力市场，另外三分之一的人还将继续接受教育而在随后数年中陆续进入劳动力市场。同时，多数大学生比较认同创业者及创业实践活动，但缺乏创业的勇气。

2010年我国教育经费总量继续保持增长，增幅也较上一年有所上升。总体而言，全国各地义务教育和高等教育投入的增长速度渐缓，教育投入省际差异加大；全国大部分地区达到了《教育法》规定的教育投入增长要求。据2011年度对中国30个主要城市公众教育满意度调查，与前三年相比，我国主要城市的公众教育满意度有所降低。

Abstract

The Year 2011 is the first one in implementing the "National Guidelines for Medium-and Long-term Educational Reform and Development". Governments at all levels have made significant progress in the following fields: placing higher priority on developing education, promoting justice in educational access, achieving more balanced development in compulsory education, and reform of preschool education; and thereby the relationship between the supply of and demand for education continues improving. At the same time, public participation in educational reform, self-directed explorations initiated by grassroots level entities have become more frequent. New progress can also be seen in the following fields: the government taking more active steps to respond to social demand, and benign interaction between government and the general public in educational governance.

The state has initiated the "3 – year Action Plan for Preschool Education", and accordingly, authorities in various places have taken a series of measures to speed up the development of preschool education. Steps have been taken everywhere to actively promote balanced development of compulsory education; various provincial authorities have signed memorandums with the Ministry of Education, pledging to achieve goals in achieving more regionally balanced development in education. Thus, new experiences in conducting pilot projects and different models have appeared. Educational authorities in various places continue their efforts in exploring ways to reform the system of college entrance examinations; and accordingly, progress has been made in subjects to be examined, modes of recruitment of new students, modes of admission and enrollment, ensuring safety in conducting examinations, achieving justice and fairness in all matters concerned. New policies haven been taken by the government with regard to non-state/private education. For the first time, qualified non-state/private HEIs are allowed to provide graduate programs and admit graduate students. Pilot projects on comprehensive reform of non-state/private education have been initiated; profit-seeking and non-profit non-state/private institutions will be managed in accordance with different regulations.

Ten years have passed since the initiation of reforming school curricula. According to the findings of various surveys, a higher degree of approval of the ideas embodied by the new curricula can be seen among schoolteachers, yet a number of problems have cropped up in the course of their implementation. Furthermore, throughout the country, there have cropped up many pilot projects of self-directed reform of teaching practices initiated by grassroots entities, and their practice invariably pays higher respect to the subjectivity of studenties and embody the spirit of autonomy of educators.

Hot and difficult problems and issues continue to ferment and become hotter and hotter. In the year 2011, malnutrition of rural children and frequent accidents involving school buses attracted the concern of the entire society, giving rise to public reflections on the policies of dissolving a large number of small rural schools and teaching points and merging them into larger schools, and on the policy of promoting boarding schools in rural areas. Survey findings indicate that the mental health of nearly 13% of rural school teachers and pupils are unsatisfactory. The widespread existence of large classes at the stage of compulsory schooling and family education were all problems of widespread concern. In large and medium-sized cities, at the stage of compulsory education, malpractices of "test- and exam-oriented education", competition for choice of school have not been curbed; chaotic phenomena related to the transition of primary school graduates to junior high schools are widespread and alarming. Whether this problem can be effectively tackled depends on the issue whether the governments at all levels have the strong will and resolution to strictly observe legal regulations in administration and school governance. South China University of Science and Technology is guided by the ideas of "autonomous recruitment of new students and autonomous conferral of academic degrees", and "de-bureaucratization and de-administration, meaning to avoid intervention of institutional affairs by state authorities" as its principles of conducting reforms in institutional management and teaching practice, and it is making progress full of twists, indicating the actual dilemma faced by the restructuring of the education system.

Pluralism and more possible choices are increasing in the educational sector. Some parents and students have "voted with their feet" in their attempt to escape from "exam-oriented education". In recent years, a new round of going abroad to study has arisen, The phenomenon that the age of students going abroad is increasingly lower has become increasingly manifest. At the stage of senior high school, the number of international classes has become increasingly larger. Emerging explorations into "home-based schooling" are underway, and they do have possible space for development.

Being influenced by the prevalence of lower birth rates, the sources of potential

HEI applicants are entering a new era of reduction. With this context in mind, it is imperative that HEIs should reduce the number of new entrants and try to adjust the educational programs (specialties) offered, and try to develop their own unique features in education, and to adjust the manner of instruction for new students, so as to enable them to adapt to college study better. Based on findings of surveys conducted in six 985 HEIs about the employment or continued studies, only about two thirds of the current class graduates are likely to be employed in the same year, while the other one third would continue their studies and enter the labor market in later years. At the same time, a majority of college graduates do want to identify themselves with entrepreneurs and their practical activities, but lack the courage to create their own businesses.

In 2010 total public expenditures on education continued to increase, and the rate of increase was higher than that of the previous year. However, taking the picture of the country as a whole, public expenditures on both compulsory education and higher education in most regions slowed down their rates of increase, indicating larger inter-provincial differences; most provincial-level entities met the requirement set by the Education Law for increase of public expenditure on education. According to the findings of surveys conducted in 30 major cities in China about the degree of satisfaction with education, the degree of satisfaction became lower in comparison with that shown in the previous three years.

目 录

𝔹Ⅰ 总报告

𝔹Ⅱ 年度主题

主题一：贯彻《教育规划纲要》专题研究

主题二：新课改十周年

𝔹Ⅲ 特别关注——农村教育

𝔹Ⅳ 教育新观察

𝔹Ⅴ 教育满意度

B Ⅵ 附录

皮书数据库阅读使用指南

CONTENTS

𝔹 I General Report

𝔹 II Major Themes of the Year

Major Theme 1: Studies on Specific Problems Related to Implementing "The General Guidelines For Medium-and Long-term Educational Reform and Development(2010-2020)"

B III Topics of Special Concern—Rural Education

BIV New Observations in Education

B V Degree of Satisfaction with One's Education

B VI Appendices

总　报　告

General Report

B.1

更新教育范式，深入推进教育制度变革

杨东平*

摘　要： 2011 年，各级政府积极贯彻国家《教育规划纲要》，在优先发展教育、促进教育公平、义务教育均衡发展、学前教育改革等方面取得了明显成效。教育供求关系继续改善。但一些教育的热点难点问题则在持续发酵升温。与此同时，公众参与教育改革、自下而上的自主探索也在升温。政府治理教育的方式有所改善，开始积极回应社会需求，与民间努力展开良性互动。深化教育改革，需要认识和构建改革的动力机制，更新教育范式，推进实质性的制度变革。

关键词： 规划纲要　义务教育均衡发展　教育体制改革

* 杨东平，21 世纪教育研究院院长，北京理工大学教育研究院教授。主要研究教育公共政策、教育公平、教育现代化等。

2011 年是贯彻落实《国家中长期教育改革和发展规划纲要（2010～2020年)》(全书简称《教育规划纲要》）的第一年，被学者称为“教育改革元年”。同时，也是以社会转型、转变经济增长方式为主要特征的我国“十二五计划”的开局之年。贯彻落实《教育规划纲要》，成为众望所归，也是教育领域的重点工作。

一　2011 年教育改革和发展的基本态势

（一）贯彻落实《教育规划纲要》开局良好

一年来，中央和地方政府积极贯彻落实《教育规划纲要》，取得了积极的成效。2011 年 12 月 28 日，教育部部长袁贵仁在向全国人大常委会汇报《教育规划纲要》实施一年来的情况时表示，纲要贯彻落实工作开局良好、进展顺利。纲要确定的 10 年目标任务被分解落实到“十二五”规划、学前教育三年行动计划、义务教育均衡发展三年目标任务、中等职业教育三年行动计划等阶段性计划和年度工作计划中。作为配套政策，国务院出台了开展教育改革试点、加大财政教育投入、发展学前教育、实施农村义务教育学生营养改善计划等重要文件，中央有关部门出台了 100 多个重要文件。

国家优先发展教育，财政资金也优先保障教育投入。2010 年，全国财政性教育经费支出占国内生产总值的比例为 3.66%，比 2009 年提高了 0.07 个百分点。为达到在 2012 年实现国家财政性教育经费支出占国内生产总值 4% 的目标，国家多方筹措教育经费，实行统一内外资企业和个人教育费附加、全面开征地方教育附加以及从土地出让收益中按比例计提教育资金 3 项新政，已初步显现成效，如山东省测算每年可增加教育经费约 100 亿元。

各级政府继续促进教育公平和义务教育均衡发展，坚持教育资源向农村倾斜。国家建立学前教育资助制度、普通高中家庭困难学生资助制度，提高高校国家助学金资助标准，扩大中等职业教育免费政策覆盖范围，已建立起从学前教育到研究生教育较为完整的家庭经济困难学生资助政策体系，基本做到了没有一个学生因经济困难而失学。国家继续提高农村义务教育公用经费标准，每年安排 160 亿元专项资金实施农村义务教育学生营养改善计划。启动实施第二期“中西

部农村初中校舍改造工程”，2010 年、2011 年中央财政投入 50 亿元，重点改善学校食宿条件，提高农村初中巩固率。

一些难点问题趋于缓解，一些突出的教育“短板”得到改善。为解决“入园难”的问题，通过实施三年行动计划，全国将新建、改扩建幼儿园 9 万多所，新增在园规模 500 多万人，学前教育三年毛入园率将提高 10 个百分点。特殊教育建设提速，国家增加了中西部特殊教育学校建设项目的投资规模，该项目的中央预算投资从 37 亿元增加为 47 亿元。①

（二）各地积极开展改革试点

2011 年初，国务院办公厅发布《关于开展国家教育体制改革试点的通知》（以下简称《通知》），部署教育体制改革，确定了试点任务及试点省市、学校。《通知》强调从人民群众关心的热点难点问题入手，着力破除体制机制障碍，努力解决深层次矛盾，搞好总体设计。与以往整体改革的思路有所不同的是，这一轮改革特别强调“坚持因地制宜，鼓励各地各校大胆试验”，充分发挥地方、学校和师生的主动性、积极性、创造性，鼓励各地、各校紧密结合实际开展探索，显示了将改革主要建构在地方和基层实验、试点的基础上，以形成自上而下和自下而上两种力量相结合的机制。

《通知》确定由各省市、不同院校参与的 10 项专项改革试点分别是：建立健全体制机制，加快学前教育发展；推进义务教育均衡发展，多种途径解决择校问题；推进素质教育，切实减轻中小学生课业负担；改革职业教育办学模式，构建现代职业教育体系；改革人才培养模式，提高高等教育人才培养质量；改革高等教育管理方式，建设现代大学制度；适应经济社会发展需求，改革高等学校办学模式；改善民办教育发展环境，深化办学体制改革；健全教师管理制度，加强教师队伍建设；完善教育投入机制，提高教育保障水平。

《通知》确定的 5 项重点领域综合改革试点分别是：基础教育综合改革试点（山东省、湖南省、重庆市）；职业教育综合改革试点（天津市、辽宁省、河南省、四川省）；高等教育综合改革试点（黑龙江省、江苏省、湖北省）；民办教育综合改革试点（浙江省）；省级政府教育统筹综合改革试点（北京市、上海

---

① 参见《波澜壮阔千帆竞》，2011 年 12 月 23 日《中国教育报》。

市、安徽省、广东省、云南省、新疆维吾尔自治区、深圳市）。

各地的教育改革试点逐渐深入，如上海市不仅创造性地解决农民工子女的学前教育和初中后教育问题，实行全覆盖的学前教育，并且在推进基础教育内涵发展方面做出新的探索，实施《中小学生学业质量绿色指标》（包括学生学业水平指数、学生学习动力指数、学生学业负担指数、师生关系指数、教师教学方式指数、校长课程领导力指数、学生社会经济背景对学业成绩的影响指数、学生品德行为指数、学生身体健康指数和跨年度进步指数等），为实施素质教育提供了政策和机制保障；浙江省和湖北省建立“国标、省考、县聘、校用”的教师准入和管理制度；浙江省开展民办教育分类管理的制度建设取得积极成效等等。

（三）教育供求关系继续改善，公众的选择性增加

从教育发展和社会层面，我们可以更加清晰地认知当下的教育形势。

全国义务教育阶段学生数、学校数继续下降。小学数从 2000 年的 55. 36 万所下降为 2010 年的 25. 74 万所，在校学生由 1. 35 亿人减为 9940. 7 万人。初中学校数由 2000 年的 6. 39 万所下降为 2010 年的 5. 49 万所，在校学生由 5811. 7 万人减为 5279. 3 万人。①

2011 年，全国参加高考的人数为 933 万人，比 2010 年又减少了 24 万人。平均高考录取率达到创纪录的 72. 3%，包括山东在内的十多个省市的这一比例已经超过了 90%。全国高等教育毛入学率（在校大学生占 18 ~ 21 岁青年的比例）超过了 26%。与此同时，高考弃考人数多达 100 万。

新一轮的留学潮如火如荼，出国留学人数从 2006 年的 13. 4 万人骤升为 2010 年的 28. 47 万人，近三年的年增幅一直在 24% 以上，并呈加速趋势。据此推算，2011 年出国留学总人数接近 35 万人。最受欢迎的留学国家依次为美国、英国、澳大利亚、加拿大、法国、德国、日本、新西兰、新加坡等。②

据美国国际教育研究所发布的 2011 年“开放门户”报告显示，中国学生已连续 5 年成为美国大学国际学生增长的主要来源。2010 至 2011 学年来自中国大

① 参见教育部《2010 年全国教育事业发展统计公报》（2011 年 7 月 6 日）。

② 《2011 出国留学趋势调查报告》，中国教育在线，2011 年 12 月。

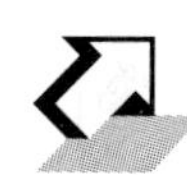

陆的学生人数为157558人，比上年增加了近3万人。加上来自台湾地区的近2.5万名学生和来自香港地区的8000多名学生，目前正在美国留学的中国学生超过19万人。同时，中国大陆留美学生呈现出本科生增长远快于研究生的新趋势。研究生为76830人，比上年增长了15.6%；本科生数量为56976人，比上年增长42.7%，留学生低龄化、本科生数量后来居上的趋势明显。①

留学生低龄化的趋势还表现为高中生出国留学数量增加。据中介机构对北京、上海等14个大城市1.75万名大中学生和家长的调查，2010年出国留学的高中及高中以下学历的学生占19.8%。另据中国教育国际交流协会公布的《2011中国出国留学趋势报告》，本科生出境学习人数占我国总留学人数的62%，高中生占22.6%，研究生有10%计划出国留学。②

上述情况显示，由于学龄人口大幅减少，政府教育投入大幅增加，教育的供求关系正在得到明显改善。与此同时，公众的选择性明显增加，越来越多的老百姓开始“用脚投票”，选择自己满意的教育。

（四）教育热点难点问题仍在发酵

教育的热点难点多是“老大难”问题，在2011年尚未得到有效解决，且仍在继续发酵，如大城市义务教育阶段“择校热”现象、中小学生课业负担过重、进城务工人员随迁子女和农村留守儿童的受教育问题、高等教育的“行政化”弊端等。这些深层次矛盾和问题破解难度大，单靠地方或者一个部门很难突破。相关的一些重大政策、部署正在酝酿之中，可望在2012年出台。

在快速城市化和大规模人口流动的社会转型过程中，一些新矛盾、新问题开始凸显。校车安全事故成为2011年的重大教育事件。9月26日，山西校车事故致7名初中生死亡；11月16日，甘肃校车事故造成19名幼童遇难；12月12日，江苏丰县校车事故致12人死亡，8人受伤。这些事故凸显了农村学生“上学远”的问题，让公众开始反思持续了十年的大规模撤点并校所导致的农村教育的一些基本问题，如农村学校的“空心化”、“被城市化”，城镇的超大学校和

① 张毅：《中国留美学生年龄越来越小》，2011年11月16日《新闻晨报》。

② 向楠：《高中生出境学习人数已占我国留学总人数的22.6%》，2011年12月9日《中国青年报》。

大班额，寄宿制学校以及留守儿童的问题，进入城市的流动儿童的受教育问题等。这些问题亟待破解。

（五）公众参与教育改革的热情逐渐升温

2011 年，自下而上的公众参与和基层改革作为整体改革的一个部分、一种新机制和新动力，其重要价值正在逐渐显现，并为世人所认识。

2011 年恰逢中小学新课程改革十周年，“自主、合作、探究”的理念已经深入人心。在这一过程中，一些民间自发的教育改革实验和教育革新运动令人瞩目。

山东杜郎口中学是一所濒临关闭的薄弱农村学校，为了改变落后面貌，杜郎口中学校长崔其升带领师生自主开展学生主体课堂改革，吸引了全国各地约 70 万教师、校长前往参观学习，成为当前最具影响力的课堂改革模式。

由朱永新教授倡导的“新教育实验”是一场民间教育改革运动，被誉为中国的“新希望工程”，目前全国已有 34 个实验区、1211 所实验学校，超过 138 万名师生加盟新教育实验。

由北京大学毕业生李英强发起的“立人图书馆”计划，立志于乡村和县城的建设，以阅读为基础重建故乡的精神气质，已在 9 个省市建立了 10 个县城分馆，共运营 14 个乡村图书馆，并处于快速发展时期。2011 年夏天，他开办了面向农村青年的暑期学校——“立人大学”。

上海真爱梦想基金会举办的“梦想中心”、“梦想课堂”，旨在为孩子们提供课后可以放松的、支持性的环境，引导孩子走向自我探索和均衡发展之路，目前已在 22 个省市建立了 400 个梦想中心、350 个梦想书屋，培训了 7000 多名乡村教师，帮助了 40 万名学生。

2011 年最具影响的民间努力是爱心人士邓飞等发起的“免费午餐”公益行动。它得到了社会各界的广泛支持，短时间内筹集资金达 2600 多万元，显示了微博改变社会和公众参与的巨大力量。这一由民间发动的公益行动得到了政府的回应和迅速跟进。10 月，国务院决定实施农村义务教育学生营养改善计划，每年拨款 160 多亿元。计划覆盖 680 个县市，惠及 2600 万名农村学生。

与此同时，“在家上学”的实践在各地悄然出现。由于不满学校的应试教育，一些高学历、经济能力较强的家长开始尝试自己解决问题，为孩子提供比较

宽松、愉快、人性化的教育。这一探索在我国尚处于初始阶段，无论在办学还是在管理上都缺乏经验和准备，但从国外经验看，“在家上学”作为对正规学校教育的补充，是教育多样化、选择性的实现方式之一，有合法化成长的空间。

这些变化显示，一场实质性的教育变革有可能成为现实。中国教育在总体上已经超越了极其贫困、极其短缺的阶段，正处在一个新的转折点上，我们完全有可能去追求好的教育、理想的教育。但是，我们需要探讨改革的动力机制，改善教育的治理方式，真正形成全社会共同参与教育改革的新格局。

二　政府治理模式的改善和地方教育制度创新

（一）政府治理模式的改善

在以人为本的社会发展观中，教育不仅是国家富强、民族振兴的战略性事业，也是关系千家万户、关系每一个儿童的民生事业。在这一背景下，政府十分重视舆论和民意，积极回应社会需求，解决重大教育问题，正在形成政府和民间良性互动的新格局。

2011 年的典型事件莫过于“免费午餐”从民间行为变为政府行为，促成了农村义务教育学生营养改善计划的实施。“免费午餐”不仅是政府和民间良性互动、通过公众参与改善政府治理模式的典型案例，也是一种促进社会变革的新模式。

2011 年 11 月 16 日甘肃庆阳县的校车事故发生之后，11 月 27 日，温家宝总理在第 5 次全国妇女儿童工作会议上，要求国务院法制办在一个月内制定《校车安全条例》，把校车安全问题真正纳入法制轨道，从根本上解决问题。

近年来，顶尖研究型大学中农村学生的比例在逐渐减少。这个广受舆论关注的“寒门难出贵子”的问题，迅即引起政府的高度关注。有关部门不仅组织了专项调研，而且在高考制度改革的方案中提出了对弱势阶层学生的补偿性政策设计。一些高校在 2012 年的自主招生中也纷纷出台相关政策，如清华大学针对家境贫寒而自强不息、德才兼备的学生推出“自强计划”，南京大学、西安交通大学和中国科技大学也加入这一计划；中国人民大学推出专门针对家庭三代之内无大学生的农村生源的“圆梦计划”。

（二）义务教育均衡发展的晋中案例

虽然基础教育的整体品质有待改善，但不同地区义务教育的均衡发展在积极推进，个别点上有所突破，提供了一些新的案例和经验，增强了公众对整体改革的信心。

从2011年秋季起，陕西省宁陕县所有学龄前儿童将可以免费上幼儿园，从而率先在全国贫困地区实现了从学前到高中的15年免费教育。目前，已经实行15年免费教育的地区还有陕西省吴起县、山西省府谷县、内蒙古二连浩特市、鄂尔多斯市，甘肃省肃南裕固族自治县、甘肃省阿克塞县等。此外，珠海市、河南新郑市、内蒙古西乌旗等许多地方实行12年免费教育。这显示了一些地方政府自主、自觉优先发展教育的努力。

2011年3月，教育部与北京、天津、河北、辽宁、上海、江苏、安徽、福建、江西、山东、河南、湖南、广西、海南、重庆等首批15个省、自治区、直辖市人民政府签署了义务教育均衡发展备忘录，确定了到2015年或2020年实现义务教育均衡发展的目标。

继安徽铜陵、河北邯郸等地之后，又有一批地区实现了义务教育均衡发展的目标，消除了择校竞争。山西省晋中市成为新的典型。晋中市在改造薄弱学校的基础上，以制度改革为突破口，通过教师交流、优质高中指标到校、阳光编班等改革举措，辅以社会监督，使家长、学生消除了择校、择班的动机。其中最重要的政策杠杆，就是将优质高中的招生指标按学生人数比例分配到初中学校，规定必须在户籍所在地学校连续读3年的学生才能享受到校指标。这一比例2010年达到了60%，2013年将达到100%，从而打破了上好高中必须上好初中、上好初中必须上好小学这样的择校竞争链，使全市2400多名初中生从城区学校回流到农村学校就读。晋中市规范中小学招生编班行为，统一由区县教育局电脑派位、均衡编班，学生和老师的分配都是随机抽取的。义务教育生态改善的结果，就是使“校长、老师、家长、学生的心都静下来了”，都专注于教学质量的提高。

（三）潍坊市建设服务型教育局

山东省潍坊市教育局在政府转型、建立新型公共教育服务体系方面作出了新的探索：首先创新教师培训的机制，将教育局“独家经营”、行政指令性的培训

变为多家竞争、双向选择的机制，设立了教师“培训券”制度，由六七家社会培训公司竞争这一工作；将公众有需求、教育局做不了的事委托社会组织和专业化机构来做，通过购买服务、工作外包的方式，委托知名的家庭教育公司开展农村家长的家庭教育；为了更好地沟通民意和需求，提供服务，教育局整合了8个科室和3个直属单位的服务职能，建立了下设7个分中心的“教育惠民服务中心”，为公众提供“一站式服务”，凡涉及教育的咨询和需求，均可在教育惠民服务中心得到满意的答复和解决。

潍坊市教育局引入民间力量和智慧，建立大教育服务体系，成立了由退休校长、教师组成的非营利的第三方教育评估机构“潍坊市创新教育管理评估中心”。教育局与中心签订协议，“购买”他们对全市2000多所中小学办学行为的督查工作。基于建设“全面服务型教育局”的目标，潍坊市教育局采取了“项目制管理”的方法，对于一些教育需求的满足和教育问题的破解，可由项目领衔人自行组织队伍，在教育系统内外寻找合作伙伴，立项后由教育局支付经费并进行评估。

（四）温州出台民办教育新政

在民办教育综合改革试点省份浙江省的宁波市和温州市都对民办教育管理进行了积极的探索。2011年9月，温州市通过了《关于实施国家民办教育综合改革试点　加快教育改革与发展的若干意见》，率先在全国实施民办教育综合改革。其民办教育新政的亮点主要是，提出了对民办学校按营利与非营利进行法人分类登记，建立合理回报制度，明晰民办学校产权的归属、使用、收益、处分等方面的权利、义务和责任。如分别规定了两类学校不同的登记、管理办法及配套政策；探索组建由国资引导、民资参与的教育担保公司方式的融资体制；规定符合资质的民办学校教师均按公办学校教师标准参加事业单位社会保险，并享受与公办学校教师同等的退休工资等等。

三　推进和深化面向未来的教育改革

（一）破解教育难题需要实质性的制度变革

当前教育领域突出的一些热点难点问题，具有两种不同性质：一种是在计划经济体制和精英主义教育时代形成的旧的管理体制、价值观念，典型如应试教育和择校竞争；另一种是在当前快速城市化、大规模人口流动的新形势下出现的新问题，如进城务工人员子女和农村留守儿童的受教育问题、农村寄宿制学校的问题、交通安全问题等。这些难点都需要通过实质性的体制创新加以破解。如流动儿童教育、“异地高考”等问题，都对传统的以户籍人口为主的政府管理提出了巨大挑战，这需要我们构建以常住人口为主的新的公共服务体制。

但在贯彻落实《教育规划纲要》的过程中，实质性的体制改革仍然是薄弱环节。南方科技大学去行政化、自主办学、自授学位的改革，成为公众寄予厚望的一个典型。其办学一波三折、步履维艰，彰显了一种具有认识价值的“改革困境”：如果改革，就必然意味着打破常规，而不可能完全“合法合规”；如果囿于现成规章制度，照章办事，那就没有改革。这就是改革进入“深水区”的意味，需要更大的努力和魄力走出这一改革困境。

为了贯彻落实《教育规划纲要》，国家专门成立了教育体制改革办公室，成立了国家教育咨询委员会。但由于教育体制改革没有提到必要的议事日程，这一制度的实效仍较有限，高度行政化的内部决策体制依然如故，它已经成为有效解决各种重大教育问题的主要障碍。公众关注度极高的高考制度改革方案未能如期公布，不同教育领域深化、细化改革的分规划未能适时推出，大城市的应试教育和择校竞争难以遏制，政府作为限于开会发文、难以有效解决问题的现实，使许多公众处于迷茫、观望之中，这些都凸显了改变教育治理方式、改革教育决策机制、建立教育问责制的重要性。

（二）更新教育文化，形成新的教育范式

当前的教育呈现出一种发人深省的理想与现实相悖的胶着格局。本来，随着学龄儿童大幅减少，政府教育经费大幅增加，各类教育机会大幅增加，教育的供求关系明显改善，教育的内外部环境日益宽松，我们完全有可能实行更为人性化和高品质的教育。然而，当前的教育现实是儿童的学业负担、考试竞争依然如故，中小学的应试教育蔓延到了幼儿园，大城市的择校竞争进入了幼升小的过程。而农村采取的是大量撤并学校的做法，使城镇学校人满为患，出现了前所未有的“超级学校”和超大班额。这一现实说明好的教育、理想的教育并不完全取决于教育资源和供求关系，“蛋糕”做大了，并不会自动地实现教育公平，教

育自动达到优良品质。背后起决定因素的是我们的价值、目标、文化和教育理念。无论是政府、家长还是市场的力量，都有自身明确的文化和价值支撑，都是某种价值观的产物。佩戴“五道杠”的湖北小学生成为“官模官样”学生的标本，各地频频爆出的给差生戴“绿领巾”、给后进学生穿红校服、让学生按不同成绩使用不同颜色作业本等给学生贴标签的行为，被定义为“反教育”事件，印证着畸形的教育价值观。尽管我国已经进入了普及教育、全民教育、高等教育大众化、互联网的新时代，但社会管理层的主流价值依然停留在精英主义的时代，奉行的依然是重点学校、升学率竞争、名校崇拜、培养尖子的价值观，实行的仍然是一种面向少数人的教育。而望子成龙、出人头地、读书做官之类的陈腐价值观，在新的形势下被前所未有地“合法化”了！

这一事实提示我们，一场实质性的教育改革必然意味着“教育范式”的整体改变，即按照科学发展观和以人为本的价值观，构建真正面向大多数人的教育，努力办好每一所学校，促进每一个儿童的健康成长和终身幸福。这既包括政府的政绩观、学校制度、评价制度等的改变，也包括家长和全社会教育价值的更新。今天我们特别需要倡导和建设全民教育、学习化社会、互联网时代新型的教育制度和教育文化，旗帜鲜明地反对面向少数人的教育，革除“精英主义教育”的惯性和积弊。

（三）探讨教育改革的动力机制

教育变革是教育界内外各种社会合力的结果。2011 年的教育发展，最值得认识的变化之一，是自上而下与自下而上两种机制的结合、政府和民间力量良性互动的格局初露端倪，它预示着一种变化和新的生长。

在当前的现实国情中，我们仍然可以探索教育改革的动力机制：一是地方教育制度创新，通过地方政府和基础学校的自主创新，为整体性的变革提供经验和典范；二是对外开放促进教育创新，如高等教育开放和留学潮带来的改变；三是企业促进教育创新，这在职业教育领域得到最明显的体现；四是家长和家庭教育的改变，家长的选择有可能影响学校和教育；五是互联网促进教育创新，提供以学生为主体的个性化、社会化学习的技术手段和参与平台；六是 NGO 促进教育创新。

越来越多的公民开始超越“教育能改变吗”这样的提问，超越单纯批判、抱怨、等待的状态，开始走向行动，走向力所能及的改变。它有两个不同的方向：一是“用脚投票”，逃离和背弃“应试教育”，选择符合理想的教育；二是参与改变现实教育的实际活动，如“在家上学”那样自行举办教育。正如乔布斯所言，“活着就是为了改变世界”。人们意识到，个人并非是完全被动的。亦如同朱永新对教师所言，“只要关起教室门，你就是国王，就是你说了算。你的价值、你的思想就会引领孩子往你想要的方向发展。同样，一个校长关起校门，他就是这片土地的国王”。公众行动、公众实际参与教育变革的进程，正在逐渐成为教育变革的动力之一。

加拿大著名教育家迈克·富兰撰著的《变革的力量——透视教育改革》，揭示世界各国自上而下强力推行的教育变革，在轰轰烈烈开展之后往往无疾而终。这是因为教育变革是一个非线性的、不稳定的动态过程，其结果是不确定的。因此，我们需要新的思维方式和工作机制。迈克·富兰认为，改革不能靠政府和专家外在的强迫和控制，而要更多地寄希望于自下而上的改革，“使变革成为一种生活方式”，学习型个人、学习型组织和学习型社会才是推动复杂变革的真正动力，而新思想往往产生于多样性的文化和在团体边缘的人。在我们身边，这种微改革、微创新、微公益的成功实践正越来越多。这种自下而上的、局部的、零散的、个体的、非制度化、非主流模式的自主创新，强调每一个人的学习和参与，体现了去中心化的学习模式和“互联网精神”。这不仅是互联网时代知识生产的模式，也是知识经济时代社会创新的模式。靠无数“微改变”凝聚的公民社会的力量，将是实现整体性教育变革的基础性力量。

Renovating Educational Paradigms and Pushing Forward Education System Reforms in Depth

Yang Dongping

Abstract: The Year 2011 is the first one in implementing the “National Guidelines for Medium- and Long-term Educational Reform and Development”. Governments at all levels have made significant progress in the following fields: placing higher priority on developing education, promoting justice in educational access, achieving more balanced

development of compulsory education, and reforming preschool education. And the relationship between the supply of and demand for education continues to improve. Meanwhile hot and difficult problems and issues in education continue to ferment and become hotter and hotter. Public participation in educational reform, self-directed explorations initiated by grassroots entities have become more frequent. New progress can also be seen in the following fields: the government taking more active steps to respond to social demand, and improvement of benign interaction between government and the general public in educational governance. When pushing forward educational reforms in depth it is necessary to recognize and construct the dynamic mechanism of the reforms, renovate educational paradigms and promote substantive institutional change.

Key Words: National guidelines for medium- and long-term educational reform and development; Balanced development of compulsory education; Reform of educational system

年度主题

Major Themes of the Year

·主题一：贯彻《教育规划纲要》专题研究·

B.2 义务教育均衡发展的现状与展望*

张天雪　李 康**

摘　要：促进义务教育均衡发展是《教育规划纲要》确定的重大决策和主要任务。2011 年，教育部与各省市区分别签署了义务教育均衡发展的备忘录，确定该工作的目标、内容、途径和责任。各地形成了不同的发展模式和改革举措。继续深入推进义务教育均衡发展，需要通过公众参与的制度革新，形成新的教育治理方式，打破现有利益格局。

关键词：义务教育均衡发展　现状　模式

促进义务教育均衡发展是《国家中长期教育改革和发展规划纲要（2010～

---

* 本文系教育部人文社科 2011 年度课题“公民社会建设进程中民众参与教育改革的机制研究”成果之一。课题编号：11YJA880156。

** 张天雪，浙江师范大学教授，教育经济与管理硕士生导师，主要研究方向为基础教育改革、教育政策；李康，浙江师范大学教育经济与管理硕士研究生，主要研究方向为基础教育改革。

2020年)》(以下简称《教育规划纲要》)确定的重大决策和主要任务。一年来,教育部与省级政府签署备忘录,各地因地制宜地推动义务教育均衡发展,形成了不同的模式和经验,取得了新的进展。

一　省部签署义务教育均衡发展备忘录

在我国,地方政府作为基础教育的行政主体,承担着区域教育均衡发展的重要作用,是义务教育均衡发展的“第一责任人”。根据《教育规划纲要》的要求以及2010年教育部印发的《关于贯彻落实科学发展观进一步推进义务教育均衡发展的意见》,教育部制定了《义务教育分规划》、《教师队伍建设分规划》,与有关部门一起启动了义务教育学校标准化建设工程,深化了义务教育经费保障机制、中小学教师特岗计划、教师国培计划、农村薄弱学校改造计划、中小学校舍安全工程,加大了对各地义务教育均衡发展的支持力度。

2011年3月,教育部与北京、天津、河北、辽宁、上海、江苏、安徽、福建、江西、山东、河南、湖南、广西、海南、重庆等15个省、自治区、直辖市人民政府签署了义务教育均衡发展备忘录,在省部级层面上强力推动义务教育均衡发展工作。

同年7月,教育部又与浙江、贵州、陕西、山西、湖北、黑龙江、吉林、内蒙古、宁夏、新疆以及新疆生产建设兵团签署义务教育均衡发展备忘录。

到2011年底,教育部共与27个省份及新疆生产建设兵团签署了义务教育均衡发展备忘录。在备忘录中,明确了教育部和各省、自治区、直辖市的责任和任务,绘制了基本实现均衡发展的蓝图,各地具有不同的特色,突出了针对性和可操作性。各省承诺在教育部的支持下,按年度实现县域义务教育基本均衡发展,具体情况见表1。

表1　部分省、市、自治区义务教育均衡发展的具体目标

省份	目　　标
北京——让每一所学校、每一名学生都精彩	在全市16个区(县)中,于2012年底10个区(县)实现县域义务教育基本均衡发展,2015年全市16个区(县)全部实现县域义务教育基本均衡发展

续表

省份	目　标
重庆——让城乡居民同享高质量的义务教育	扎实开展义务教育均衡发展合格区县(自治县)的认定工作,根据本市推进义务教育均衡发展规划,全市40个区县(自治县)到2012年底全部实现区县(自治县)域内义务教育初步均衡发展,其中20个区县(自治县)实现基本均衡发展;到2015年底全部区县(自治县)实现基本均衡发展,并通过市政府认定。建立义务教育基本均衡发展合格区县(自治县)的激励机制,命名一批义务教育均衡发展示范区县(自治县)
浙江——以均衡化推进现代化	根据浙江省义务教育高水平均衡发展规划,全省90个县(市、区),到2012年底全部县(市、区)实现县域义务教育基本均衡发展,并通过省级人民政府认定;到2015年基本实现县域义务教育现代化,到2020年全省全面实现义务教育现代化
江苏——从初步均衡向优质均衡跨越	根据江苏省推进县域义务教育优质均衡发展规划,全省105个县(市、区)中,到2012年底所有县(市、区)实现县域义务教育基本均衡发展,并通过省级人民政府认定;到2015年底76个县(市、区)实现县域义务教育优质均衡发展,其中南京、无锡、苏州、常州实现市域义务教育优质均衡发展;到2020年前全省所有县(市、区)实现县域义务教育优质均衡发展
山西——强化政府职责全力推进义务教育均衡发展	全省119个县(市、区),到2012年底20个县(市、区)实现县域义务教育基本均衡发展,到2015年底累计96个县(市、区)实现县域义务教育基本均衡发展,到2018年底全省119个县(市、区)全部实现县域义务教育基本均衡发展
黑龙江——创新和完善机制切实履行承诺	全省有65个市辖区、64个县(市)、12个县级企业局,到2012年底55个县(市、区、企)实现县域义务教育初步均衡发展,其中19个县(市、区)实现义务教育基本均衡发展;到2015年底累计141个县(市、区、企)全部实现县域义务教育初步均衡发展,其中累计64个县(市、区、企)实现县域义务教育基本均衡发展;到2020年底累计141个县(市、区、企)全部实现县域义务教育基本均衡发展
河北——推广多种模式加快均衡发展	到2012年底全省实现县域义务教育初步均衡发展,到2015年底90个县(市、区)实现县域义务教育基本均衡发展,到2020年底全省172个县(市、区)全部实现县域义务教育基本均衡发展
湖南——以合格学校建设为抓手推进均衡发展	全省122个县(市、区),到2012年底全部实现县域义务教育初步均衡发展,到2015年底全部实现县域义务教育基本均衡发展,到2020年,县域范围内义务教育整体水平提高,县际之间义务教育差距明显缩小
陕西——让每个孩子沐浴在义务教育均衡发展的阳光下	全省107个县(市、区),到2012年底37个县(市、区)实现县域义务教育初步均衡发展,到2015年底65个县(市、区)实现县域义务教育基本均衡发展,到2020年底107个县(市、区)全部实现县域义务教育基本均衡发展,并通过省级人民政府认定
宁夏——强力推进义务教育均衡发展	根据《宁夏回族自治区进一步推进义务教育均衡发展实施方案》,全区22个县(市、区)中,到2012年底有3个县(市、区)实现县域内义务教育基本均衡发展,到2015年底累计有17个县(市、区)实现县域内义务教育基本均衡发展,到2017年底累计22个县(市、区)全部实现县域义务教育基本均衡发展

通过签署备忘录的形式，省部共同推进义务教育均衡发展，是贯彻落实《教育规划纲要》的重大举措，是我国义务教育全面提高普及水平、全面提高教育质量、基本实现区域内均衡发展2020年战略目标的重要机制。

二 强化“省级统筹”，落实“以县为主”的义务教育均衡发展责任

在与教育部签订共同推进教育均衡发展备忘录之后，许多省也与县签订了责任书。下一步要强化各级政府的督导和评估，像对义务教育“普九”督导验收一样，对基本实现县域教育均衡发展进行验收。

（一）强化省级政府的统筹力度，进一步落实责任

各地进一步落实政府责任，加大经费投入，完善政策措施，解决突出问题，完善督导评估与监督问责机制。湖北省坚持“省级统筹，以县为主，上下联动”的方法推进义务教育均衡发展。分两批确定了40个县（市、区）为省级试点单位。分年度确定实现县域义务教育基本均衡发展县（市、区）名单。2011年底先对第一批20个试点县（市、区）进行省级检查验收。统一组织调研，组织各单位到9个省（市）借鉴经验。多次召开座谈会，对各地的工作方案进行研究修改。河北省将县域义务教育均衡发展工作纳入对各级政府及主要负责人的年度考核；进一步加大投入，强化省级统筹，足额落实地方配套资金，安排专项经费扶持贫困地区和薄弱学校，建立健全义务教育均衡发展的经费保障机制；进一步突出重点，将教育资源向农村地区、经济欠发达地区和少数民族地区倾斜，向薄弱学校和困难群体倾斜，给予足够保障；进一步创新机制，深化农村学区改革，健全农村学区管理制度，大力推广联合校、兼并校、建分校、新建校“四种模式”，做强优质学校，转化改造薄弱学校，促进教学资源合理配置，逐步消除择校现象。

（二）完善“以县为主”管理体制，推动义务教育均衡发展

促进均衡发展，需要政府起到主导作用、县级政府和教育部门承担主体责任，实现教育资源区域统筹和科学配置。

河北省落实“以县为主”的管理体制。各县（市、区）成立了由县（市、

区）长任组长的领导小组。以政府或人大常委会名义出台了实施方案。同时，县级承担制定规划、调整布局等6方面的任务，县级政府统筹做好22项具体工作，教育行政部门有26项具体工作。实行市县共建，形成市县共建的格局。

浙江省义乌市坚持“以县为主”的城乡教育统筹发展模式，充分发挥县级政府在区域教育均衡发展中的领导作用和人、财、物等教育资源的统筹功能，统筹全市中小学校（幼儿园）的经费、师资、建设和教育教学管理。在这一制度下，全市中小学校，无论规模大小，都得到了相对均衡的政府公共保障。从2006年至2010年，全市教育经费总支出、财政性教育经费支出年增幅均达15%以上。同时，义乌市加快城乡学校“标准化，现代化”建设。目前，全市已有69所初中、小学达到省标准化校园标准，占初中、小学学校数的81.2%。农村义务教育阶段省市示范学校学生覆盖率达83.8%。①

河南省在坚持“以县为主”的管理体制上，不断完善体制机制，多策并举，着力提高义务教育经费保障水平，提升教师整体素质，缩小校际办学水平差距，在推进县域内义务教育均衡发展方面迈出了坚实的步伐。河南省先后开展了多次义务教育均衡发展先进县创建活动，全省上下形成了共同参与、你追我赶、争先创优的良好工作氛围。

三　各省市推进义务教育均衡发展的特点

以签署义务教育均衡发展备忘录为契机，各省明确义务教育均衡发展的时间表和“路线图”，把推进义务教育均衡发展工作摆上了重要议事日程。最重要的是，各地在部署义务教育均衡发展中，体现了“因地制宜”的基本原则。

（一）经济发展程度不同，发展目标不同

从整体来看，各地方义务教育均衡发展都是以缩小区域之间、城乡之间、校际之间的差距，保障教育公平为目标，从行政管理体制、教育经费保障、师资队伍建设、学校教育质量提升等方面着手。但是，各省由于受自然环境、经济条件

① 教育部：《义乌市：以区域统筹推进义务教育均衡优质发展》，http：//www. moe. edu. cn/publicfiles/business/htmlfiles/moe/s5203/201108/123216. html，2011年12月30日。

等因素的制约，在义务教育均衡发展的过程中又存在着区别。在经济条件较好的省份，如北京、上海、浙江等，提出了要在现有的基础上，通过努力实现义务教育优质均衡发展的目标。而在经济欠发达地区，如陕西、宁夏等则是为实现区域内义务教育基本均衡发展仍在努力。

（二）在义务教育均衡发展模式和路径上呈现不同的特色

在义务教育均衡发展的模式上，各省也呈现出不同的特色。

第一，部分省市采取扩展名校优质资源的方式。例如，浙江省以“公平、均衡、素质、质量、协调”十字方针为理念，以科学和谐发展为指导，在推进义务教育均衡发展过程中，勇于探索创新，通过“名校集团化”、“一校两区”、乡村“中心校”等多种办学模式，通过城乡一体的义务教育经费保障机制，加强对薄弱学校的改造。① 通过政策倾斜、经费倾斜等杠杆推动义务教育均衡发展的实现。而上海对郊区农村相对薄弱学校委托中心城区的品牌中小学进行管理。

第二，部分地区通过制定、完善本地区义务教育阶段学校的基本标准以推动义务教育均衡发展，普遍把改善薄弱学校办学条件作为当前推进义务教育均衡发展的工作重点，如对校园校舍建设、师资配置等方面作出不同的量化要求。

天津市建立全市统一的义务教育学校现代化的办学标准，2010 年已有一半学校通过达标验收，计划到 2012 年底每一所学校都达到市政府确定的现代化办学标准。陕西省加大投入，建设高标准的寄宿制学校，实现办学条件基本均衡。辽宁建设了 1000 所农村九年一贯制标准化寄宿制学校，覆盖了每个乡镇。

第三，部分省市将提高教师素质作为义务教育均衡发展的途径。

山西省将工作重点放在提升教师素质上。在加强有效教研工作中，引导和指导各地因地制宜，创新机制，创造性地开展工作，特别是在农村，积极建立“联片教研”制度，有效解决了农村地区教师素质较低、教育理念落后、学科结构不合理、教研活动不能有效组织等问题。浙江省开展中小学教师专业发展培训，研究制定了《浙江省中小学教师专业发展培训若干规定》，建立了全员覆盖的教师培训制度，突出教师的自主选择性和培训机构的竞争性，准备以 5 年为一个周期，以专业发展为重点，对中小学校校长和教师进行全员培训。

---

① 张天雪：《区域教育均衡发展的实践模式、路径与政策理路》，《教育发展研究》2010 年第 22 期。

部分地区还将区域内教师支教、教师交流等政策制度化，引导教师向农村学校、薄弱学校流动。如福建省组织县域内教师在城镇学校和农村学校之间合理流动。安徽省合肥市教育主管部门规定教师任教满6年的必须轮岗，以促进义务教育均衡发展。

第四，部分省市将规范办学行为作为促进义务教育均衡发展的抓手。

规范办学行为，是长期以来备受关注的问题。一些省市出台减轻中小学生课业负担、缓解城市择校问题等政策措施，一些不符合素质教育要求、违背教育规律的问题正在逐步得到纠正。山西、甘肃等省份均衡分配示范性高中招生名额以保证教育公平，解决“择校”问题。山西省继续实行和完善普通高中招生名额按比例分配到初中学校的改革措施，将当地优质高中60%以上的招生名额分配到普通初中学校，指标分配要与初中办学水平挂钩。同时，公办普通高中招收择校生必须严格执行限人数、限分数、限钱数的“三限”政策；招生范围由市教育行政部门严格限定，不得跨市招生。浙江、江苏、河南、四川、重庆、贵州、宁夏、新疆、内蒙古等地以减轻学生课业负担为突破口，科学安排作息时间，努力确保学生睡眠时间和体育锻炼时间。山东省构建起“政府主导、规范管理、课程带动、评价引领、督导保障”的素质教育运行模式。

第五，许多地方把义务教育均衡发展作为对县级人民政府教育工作督导评估的重要内容。

重庆市将义务教育标准化完成率作为考核区县党政班子实绩的重要指标。北京、辽宁、陕西、河南、江苏、四川、广西等地建立了义务教育均衡发展表彰奖励制度。2011年，晋中市按照国家和省有关要求，借鉴省内外先进经验，制订了“四化两改”工作方案，即“办学条件标准化、教师交流制度化、学校管理规范化、教育教学信息化和改造薄弱学校，改革招生制度”，特别是把义务教育干部、教师交流制度化作为解决义务教育均衡发展问题的根本性措施，以此推进区域内义务教育的均衡发展。湖北省启动义务教育均衡发展行动计划，以县域为单位实施学校标准化建设、教师队伍建设等工程。

四　深入推进义务教育均衡发展的政策建议

推进义务教育均衡发展的任务比实现普及义务教育的任务更为艰巨、更为复

杂，用的时间也会更长。如果说“普九”追求的是“量”和规模的发展，那么“均衡”追求的则是教育品质的提升，是在调整中求公平，在改革中求和谐。尽管自2006年起各地开始逐步推进义务教育均衡发展，但总体而言，区域之间、城乡之间、学校之间的不均衡的矛盾仍较突出。当前，在推进义务教育均衡发展过程中存在着一些问题，主要表现在以下几方面。

（一）防止改革陷入“均衡陷阱”

在一些大城市，由于学校差距过大而造成的小升初和幼升小阶段激烈的择校竞争、学生负担过重等问题尚未根本改善，且有愈演愈烈之势，成为公众反映强烈的最不满意的教育问题。造成这一现象，既有教育理念方面的问题，更为重要的是利益机制和利益集团的阻碍作用。一些国家在教育均衡发展过程中，也出现过“制度壁垒”和“政策阻滞”的现象。他们不愿意改变现有利益格局，企图把过渡时期的机制定型化，变“摸着石头过河”为“抱着石头不过河”，阻止进一步变革。比如一些城市的重点学校、政府主管部门、精英集团等结成利益同盟，对于诸如扩大就近入学比例、实行教师流动、重点高中指标到校、制止有偿家教等促进学校均衡发展的措施事实上持抵制的态度。一些经济发达地区在涉及教育资金分配、转移支付上，也会出现强势利益集团的阻挠，使教育发展陷入所谓的“均衡陷阱”。

要打破这个“陷阱”，从制度创新的角度看，国家可以出台“教育投入法”、“弱势群体教育保障法”、“学校法”等法律法规来推动义务教育的均衡发展，从正式制度层面为教育均衡发展提供法律依据。更为关键的是，地方政府依法行政，依法办学，维护义务教育的正常秩序，真正贯彻落实《义务教育法》和国家的有关法律、制度和政策。

（二）通过公众参与改善教育治理方式

任何一项事关民众利益的教育政策都会形成多元的利益诉求，义务教育均衡发展也不例外。推动义务教育均衡发展，意味着要求对现有的利益链条进行调整和再分配。为此，必须通过广泛的公众参与，建立信息公开、社会监督、行政问责等制度，创新地方教育治理方式，使国家意志能够真正实现。要充分调动各种社会力量、学界和学校自身的力量，建立全民共同治理的机制。例如，按照

《教育规划纲要》的要求，建立地方的“教育咨询委员会”，促进教育决策的科学化、民主化。在学校布局调整、资源配置、资金使用等涉及教育公平的重大决策时，建立民主、公开的决策程序，如举行民意调查、听证会等。

（三）建立可测量、可问责的义务教育均衡发展评价指标

目前在“义务教育均衡发展备忘录”中关于均衡发展的目标，如“初步均衡”、“基本均衡”、“高位均衡”、“优质均衡”等概念，大多缺乏可以测量评价的清晰指标，或者没有公开这些指标。因此，建立可测量、可问责的义务教育均衡发展评价指标十分重要。需要通过公众参与和公开讨论，建立公众能够看得懂的、简单、清晰的评价指标，使之成为验收、评价、政绩考核的依据。避免出现几年后“基本均衡”、“初步均衡”等说法成为自说自话、难以评价追究的文字游戏。

（四）处理好“省级统筹”和“以县为主”的关系

在解决城乡义务教育均衡发展的问题上，需要进一步发挥省级统筹的作用，加强省域内的教育财政支付转移力度，在教师培训、学校标准化建设等各项教育发展项目上，根据各地区不同的经济发达程度，采取有区别的财政支援。在教师管理制度上，有的省建立起“省考、县聘、区管、校用”的制度，是值得借鉴的。

重点解决农村教育和农村教师问题。省级政府在教师编制上加强统筹力度，强化对农村地区师资的社会保障力度，改善农村和薄弱学校教师的编制和待遇水平。例如，可考虑实行弹性编制，即不机械地按生师比设置编制，考虑到小型学校的实际需要，减少所谓的“全科教师”。同时，从省情和县情出发，因地制宜地实行教师流动政策，对于平原地区学校可采取跑教、短期多次支教方式，对于山区和边远地区学校可强化“特岗教师计划”，可实施必要的教师购买计划，面向有教师资格证的教师进行政府采购，给予薪酬和职称、住房方面的优惠待遇。

（五）注意学校的内涵发展和特色发展，防止教育均质化

当前，义务教育阶段的主要矛盾是变相的重点学校制度、学校差距过大导致的教育不均衡发展；与此同时，也需要处理好均衡与优质的关系，不应忽视学校

的优质发展、特色发展。一些地方在推进教育均衡发展过程中出现形式大于实质、重视硬件而忽视软件的现象。也就是在硬件建设上均衡比较快、比较好；但在实质均衡上，主要是生源和教师资源方面的均衡程度则远远不足。不少优质学校在实行集团化、一校两区等措施的过程中，出现一个模式、一套班子、一个标准、一支队伍的现象，导致不同学校办学趋于平均化、平面化，有违教育均衡发展的初衷。此外，要处理好近期发展与长远谋划的关系，既要因地制宜地解决好义务教育均衡发展过程中的现实困难和矛盾，又要兼顾教育发展的长远规划和战略定位，努力推进城乡义务教育的一体化，推动义务教育的高质量、高水平普及，为实现义务教育现代化打下坚实的基础。

On the Current Situation and Future Prospects of the Balanced Development of Compulsory Education

Zhang Tianxue　Li Kang

Abstract: One of the major decisions and main tasks confirmed in the "National Guidelines for Medium- and Long-term Educational Reform and Development" is to promote balanced development of compulsory education. In the year of 2011 most provincial authorities signed the memorandums about balanced development of compulsory education with MOE in which the goals, contents, measures and responsibilities have been made clear. Different development modes and reform measures have been explored in local places. When pushing forward balanced development of compulsory education in depth it is necessary to have more public participation in institutional change, build new management mode in education and break present interest patterns.

Key Words: Balanced development of compulsory education; Current situation; Development mode

B.3
学前教育的快速发展亟须奠定公平基石

储朝晖*

摘　要：《教育规划纲要》颁布后，各地采取了一系列措施，启动“学前教育三年行动计划”，使学前教育得到较快发展。但是，学前教育的发展未能从规划、投入、机制等方面重视公平，一些地方出现的“运动式”苗头，也势必对幼儿教育科学、理性、可持续发展造成影响。因此，亟须有效推进学前教育的公平发展，改革现有体制，改变政府在学前教育发展中的定位。

关键词：学前教育　发展　公平

长期以来，中国学前教育的发展一直是整个教育体系最薄弱的一环，“入园难、入园贵”成为突出的教育问题。2010 年发布的《国家中长期教育改革和发展规划纲要（2010～2012 年）》，针对学前教育的“短板”，明确提出基本普及学前教育的目标，明确政府主导、社会参与、公办民办并举的办园体制，明确重点发展农村学前教育的发展策略。

一　政府强力推动，实施三年行动计划

2010 年 12 月初，国务院召开全国学前教育工作电视电话会议，贯彻落实《国务院关于当前发展学前教育的若干意见》，部署近三年的学前教育工作。国家对学前教育关心重视的程度、政策出台的密度、财政投入的力度，都是前所未

* 储朝晖，中国教育科学研究院研究员。

有的。国务院先后发布“国五条”、“国十条”，提出把发展学前教育作为保障和改善民生的重要内容，按照公益性和普惠性的原则，建立覆盖城乡、布局合理的学前教育公共服务体系，保障适龄儿童接受基本的、有质量的学前教育，促进幼儿健康快乐成长，并要求各地尽快制订实施学前教育三年行动计划。目前，各地学前教育三年行动计划的编制工作已经全部结束，进入全面实施阶段。

教育部会同国家发改委启动“中西部农村学前教育推进工程试点”，2010 年安排了 5 亿元资金在 10 个省启动农村学前教育推进工程试点，建设了 416 所幼儿园。在此基础上，2011 年农村学前教育推进工程试点资金增加至 15 亿元，资金安排将重点向贫困落后地区和少数民族地区倾斜，试点范围扩大到中西部 25 个省，规划建设幼儿园 891 个。① 各地普遍建立了政府分管领导牵头的学前教育联席会议制度，以县为单位编制了学前教育三年行动计划。部分地方学前教育事业经费接近同级教育事业经费的 9%，落实幼儿教师的培养和地位提高措施，完善发展幼儿教育的政策法规。

2011 年 9 月，教育部在强调各地发展学前教育方面取得进展时指出：“一是各级党委政府高度重视，党政领导亲自抓，切实将实施学前教育三年行动计划作为保障和改善民生的重要举措，摆上重要位置。二是幼儿师资队伍建设取得重大突破，各地大力推进公办幼儿园教师编制的核定工作，加大培养培训力度，多措并举加强各级各类幼儿园教师工资待遇的保障。三是落实政府投入责任，研究制定了加大财政投入的多种措施，加大了项目和资金的安排力度。四是普遍建立了学前教育工作的统筹协调、督促检查和问责机制，健全管理机构，充实管理力量。”② 这段表述说明了当前幼儿教育发展的动力来源，地方政府起着引擎的作用。

从各地的情况看，陕西省省长赵正永提出：针对学前教育资源严重不足，城乡发展很不均衡的现状，把学前教育作为重大民生工程，努力构建“广覆盖、保基本、有质量”的学前教育服务体系，让全省每一个幼儿快乐健康成长。计划到 2013 年底，每个县城至少新建 1 所公办园，全省建成 1000 所乡镇公办园，使幼儿园覆盖全部城镇小区和行政村。陕西省神木县、宁陕县、府谷县、吴起县

---

① 林茵、吴晶：《2011 年农村学前教育推进工程试点资金增至 15 亿元》，2011 年 9 月 28 日新华社。

② 林茵、吴晶：《未来三年各地将新建改扩建 9 万多所幼儿园可新增 500 多万个园位》，2011 年 9 月 28 日新华社。

等多个县还陆续推出了学前教育免费政策，在全国各地引起强烈反响。①

江苏省修订了《江苏省学前教育条例（草案)》，省政府出面把教育对口支援工作延伸到学前教育，江苏省采取了南京市鼓楼区等5个县（市、区）对苏北盱眙县等5个县（区）结对帮助创建省优质幼儿园的方式，探索学前教育均衡发展。② 福建省将把学前教育立法列入省人大常委会立法计划，省教育厅已着手起草《福建省学前教育条例（草拟稿)》。③ 广西壮族自治区启动了县域农村学前教育发展机制改革试点工作，南宁、柳州两市，武鸣、鹿寨、灵川等12个县（市）被确定为试点地区，教育厅启动了“乡镇中心幼儿园建设促进年”活动。④ 安徽省要求各市出台支持学前教育发展意见，省教育厅也积极争取省出台支持学前教育发展意见；建立项目推进和工作推进的相关制度，包括工作进展通报制度、涉及资金和质量的管理制度、工作推进制度、考核评估制度、责任制和责任追究制度。建立学前教育管理信息系统。⑤

从2010年开始，学前教育发展较快。幼儿园数、在园幼儿数、幼儿园园长和教师数均有所增加，学前教育毛入园率有较大提高。2010年全国共有幼儿园15.04万所，比上年增加1.22万所，在园幼儿（包括学前班）2976.67万人，比上年增加318.86万人。幼儿园园长和教师共130.53万人，比上年增加17.75万人。学前教育毛入园率达到56.6%，比上年提高5.7个百分点。⑥

二　民间呼声密集，焦点直指教育公平

尽管各地采取多种措施积极发展学前教育，但民间对幼儿教育发展的意见依然较多。2011年8月，重庆市政府网站邀请市教委主任周旭与广大网民进行在

① 刘雪莲、高亮：《陕西学前教育免费受关注青岛优惠政策差点劲》，2011年9月25日《半岛都市报》。

② 缪志聪：《江苏对口支援延至学前教育南北结对建省优质园》，2011年11月3日《中国教育报》。

③ 李白蕾：《福建学前教育将立法规范幼儿入园难有望缓解》，2011年10月6日《福建日报》。

④ 蒋晓梅：《广西灵活改革推动学前教育发展改扩建一批幼儿园》，2011年9月26日《南国早报》。

⑤ 来华军：《全省学前教育规划工作培训会议在合肥召开》，http：//blog. sina. com. cn/ s/blog_4e6662b70100wt80. html。

⑥ 教育部：《2010年全国教育事业发展统计公报》，2011年7月6日《中国教育报》。

线交流，谈话和跟帖的内容反映了具有共性的问题，归类整理如下。

一是反映幼儿园收费高。幼儿园的收费标准不明，除正常的管理费（保教费）、餐费、书费还有特长费、空调费、班费等等。一名工作16年的学前教育专业教育学博士，其孩子想上公办幼儿园，但名额极其紧张，通过多方协调，方获准入读，但需要缴纳三年18000元赞助费，每月还要缴纳一千多元的费用。有些地方幼儿园办“办园许可证”要交10万元的保证金。建议政府加大公办园的投入，并且规范幼儿园的收费，建议取消择校费或赞助费。有的公办学校招生一年级学生时通过缩小划片招生范围的方式收取每生6000～12000元的择校费。

二是幼儿教师的问题，主要是农村公办园的代课教师和民办园的教师，待遇低，医疗、养老等方面问题无着落。一名农村公办园教龄近20年的代课教师，月工资只有五百多元，寒暑假期间无工资，学校也未为其缴纳养老保险费，问题始终没能得到解决。在幼教岗位工作了十多年的农村集体幼儿教师，被政府强制性辞退后成为民办幼儿园的教师，她们退休后的待遇、是否解决养老问题，均不清晰。民办园幼儿教师没有相应的人事管理制度和人事档案，希望能由政府建立或由第三方管理部门进行人事管理。一名农村幼儿园老师是职业中专幼师专业毕业，已在幼儿园工作了十几年，现仍未能取得幼师资格证。农村幼儿教师对职称评审非常关切，应当对优秀青年教师给予政策倾斜。

三是公办园与民办园的待遇不平等。国家扶持民办幼儿园的各项优惠政策未能得到落实，公办园与民办园的教师待遇不同。公办园资源稀缺，远远不能满足广大幼儿的入园需求，“拼爹”自然也从娃娃抓起——幼儿入园凭钱、凭官、凭关系。市财政投入经费那么多，公办幼儿园还带头涨价。那么，政府设立公办幼儿园的目的究竟是什么，是否为普通老百姓而建？一民办幼儿园园长反映，公办小学一年级招生时对民办园的幼儿设定了更高的门槛，需父母提供社保明细单等极为复杂且不符合法规的材料，并要求幼儿补交幼儿园的费用，否则拒绝接收该幼儿入学。

四是对“普惠幼儿园”提法的困惑。普惠幼儿园能得到政府哪些方面的资助，民办幼儿园尤其是农村民办幼儿园是否能申请普惠幼儿园、能够享受什么政策优惠，怎样“以奖代补”。

五是对学前教育公益性政策的关注。政府应当增加公共财政投入，对城乡低保家庭子女、烈士子女、福利机构监护的儿童及残疾儿童入读公办或民办幼儿

园，采取免交或少交保教费的措施。此外，对家庭经济困难的幼儿入园也应当有资助政策。现在，子女入园成为进城务工人员最头疼的事：办得好的幼儿园收费太高“上不起”，便宜的幼儿园人满为患质量差“伤不起”。

六是农村幼儿教育发展问题。农村幼儿园很少，交通极不便利，农村儿童入园难的问题如何解决，政府如何保障农村幼儿的受教育权？农村幼儿园是否应当有补贴？为农村幼儿园配备的保教设施、玩教具、幼儿读物等是否有相关标准？幼儿园的校园安全如何保障？

七是幼儿园大班额问题。垫江县一公办幼儿园，14 个班，共 1000 多人，平均班额为 70 余人，最多的一个班竟达 90 多人，但教师只有 20 多名，且多数为代课（临聘）教师。

八是幼儿园的内部管理问题。很多家长及网友强烈反映，幼儿园收费太贵；另外，又有不少的幼儿园代课教师强烈反映待遇特低。希望市教委领导牵头，彻查这些费用的去向，赞助费到底是赞助给学校还是进了个人腰包，有必要给广大家长及市民一个交代。

九是幼儿园“小学化”问题。中班、大班就开始布置家庭作业，幼儿一天到晚都在学习，实在太苦太累。

对上述内容加以分析不难发现，公众除了关注孩子能不能上幼儿园，还关注政府对不同的幼儿群体、不同的幼儿园、不同的幼儿教师、城乡不同地域的幼儿教育发展是否做到公平。

三　推进体制改革，建立健全公平机制

政府的重视和强力推动有效推进了学前教育发展的速度。与此同时，也出现了对外显目标的追求超过内涵发展，对幼儿教育发展规律不够尊重，行政指令呈现强势，发展的可持续性不足等现象，新闻报道中的套话、空话更是屡见不鲜，在一定程度上烙上“运动式”的印记。

学前教育发展是一项专业性强的工作。目前，学前教育的办园体制、投入体制、管理体制、用人制度中存在的许多深层次问题依然未能妥善解决，如公益性、普惠性的学前教育资源不足，师资队伍数量不足等问题突出，学前教育事业发展所需要的健全的法律法规和规章制度依然未能建立，需要用理性的态度和扎

实的工作作风，正视这些问题，实事求是、因地制宜地建设和解决。

目前，财政支持学前教育发展的主要方式包括：一是支持中西部农村扩大学前教育资源。包括利用农村闲置校舍改扩建幼儿园、依托农村小学富余校舍增设附属幼儿园、在偏远农村地区开展学前教育巡回支教试点等。二是鼓励社会参与、多渠道多形式举办幼儿园。包括扶持城市部门、集体办园，解决进城务工农民工随迁子女入园问题，扶持普惠性民办幼儿园等。三是实施幼儿教师国家级培训计划。四是建立学前教育资助制度，对家庭经济困难儿童、孤儿和残疾儿童入园给予资助。财政支持学前教育将坚持以下基本原则：一是坚持政府主导、社会参与。二是坚持地方为主，中央奖补。三是坚持因地制宜，突出重点。四是坚持立足长远，创新机制。中央财政还设立“扶持城市学前教育发展奖补资金”，主要是扶持进城农民工子女入园及扶持企事业单位办幼儿园。①

学前教育事实上存在的“双轨制”严重影响着公平。政府过多地关注公办幼儿园中的示范园，把十分有限的各级政府财政集中投入到公办园，导致数量众多的民办园幼儿享受不到这份公共财政。以乌鲁木齐市为例，该市现有258所幼儿园，其中公办幼儿园83所，占现有幼儿园总数的32%；民办幼儿园175所，占68%，后者数量远远高于前者。市财政目前只对一家市级国办幼儿园市妇联幼儿园给予全额拨款，每年拨款700多万元。其他公办园则由各区县或企事业单位财政进行补贴。

财政经费的投入“主要支持乡镇建设中心幼儿园，发挥其辐射指导作用”，②而不是依据人口分布、生源分布和自然条件规划布点；依然是保持并强化幼儿园间的梯级关系，而非多样性的幼儿园之间的平等竞争和互补；投资重点依然是公办幼儿园，进入公办园的幼儿及家庭享受的政府补贴远远高于民办幼儿园，客观上构成了公办幼儿园对民办幼儿园的不平等竞争。于是大多数幼儿“公办园进不去，民办园上不起”。③ 财政投入不扶持民办园，更未将位于城乡接合部的农

---

① 林茵、吴晶：《500亿中央财政重点支持中西部地区和东部困难地区学前教育》，2011年9月28日新华社。

② 林茵、吴晶：《2011年农村学前教育推进工程试点资金增至15亿元》，2011年9月28日新华社。

③ 杜文静、井波：《上个幼儿园咋就这么难？——乌鲁木齐市学前教育现状调查》，2011年9月26日《新疆日报》。

民工子女的学前教育纳入规划。公办园“稀缺化”、优质资源“特权化”、收费“贵族化”，“公园俏，民园贵”等社会流行语是民众对幼儿“入园难”现状的形象总结。

从2010年的情况看，全国民办幼儿园10.23万所，比上年增加1.3万所；入园儿童711.63万人，比上年增加136.94万人；在园儿童1399.47万人，比上年增加265.30万人。① 占了幼儿园数和新增幼儿入园数的大半。然而，政府的财政投入却尚未惠及大多数新增在园幼儿。

世界上许多国家都把学前教育视为一种公益性、福利性的准公共产品。公平也是世界幼儿教育发展的基本特征和大趋势。然而，由于供需关系失衡，各地公立幼儿园很吃香，托门路、找关系、拼背景成为城市的人们为孩子入园、择园的烦恼。农村幼儿不仅要受到城乡不平等的现状影响，而且受到新确立的举办乡镇中心园这一政策的影响，居所离乡镇的远近成为造成新的不平等的因素。因此，学前教育亟须通过立法、建立公平的机制等方式消除歧视、遏制乱象、实现公平。

在公共财政不足以完全承担学前教育责任的情况下，关键是要扩大受益面，让所有的幼儿园、所有的幼儿平等地享受政府公共财政的补贴。在公办园不够的情况下，政府可以向政府认可的民办幼教机构购买服务；补贴非营利性民办园，降低其成本和收费；减免企业的税费，鼓励提供或支持幼教服务的企业，让公共财政通过多种途径平等地惠及所有入园幼儿，解决学前教育事实上的“双轨制”问题。

因此，需要通过体制改革和制度创新，建立公平的学前教育机制。

一是改变政府的定位。政府在学前教育发展中的定位就是保底，就是保障最缺乏入园条件的幼儿能够享受到公共幼儿教育，而非维持优质公办园。政府不能站在优质公办园的立场上挤压民办园，甚至为优质公办园收赞助费站岗。

二是改变各自为政的无序状态。要把学前教育纳入国民教育体系的整体规划，以居住区域人口统计、交通条件、经济状况为参考，科学布局设点，严格办园准入条件，并从平衡师资调配、设定教育目标、规范教学内容、分类核定收费标准等方面提出明确要求，使幼教管理和纠纷裁决有法可依，政府在其中充当协调者，而非

① 教育部：《2010年全国教育事业发展统计公报》，2011年7月6日《中国教育报》。

包办者甚至拥有者。

三是财政资金应当向幼儿教育薄弱的方面倾斜。重点向农村倾斜、向弱势群体倾斜，变“锦上添花”为“雪中送炭”，增加农村公办幼儿园，并以平等方式实现对民办幼儿园的资助。

学前教育的公平、质量，广覆盖、保基本刚刚起步，最终实现优质幼儿教育资源的全覆盖，还有很长的路要走。幼儿教育的发展能否真正摆脱长期以来形成的惯性思维和“运动情结”，学前教育的政策春风能否真正化作细雨滋润学前教育事业健康稳健发展，都需要各方面坚持不懈地努力。

It Is Imperative to Lay the Foundation Stone of Social Justice to Meet the Needs of the Rapid Development of Preschool Education

Chu Zhaohui

Abstract: The state has initiated the "3 - year Action Plan for Preschool Education", and accordingly, authorities in various places have taken a series of measures to speed up the development of preschool education. But justice has not been taken seriously from the respects such as planning, investment and mechanism in the development of preschool education. Even in some places "movement" symptoms appeared. The scientific, rational and sustainable development of preschool education will inevitably be subjected to influence. It is imperative to effectively promote justice, reform current system and change the role of governments in the development of preschool education.

Key Words: Preschool education; Development; Justice

B.4 高等学校考试招生制度改革的探索

王　建*

摘　要： 2011 年，高考改革既在原来的基础上有序推进，又在试点中不断探索，在考试科目、招生方式、录取模式、考试安全和公平公正等方面都有新的进展。高考制度改革影响面大，敏感度高，专业性和政策性都很强，社会高度关注改革方案和自主招生实施过程的公平、公正问题。推进高考制度改革，既需要坚定改革的目标和方向，也需要进行缜密的整体设计，从制度、技术、政策和策略层面统筹考虑，深入研究，整体设计，试点先行，以渐进方式实现平稳过渡。

关键词： 高考　考试招生制度　改革创新

高考改革涉及国家基本教育制度，是 2011 年由国家层面推进的 20 个重大教育改革项目之一。高考制度改革影响面大，敏感度高，专业性和政策性都很强，面对复杂的利益调整，牵一发而动全身，其困难不难想象。推进高考改革，不仅需要政府和有关部门深入研究、系统设计、科学决策，也需要公众支持、理解、信任，需要宽容的社会环境，在试点的基础上分步推进和实施配套改革。

一　年度主要进展

2011 年，高考制度改革既在原来的基础上有序推进，又在试点中不断探索，

* 王建，国家教育发展研究中心教育发展战略室副主任、副研究员，主要研究教育公共政策、区域教育、教育现代化等。

在考试科目、招生方式、录取模式、考试安全和公平公正等方面都有新的进展，为整体性的高考制度改革探路。

（一）四省试行高中新课程高考综合改革方案

自2007年第一批省份进入新课程高考以来，各省高考科目方案主要有五种："3+X"、"3+X+1"、"3+文综/理综+1"、"3+学业水平考试（必修5科+选修2科）"、"3+3+基础会考"。尽管方案不同，但都把学业水平测试或综合性评价作为录取的参考依据之一。

2011年，山西、江西、河南、新疆四省（自治区）首次试行高中新课程高考综合改革方案，采用"3+X"方案。"3"即语文、数学、外语，"X"指学生自主从文科综合、理科综合两个综合科目中选择一个考试科目。目前该方案应用省份有：北京、天津、黑龙江、辽宁、吉林、内蒙古、宁夏、山西、陕西、河北、河南、西藏、新疆、甘肃、青海、湖北、安徽、江西、湖南、福建、四川、贵州、重庆、广东、云南、广西等26个省（直辖市、自治区）。满分为750分，语、数、外各占150分，综合科目为300分。

（二）开展自主选拔录取改革试点的部分高水平大学结盟联考

《国家中长期教育改革和发展规划纲要（2010～2020年）》（以下简称《教育规划纲要》）提出探索实行高水平大学联考。

名牌高校"捆绑"在一起进行自主招生考试，成为2011年的年度特征之一。北京大学（含医学部）、北京师范大学、北京航空航天大学、南开大学、复旦大学、厦门大学、香港大学、山东大学、武汉大学、华中科技大学、中山大学、四川大学和兰州大学13所高校举行自主选拔联合考试。清华大学、上海交通大学、中国科学技术大学、西安交通大学、南京大学、浙江大学、中国人民大学等7校开展合作进行"高水平大学自主选拔学业能力测试"，测试成绩在各校间互认。北京理工大学、大连理工大学、东南大学、哈尔滨工业大学、华南理工大学、天津大学、同济大学、西北工业大学、重庆大学9校签署《卓越人才培养合作框架协议》，号称"卓越联盟"。坊间戏称形成"北约"、"华约"、"卓越联盟"三足鼎立之势。再加上北京化工大学、北京林业大学、北京邮电大学、北京交通大学、北京科技大学组成的五校同盟，在拥有自主招生资格的80所高校中，已经有34所加入到四大联盟阵营，各个联盟的考试科目和时间不同。

高校自主选拔录取的初衷是为了让一小部分有专业特长、创新潜质的学生通过这一渠道进入高校学习，以弥补高考唯分数录取的不足。据统计，2011年，“华约”七校全国共有10万余名学生报考，6万余人获得初试资格，自主招生过关率保持在5%～8%。① 联考联盟的出现，给了考生更多选择的机会，但又违背了原来的初衷，成为所谓的“小高考”。因此，“联盟”的意义更多被理解为“掐尖”。

与此同时，随着获得自主选拔资格人数的不断增加，对参加统一高考的“裸分”学生来说挑战越来越大，特别是让农村、边远和贫困地区的考生处于更加不利的地位，影响了教育公平。

2011年11月，教育部下发通知部署2012年高校自主选拔录取试点工作，强调要积极探索高校自主考核与高考、高中学业水平考试、综合素质评价相结合的人才多元化评价、多样化选拔录取模式，确保择优和公平公正。各校自主录取应向学科专业方面表现突出的考生、向扎实推进素质教育的地区或中学、向农村地区中学或考生等适当倾斜。这是对上述问题的一种纠偏措施。

（三）开展高职和本科分类入学考试试点

目前我国高等职业教育入学方式主要有三种途径：一是采用全国统一高考（全国或省市命题）为入学考试；二是单考单招，或是教育部或省市批准的高职单独提前进行考试招生，或是专门针对技校、中专和职高毕业生“知识＋技能”的考核办法；三是在全省市范围内统一进行的高职入学考试，以3门本科统一高考科目语、数、外成绩为录取主要依据，以部分学业水平考试科目成绩为录取前提。2010年，全国通过高职单招、对口招生、高考分类录取等方式，进入高职院校的考生超过50万人，占高职招生计划的比例超过15%。②

2011年，教育部进一步扩大国家示范性高职院校自主招生试点单位和招生人数，已列入“国家示范性高等职业院校建设计划”的示范和骨干高职院校立项建设单位的共200所高校都可以参与申报，首次申请开展自主招生试点的高职

---

① 《2011年“华约”院校自主招生过关率统计》，新课程教育在线，2011年9月8日。

② 张春铭：《稳步推进高考改革》，2011年8月15日《中国教育报》。

院校，自主招生计划数原则上控制在该校年度招生规模的10%以内；已经开展自主招生试点的相关院校，自主招生计划数原则上控制在该校年度招生规模的20%以内。国家示范和骨干高职院校单独招生试点规模，25个省（市、区）所属159所高职院校共安排单招计划5.9万人，试点院校和招生数量均比上年翻一番。①

高职和本科分类入学考试和高职院校自主招生改革在上海、北京、浙江、江苏、山东、湖南等省市铺开。2011年，上海市报考普通高校本科的考生须参加“3+综合+1”的统一考试，报考高职（专科）的考生，只需参加“3+综合”的统一考试，同时有26所高职（专科）院校实行依法自主招生改革试点。浙江省从2009年起实行分类测试的高考模式，在语文、数学、外语三科必考的基础上，分三类设置考试科目，报考院校分别对应重点大学、普通本科院校和高职高专。2011年，高职、高专类院校招生考试以“技术”科目取代第一类和第二类院校的“文综”、“理综”和“自选”科目，高职自主招生总规模由2010年的3900余名扩大到2011年的7000余名。②

（四）各地清理并规范高考加分政策

2010年11月，教育部会同国家民委、公安部、国家体育总局、中国科协等印发《关于调整部分高考加分项目和进一步加强管理工作的通知》，调整奥林匹克学科竞赛和科技类比赛、体育特长生高考加分项目，内容包括：全国奥赛、科技竞赛获奖学生的保送资格被取消；取得奥赛省级比赛名次的加分资格被取消，能加分的体育特长生加分项目最多只有10项。调整后的新政策从2014年高考开始实施。同时，教育部现行高考加分政策只有10多项，而各地的加分政策却多达200余项。因此，教育部要求各省份系统清理高考加分项目，合理适度调减加分项目及分值。③

截至2011年底，共有29个省、自治区、直辖市向教育部申报了高考加分调整方案。一是集中调减鼓励性加分项目分值，一半省将所有鼓励性加分项目分值降至10分内。二是逐步调减地方性加分项目，一半省对本省地方照顾性加分项

① 张春铭：《稳步推进高考改革》，2011年8月15日《中国教育报》。

② 于建坤：《高考改革平稳中有创新：四省区实施新课程高考》，2011年6月5日《中国教育报》。

③ 于建坤：《高考加分开始全面“减肥瘦身”》，2011年6月6日《中国教育报》。

目进行不同程度的调减。三是普遍加大对加分资格考生审查认证，从制度、程序、操作等各方面防范和杜绝违规行为的发生。浙江省、青海省、广西壮族自治区等已从 2011 年起对高考加分进行不同幅度的“瘦身”。

（五）通过加强宏观调控促进高等教育入学机会公平

2011 年，全国普通高校招生计划安排 675 万人，比 2010 年增长 2%。普通高校招生报名总数约为 933 万人，其中，应届普通高中毕业生报名人数与 2010 年基本持平，往届生报名较上年减少 28 万人，在全国高考报名总数减少的情况下，仍有 12 个省区高考报名人数较上年增加，且大多数分布在西部地区。由于计划增加、考生人数减少，全国平均录取率达到 72.3%。①

为缩小高等学校入学机会的区域差距，综合利用事业计划增量倾斜、协作计划重点支持和生源计划存量调控等多种方式，增加中西部高等教育资源短缺地区入学机会。2011 年，安排“支援中西部地区招生协作计划”15 万人（其中本科 8.5 万人），由北京、天津、上海、辽宁、黑龙江、浙江、江苏、吉林、福建、江西、山东、湖北、海南、广东、重庆等 15 省（市）的公办普通高校落实，面向河南、山西、贵州、甘肃、安徽、广西、云南、内蒙古等 8 个中西部省份招生。在此基础上，对录取率较高的 6 个省份所属高校生源计划存量提出调控要求，减少面向本地的生源计划约 2.1 万人，增投到中西部地区。教育部直属高校继续降低在属地招生计划比例，在属地安排计划平均比例为 25%，比 2010 年减少 1.1 个百分点，共调出 2900 名计划全部投向中西部省区。②

（六）推进考试安全设施建设，深入实施高校招生阳光工程

2011 年 2 月，教育部、财政部联合下发《关于大力推进国家教育考试标准化考点建设工作的通知》，部署国家教育考试标准化考点建设工作，计划在 2012 年底，在全国范围内建设完成 1.3 万个标准化考点、3500 个试卷保密室、365 个考务指挥中心，基本形成安全、实时、高效的国家教育考试指挥和监控体系。到

① 《教育部：2011 年高考总人数 933 万录取率 72.3%》，http://edu.qq.com/a/20110603/000447.htm，2011 年 6 月 3 日。

② 焦新：《2011 年全国普通高校招生平均录取率将超七成》，2011 年 6 月 4 日《中国教育报》。

2011 年底，全国有三分之一的考点达到标准化考点建设要求，国家教育考试考务中心实现了对全国所有高考试卷保密室的电子监控。

截至 2010 年，教育部“阳光高考”平台集中公示具有保送资格学生、试点高校自主选拔录取入选考生、高水平运动员、艺术特长生四类共计 6.6 万余人次。[①] 2011 年 7 月，教育部下发《关于深入实施高校招生阳光工程的意见》，提出进一步深入实施高校招生“阳光工程”，以信息公开和诚信体系建设为重点，进一步完善高校招生信息公开制度，推进集正面教育、制度约束、违规处罚为一体的高校招生诚信体系建设。

二　年度热点问题

（一）流动人口子女在输入地参加高考的问题

随着城镇化进程加快，大量流动人口进城务工，其子女在输入地参加义务教育阶段后考试的问题日益突出。在 2011 年“两会”上，教育部部长袁贵仁提出要解决异地高考问题，异地高考成为备受关注的教育热点。

2011 年 3 月，20 名外地来京工作多年的学生家长向教育部学生司工作人员递交了“以居住地和学籍确定高考地的建议方案”。同年 10 月，包括北京大学法学院教授张千帆、著名法学专家郭道晖等在内的 15 名学者及社会人士上书国务院，建议依据《宪法》第 33 条平等原则和第 46 条受教育权保障规定改变高考和招生政策中的户籍限制，确保随迁子女能够在学籍所在地参加高考。

流动人口子女在输入地的升学问题不只是教育问题，同时涉及城乡一体化进程中社会管理和公共服务体制问题，如城市管理、社会保障、外来人口与本地居民教育资源配置和户籍制度改革等；涉及高考方式、录取方式的调整问题；涉及高考招生名额再分配问题，以及不同地区之间的利益协调等问题。

对此，教育部表示，正在对高考改革涉及的相关重要问题进行深入研究和论证，相关政策、办法或方案在出台前还将进一步听取社会各方面的意见。

① 焦新：《2011 年全国普通高校招生平均录取率将超七成》，2011 年 6 月 4 日《中国教育报》。

（二）南方科技大学“高考风波”

2010 年 12 月 20 日，教育部下发[1]《教育部关于同意筹建南方科技大学的通知》（教发函 2010202 号），正式批准筹建南方科技大学，学校代码为 14325，筹建期为三年。2011 年 3 月 1 日，南方科大首届教改实验班的 45 名同学入学。

然而，教育部在 2011 年 5 月份公布的除军校以及港澳台高校之外具有学历教育招生资格的高校名单，南方科技大学并不在其中。南科大网站发布《致家长的一封信》，提出“自发文凭，让社会来承认”。教育部新闻发言人续梅表示，教育部支持南科大的教改探索，但“任何改革首先要坚持依法办学，要遵循国家基本的教育制度，以制度来保障学生的合法权益”，这实际上是要求其首批录取的 45 名新生参加高考。6 月 7 日，南科大 45 名学生集体缺考，并自称愿作“教育改革的小白鼠”。

南科大“高考风波”问题的实质在于是否应该将高考成绩作为（所有）高校的唯一或最重要的录取和评价标准。南科大学生“拒考”、学校“自授学位和文凭”的改革直接突破了现行国家高等教育学籍、学位、文凭等方面的管理体制，涉及政府、教育部门和学校之间关系的重构。南科大的改革困境，显示了国家、地方与学校建立教育改革试验与政策突破的协调程序和配套机制的必要性和紧迫性。

（三）生源大战由暗转明：普通高校为生存争抢生源，重点高校抢夺优秀生源

2011 年 4 月 28 日，中国教育在线发布《2011 年高招调查报告》。2008 年以来，全国生源持续减少，全国高考人数从 1050 万人下降到 2011 年的 933 万人，录取率的不断攀升，以及“三放弃”（考前放弃报名，考后放弃填报志愿，录取后放弃报到）现象的出现，部分高校因生源锐减而面临严峻的生存挑战。

高职高专和民办院校首当其冲，生源大省出现招生“倒挂”、“零投档”现象。以山东省为例，2011 年，山东省本科二批一志愿投档结束后，文科 437 所、理科 530 所院校生源不满，几十所院校无考生问津；本科二批第二次征集志愿投

---

① 陈广琳：《南方科技大学开学了》，2011 年 3 月 21 日《深圳商报》。

档后，仍有文科43所、理科25所院校计划出现录取控制线上考生“零投档”情况。北京市二本经过一次补录之后仍剩余469个计划，因此向二本线下20分以上的未录取考生重新征集志愿。江西省二本文理共221所院校降分录取，降分幅度达20分的文史类院校有22所，其中4所省内民办高校降分超过20分。①

重点高校虽在短时间内不会面临生存压力，但抢夺优秀生源的竞争趋于“白热化”，在国内高校招生中更是严重。2011年，17名省、市级状元被香港大学最高达48万元港币的奖学金“挖”走，而内地考生申请到香港院校就读的人数也较2010年增长了12%。②

“预录取”也成为国内高校“掐尖抢生”的一种“潜规则”。2011年全国高校招生录取工作期间，复旦大学称有人假冒该校招生教师怂恿预录取学生改志愿，上海交大回应表示学校无人冒充其他院校老师通知考生取消其与他校签订的协议，引发了网上关于高校招生争夺生源的新一轮“口水仗”。另外，安徽省无为中学7名接到南京大学招生办“预录取”通知书的高分考生，承诺第一批次A志愿填报南京大学，学校就能保证录取。最终录取显示，南京大学在安徽招生的最低投档线是648分，这7名学生的成绩都在645分到647分之间，没有一人被南京大学录取，一场欢喜后迎来的是“被抛弃”的命运。

（四）重点大学解决农村生源比例下降的问题

自以强调综合素质和创新能力考察的自主招生制度推行以来，有关自主招生让农村生上名校更不公平的质疑一直不断。为此，重点大学在2012年的自主招生中纷纷制订专门倾向农村生、贫困生的计划。

2011年10月，清华大学公布了该校“新百年计划”的自主选拔考试实施办法：全国592个国家级贫困县的所有中学，均可推荐一名考生参加清华大学的自主招生，他们一旦获得了资格确认，将在未来的录取过程中获得30～60分的分数优惠。中国人民大学推出“校长直通车计划”和“圆梦计划”，主要面向县及县以下地区学校就读、学习成绩优秀或具有某方面培养潜能的应届农村生源高中

① 《三本高校频遭“零投档”民办高校将现破产潮》，2011年8月6日《人民日报》。

② 《内地17名状元就读港大奖学金最高达48万元》，http://www.edu.cn/gao_jiao_news_367/20110706/t20110706_645671.shtml，2011年7月6日。

毕业生。

重点大学农村生源比例下降，反映的正是城乡差别，以及造成城乡教育差别的农村基础教育欠账。在纠正城乡教育资源失衡、切实改善农村教育软硬件条件的同时，教育部门还应该从现实出发，完善高招环节，建立招生考试制度的多元评价体系和差异化的高校录取制度，做到公平、公开、公正，让改革真正惠及目标人群。①

三　地方改革创新

在《教育规划纲要》赋予的省级政府权限的有关事项和政策范围内，许多地方教育改革发展规划涉及了高等学校招生考试制度改革，特别是随着各地教育改革试点项目的开展，出现了一系列有关招生考试制度的创新改革。

（一）山东省启动综合性考试改革

2010 年底和 2011 年 2 月，山东省先后出台《教育规划纲要》及《素质教育推进计划》两份文件，明确提出：从 2011 年起，新入学高中生不再分文理科；2014 年高考科目设置与考试方法也将进行相应调整。2011 年 4 月，山东省教育厅发布 2011 年至 2015 年普通高校招生制度改革实施方案，决定实施综合性考试改革，在稳定“3 + X + 1”基本框架的基础上，进一步深化考试内容和命题形式的调整。该方案还包括实行普通本科与高职分类考试、继续扩大高职院校单独招生考试录取规模、推进省属普通本科院校自主招生等。并且，从 2012 年开始，根据国家学生体质健康标准，在高考录取中要充分体现考生体质健康、参加体育活动及体育课成绩的状况。

（二）内蒙古自治区实施动态排名、精确定位网上填报志愿的模式

为提高考生志愿满足率，降低考生填报志愿风险和高分考生落榜率，内蒙古自治区自 2008 年开始探索网上实时在线填报高考志愿。2011 年，本科一批、本

① 《解决农村孩子上名校难要靠制度救济》，新华网，2011 年 9 月 2 日。

科一批 B、本科二批、本科二批 B、本科三批、高职高专批全面实行网上填报志愿，每次只能填报一个院校志愿。内蒙古招生考试信息网为考生全程提供本人在所报院校中的排名，并为能投档的考生实时提供在所报院校第一专业中的动态排名等信息。考生可根据这些信息，不断修改志愿，直到满意为止。

相对于全国大多数省份实行的平行志愿投档录取模式，内蒙古实施的网上实时在线填报志愿把考生、招生院校、招生机构紧密地联系在一起。对考生来讲，志愿的准确率大大提高；对招生院校来讲，各院校一志愿完成招生计划的比例大幅提高。

（三）“云海工程”：建立全方位、多层次、发展性、个性化的综合评价体系

“云海工程”是教育部考试中心在云南、海南两省实施和开展的一项关于考试评价制度试点改革的专项工程，引入了“非考试”的心理测验、问卷调查等。其目的是为考生提供内涵更加丰富、具有诊断与发展导向功能的评价报告，为高校的招生部门提供丰富的考生背景信息和多维度的评价信息，监控中学校本评价的有效性和综合素质评价的成效等。2011 年是“云海工程”试验的第一年，面向考生的高考分数报告改革是工作重点，以后还将对高考成绩进行更为深入的数据挖掘，不断拓展高考评价的广度和深度，给高校、中学和教育行政部门提供参考。

四　高考改革展望

30 多年来，我国高考改革在改革科目和内容及命题方式、改革人才选拔机制和招生录取方式、完善高校招生名额分配方式等方面进行了一系列探索。从总体看，高考改革正朝着科学、公平的方向发展，但在体制和制度上仍存在问题，现行高考“一考定终身”的弊端不仅没有得到根本改变，反而将“一分定终身”，分分计较等“唯分数论”推向极致，无法满足社会对多样化、个性化和有创造性的人才的需要。

《教育规划纲要》提出的“逐步形成分类考试、综合评价、多元录取的考试招生制度”是对我国现行高考制度的根本性变革，其核心是在体制上由实行招

考合一走向招考分离，建立以国家统一考试为主、多元化考试评价和多样化选拔录取相结合，政府宏观管理、专业机构组织实施、高校依法自主招生、学生多次选择、社会有效监督的高校招生考试制度。

2011 年，以国家教育咨询委员会考试招生制度改革组委员为核心成员的高考改革工作组，已就高考改革进行了大范围的深入调研。在此基础上，国家教育考试指导委员会将研究制定、评估、论证考试改革方案，经社会公开征求意见或听证，确保方案的科学性和公信力。我们期待新的高考改革方案能够实现新老高考制度的顺利转换，保障教育公平，保障学生和家庭的切身利益，并且为推进素质教育、选拔人才产生积极而长远的影响。

Exploring Proper Ways for the Reform of University and College Entrance Examinations

Wang Jian

Abstract: In the year of 2011 educational authorities in various places continued their efforts in exploring ways to reform the system of college entrance examinations; and, accordingly, progresses have been made in examination subjects, recruitment methods, modes of admission and enrollment, ensuring safety in conducting examinations, achieving justice and fairness in all matters concerned. The reform of university and college entrance examinations has large social influence and high policy sensitivity. People pay a high level of attention to the justice and fairness in the reform scheme and during the implementation procedure of independent recruitment. When promoting the reform of the system of college entrance examination it is need to strengthen reform directions and to make careful overall design from the respects such as institution, technology, policy and strategy. Thorough researches and pilot projects should be taken so as to achieve the smooth transition step by step.

Key Words: University and college entrance examinations; Examination and recruitment system; Reform innovation

B.5

南方科技大学改革与我国高等教育改革

熊丙奇*

摘　要：南方科技大学开展的以“自主招生、自授学位”、“去官化、去行政化”为理念的办学体制改革备受关注。围绕南科大改革的诸多风波，反映出这一改革的实际困境，存在着理念冲突、利益纠缠等多种矛盾。反思南方科技大学改革的实践，对继续开展我国高等教育体制改革有着重要的启示。

关键词：高等教育　改革

2011年是《国家中长期教育改革和发展规划纲要（2010～2020年）》（以下简称《教育规划纲要》）颁布实施的第一年。《教育规划纲要》对于高等教育改革确定的任务主要有两方面：一是高校人才培养模式改革；二是高教管理体制改革。“改革高等教育管理方式，建设现代大学制度”被列入国家教育体制改革试点的十大任务，包括探索高等学校分类指导、分类管理的办法，落实高等学校办学自主权；推动建立健全大学章程，完善高等学校内部治理结构；建立健全岗位分类管理制度，推进高校人事制度改革，改革高校基层学术组织形式及其运行机制等内容，确定了一批试点高校。

从现实情况看，高校在人才培养模式改革上较为活跃，出现了各种不同的探索；在管理体制改革上则比较沉闷。南方科技大学（以下简称“南科大”）开展的以“自主招生、自授学位”、“去官化、去行政化”为理念的办学体制改革“一枝独秀”，而备受关注。这一年间发生的诸多事件，既让人们看到高等教育

* 熊丙奇，著名教育学者，上海交通大学教授，21世纪教育研究院副院长。

改革的希望，同时也真切感受到推进改革的艰难。

2011 年 2 月底，南科大首届教改实验班 45 名新生全部报到开学。此后，有关南科大的新闻不断，南科大一直处于舆论的旋涡之中。先是 4 月底，深圳市委组织部发布公告，为南科大公选两名局级副校长；接着，在 6 月的高考中，已经入校的南科大学生被要求参加高考，而全体南科大学生无一人参考；不久，4 名协助创办南科大的香港科技大学教师先后离开南科大，其中三名教师公开发文质疑南科大的教改；随后，一名南科大学生退学，南科大处于“内忧外患”之中。6 月，《南方科技大学管理暂行办法》出台，南科大首届理事会成立并召开首次会议。据报道，出席南科大首届理事会的 20 名成员中，一半是政府官员，另一半是大学校长和企业家。2011 年底，南科大接受评审，准备“去筹”，再次让舆论聚焦这所大学的命运：正式举办的南科大是否将被收编，南科大倡导的“去官化、去行政化”、“自主招生、自授学位”改革还能走多远，2012 年的第二次招生能够顺利进行吗？

南科大的改革之所以引起社会的如此关注，是因为它承载了国人对高等教育改革的巨大期望。围绕南科大改革的诸多风波，反映出这一改革的实际困境，存在着理念的冲突、利益的纠缠等多种矛盾。反思南科大改革的实践，对继续开展我国高等教育体制改革有着重要的启示。

一 体制改革与依法合规的矛盾

南科大自主招收的 45 名学生被要求参加高考，教育部新闻发言人对此的解释是，任何改革首先要坚持依法办学，要遵循国家基本的教育制度，以制度来保障学生的合法权益。其实，依照《高等教育法》，招生属于高校的办学自主权，南科大自主招生是没有问题的。然而，依据《中华人民共和国学位条例》规定，“授予学位的高等学校和科学研究机构及其可以授予学位的学科名单，由国务院学位委员会提出，经国务院批准公布”，南科大“自授学位”却是有问题的。按照该《条例》，在没有获得国务院授权的高校，是不能自授学位的。

为此，南科大“自主招生、自授学位”从一开始就遭遇是否合法的质疑。在现行的法律框架之下，南科大唯一“合法”的走向，是变成一所非学历教育机构，学校自主招生、自主培养、自主授予学位，学位不需要国家承认，这种办

学模式与中欧国际工商学院相似。然而，那不是大家所期待的改革，如同中欧国际工商学院，现在办学水平已是亚洲一流，其对教育体制改革的贡献却有限。

社会所期待的南科大改革，是体制内的突围，即学校自主招生、自授学位，学位能被相关机构认证，获得学位的学生，不但能出国深造、进入外资企业，同样有资格参加公务员考试、研究生入学考试等等。这就意味着，要打破现有的国家承认学历体系，变为学校自主授予、学历社会认证的新体系。这是国际高等教育的通行模式，政府只负责对教育的投入和依法监管，学校有充分的办学自主权，学校的办学质量由社会评价和专业评价而定。简而言之，管办评分离。如果能走通这一办学模式，表明我国教育体制在进行深层次改革，建立起全新的政府管理学校的模式。

南科大宣称的改革，45 名学生拒不参加高考，其最大意义就在于此。而这也与国家《教育规划纲要》的精神和所确定的改革方向是一致的。《教育规划纲要》明确指出，“推进政校分开、管办分离。适应中国国情和时代要求，建设依法办学、自主管理、民主监督、社会参与的现代学校制度，构建政府、学校、社会之间新型关系。适应国家行政管理体制改革要求，明确政府管理权限和职责，明确各级各类学校办学权利和责任。”“落实和扩大学校办学自主权。政府及其部门要树立服务意识，改进管理方式，完善监管机制，减少和规范对学校的行政审批事项，依法保障学校充分行使办学自主权和承担相应责任。高等学校按照国家法律法规和宏观政策，自主开展教学活动、科学研究、技术开发和社会服务，自主设置和调整学科、专业，自主制定学校规划并组织实施，自主设置教学、科研、行政管理机构，自主确定内部收入分配，自主管理和使用人才，自主管理和使用学校财产和经费。”

那么，为何符合《教育规划纲要》精神的改革，却面临违法之窘境呢？这是因为《教育规划纲要》并没有通过立法程序，变为法案；与此同时，原有的教育法律法规，诸如《教育法》、《职业教育法》、《高等教育法》、《学位条例》、《教师法》、《民办教育促进法》等等都未进行修订。所以，推进《教育规划纲要》的改革措施，就面临违法的风险。南科大“自主招生、自授学位”困境给我们的一个启示，就是应当将《教育规划纲要》提交全国人大审议，变为教改法案；同时，修订相关教育法律法规，使之符合改革的要求。

二　大学章程应当是真正的大学宪章

2011 年 4 月底，深圳市委组织部发布公告，公选两名南科大副校长，级别定为局级。消息传出，舆论哗然。这不是与“去官化、去行政化”的改革方向相悖吗？据深圳有关部门的解释，这是为了便于学校筹建，设立级别一方面有利于与政府部门打交道，另一方面则是为了吸引优秀人才。毕竟如果没有级别，是很难招到人才的。

这样的解释，令人啼笑皆非。如果有级别才能与政府部门打交道，那么，高校去行政化的改革就不用提了。而以行政级别吸引人才更让人诧异，难道南科大用以吸引人才的依旧是行政级别？另外，那些没有级别的人员，就不在人才之列？

此外，由政府部门出面为南科大公选副校长的做法也值得商榷。在现代大学制度框架里，副校长应该由校长提名，再由大学理事会任命。这一点，深圳并不是不明白。2011 年 6 月 8 日，被誉为中国高校第一部“基本法”的《南方科技大学管理暂行办法》（以下简称《办法》）正式公布。《办法》明确规定，“副校长由理事会根据校长提名聘任”。

这一行为表现出的是，深圳市政府的理念和行动并不一致。早在 2008 年，深圳市就宣布，“要通过建立现代大学制度，赋予高校办学自主权，促进深圳高等教育实现跨越式发展。”“率先向‘大学自治、教授治校、学生自由’前进一步。”这是深圳举办南科大，引起社会舆论关注的开始。之后，2009 年 9 月，朱清时被遴选为创校校长之后，亮出“去官化、去行政化”的办学理念，使这所还没有招生的大学，转眼就成为家喻户晓的“名校”。然而，落实到学校的具体改革时，政府部门采取的仍然是传统方式。

知行不一的另一个体现，是南科大的“大学章程”迟迟不出台，而用《办法》取而代之。深圳市有关领导和朱清时校长曾多次提到，要制定南科大章程，提交深圳市人大常委会审议，使之成为真正意义上的大学宪章，但事实却非如此。这一《办法》并没有提交深圳人大常委会进行立法讨论，说到底只是一个缺乏法律地位的行政规章。

从目前的《办法》内容看，存在以下几方面问题。

首先，文本虽提到了诸多现代大学制度的概念，但实质却不同。比如大学理

事会，《办法》规定，“理事会由政府代表，南科大校长及管理团队、教职工等代表和社会知名人士等组成。理事会理事长由深圳市市长或市长委任的人员担任，理事由市政府聘任。”而从国外公立大学的理事会成员产生看，政府官员、立法机构成员是由委派产生，教师代表、学生代表、校友代表和社会贤达，则是由选举产生，这种理事会产生机制，决定理事会可以代表各方利益，进行学校重大战略决策。如果理事会成员都由政府委派，很有可能让理事会成为摆设或者工具，大学办学仍旧难以摆脱行政干预。

其次，文本的规定是否能真正落实。同样以理事为例，从首届理事会的人员构成看，并没有严格执行《办法》的规定。依照《办法》，理事会中应该有南科大管理团队的人员和教职工代表。但首届理事会，南科大方面只有校长一人。当然，这部分是由于南科大尚在筹办阶段，管理团队和教职工队伍还未完全建立。首届理事会中社会贤达的成员主要来自两方面，一是国内高校原校领导，二是企业家。这种构成显然不尽合理。

理事会究竟如何运作，也令人担忧。此前，深圳宣传南科大遴选校长，用的是国际通行的校长遴选委员会方法，但后来香港科技大学原校长吴家玮先生却透露：“我发现内地的一些做法跟香港以及国际的做法不大一样。比如我是南方科大校长遴选委员会的成员，但是委员会只开过一次会，放在国际上，那是要开无数次的会的。也一直有说法说，南方科技大学以香港科技大学为标杆，是按科大的模式办的。但我需要澄清的是，其实并没有按照香港科大的模式。南方科大可能参考了香港科大模式，但并没有按照香港科大模式，并且现在越来越不像香港科大。”

再次，目前的《办法》缺乏问责机制。对于政府不执行《办法》，大学没有救济的渠道，而只有被动接受。以组织部门为南科大公选副校长的做法，尽管有人解释会履行校长提名、理事会任命的“任职程序”，但其实是根据组织部门选拔的结果进行提名，将《办法》规定的校长提名权架空了。

对此，有教育界人士认为不应对深圳和南科大过于苛求，相对于此前没有《办法》，已经迈出了重要一步。朱清时先生也“务实”地认为，“政府已经难能可贵地放了很多权了”。这种心情是可以理解的，改革确实不能一步到位。然而，如果明知改革有异化的可能，却不设法阻止，异化就有可能变为现实。这可能是一种更坏的结果。

拿大学理事会来说，在没有大学理事会时，政府对高校办学发号施令，是十分明显的；而如果成立了大学理事会，政府部门的指令通过大学理事会发出，就会给人以理事会决策的假象。这将产生两个后果，一是政府部门可以更加方便、自如地干涉高校的办学自主权，而办学者则有苦难言；二是社会对大学理事会失去信任，徒具形式。因此，对理事会的人员构成、职能界定，不能有丝毫马虎。任何不完善，都有可能给日后的办学带来后患。

因而，南科大去行政化改革之所以陷入困境，根源在于南科大缺乏真正的基本法——南科大章程，只有通过深圳人大的审议，将章程变为南科大的办学宪章，要求政府、相关社会机构都得执行，南科大的办学制度才能真正得以确立，而不是像现在，受制于政府部门，摇摆不定。

根据《教育规划纲要》，我国大学要完善大学章程。但从目前情况看，大学制订大学章程采取的还是行政方式，并没有将其纳入立法程序。很显然，按照这种方式制定的大学章程，还是行政规章，并不能明晰政府、学校、教育者和受教育者的权责关系，不可能成为大学的最高宪章，也难以把大学真正建成现代大学。

三　需要形成关于高等教育改革的共识

在南科大“去官化、去行政化”、“自主招生、自授学位”改革遭遇阻力的同时，南科大的内部矛盾也呈现在公众的视野之中。如4名协助创办南科大的香港科技大学教师先后离开南科大，以及一名同学退学。对此，朱清时校长都有回应，但并没有消除质疑。

以上问题的产生，反映出南科大内部以及整个社会，并没有达成改革共识。港科大教师的质疑，反映教师群体对南科大改革的路径缺乏共识。如果按照这几位教授的建议，南科大要在等所有制度都完备之后，才能启动招生，可问题是如果相关制度迟迟不能完善，南科大何时才能起航?① 客观上说，南科大迈出“自主招生、自授学位”这一步是仓促的；然而，如果不迈出这一步，改革的潘多拉之盒就无法打开，就不知道“自主招生、自授学位”的改革会遭遇如此多的

① 熊丙奇：《港科大应如何帮南科大》，《南都周刊》2011年第1期。

困难。就连作为举办者的深圳市政府，可能也没想到自授学位会牵涉到中国高等教育的整体改革。

已经开启了改革大幕的南科大，下一步应该完善相关制度建设。其中包括师资队伍建设、课程体系建设、人才培养模式建设等。这批学生的培养质量，才是南科大改革最大的“法宝”，如果他们的质量相当高，得到广泛认可，那么，深入改革之路还可以继续；反之，假如南科大的教育教学质量未得到社会认可，其改革之路也就走到尽头。

师生中不少人对于南科大究竟要进行怎样的改革，也存在许多模糊与纠结。那位退学同学的博文就是一例。他在《南科大学生眼中的南科大》的博文中，既对南科大拒绝参加高考不满，又对教育部收编南科大、使得南科大成为一所普通公办院校的前景担忧。这位同学称，绝大多数同学选择南科大，是为了能够通过南科大与国外高校的合作出国留学。但这只是提醒南科大教育改革的尴尬：他们的学历能得到国外大学承认，却得不到国内教育体系的认可。

社会舆论也对南科大的改革充满忧虑。在发生了香港科大教授的退出、学生退学之后，社会舆论有从一个极端走向另一个极端之势，一些社会舆论唱衰南科大，断言南科大会是“南柯一梦”。如果仅此而否定南科大的改革，显然是不理性的。对待南科大的改革，显然应当更具理性，这种过度关注、过度情绪化的舆论环境并不利于一所学校的成长。而南科大办学者自身，就更应该冷静，有应对各种问题、各种质疑的准备。如此，才能在克服困难中增加办学的经验，走向成熟。

所以，对于南科大的改革，应该开展一场深入的教育改革大讨论，以此凝聚师生对改革理念、改革路径的共识，形成改革的合力。与此同时，社会舆论也有必要参与到这场讨论之中，真正明白什么是“自主招生、自授学位”，什么是“去官化、去行政化”，而不能停留在似是而非的状态。

我国高等教育的整体改革又何尝不是如此。总体看来，我国社会对需要怎样的高等教育改革，还远未达成共识——往往在面对问题时，大家呼吁改革，可真要改革时，却又质疑改革。例如，对于高校的严重行政化，大家期待大学回归教育和学术本位；但真要取消大学的行政级别时，又有很多人认为在官本位的社会中，这会降低教育的地位、学校的地位。可见，我国社会也需要通过解放思想，拨乱反正，开展深入的教育大讨论，以凝聚改革的共识。

Reforms Conducted by South China University of Science and Technology and Their Impact on the Reform of Higher Education in China

Xiong Bingqi

Abstract: The reforms in institutional management and teaching practice conducted by South China University of Science and Technology received extensive attention which are guided by the ideas of "independent recruitment of new students and autonomous conferral of academic degrees", and "de-bureaucratization and de-administration, meaning to avoid intervention of institutional affairs by state authorities". There appeared a lot of controversy around the reforms, indicating the actual dilemma faced by the restructuring of the education system. Reflecting the reform practices of SCUST will bring significant inspirations to continuing higher education system reform in China.

Key Words: Higher education; Reform

B.6

民办教育政策的重大转折

柴纯青*

摘　要： 2011年，民办教育发展形势总体平稳。国家出台了民办教育的新政策，民办高校首次获得了研究生招生资格。各地贯彻落实《国家中长期教育改革和发展规划纲要（2010～2020年）》，开展了民办教育综合改革的试点，探索民办教育分类管理。民办教育正处在一个新的政策调整时期和发展转型时期，期待民办教育能够切实转变发展方式，获得更大发展。

关键词： 民办教育　民办学校　地方性法规　政策

2010年7月颁布的《国家中长期教育改革和发展规划纲要（2010～2020年）》（以下简称《教育规划纲要》），把民办教育放在重要地位，明确提出“民办教育是教育事业发展的重要增长点和促进教育改革的重要力量”，强调“各级政府要把发展民办教育作为重要工作职责”，大力支持民办教育的发展，支持民办学校在办学体制机制和育人模式上的创新。此后，国务院办公厅发布《关于开展国家教育体制改革试点的通知》，浙江成为民办教育综合改革试点区。

一　民办教育的发展状况

（一）民办教育发展的基本统计

相比于前几年，2011年的民办教育发展形势总体平稳（见表1、图1）。

* 柴纯青，民办教育专家，中小学管理杂志社社长，21世纪教育研究院副院长。

表 1　2007～2010 年民办教育机构数量及在校生数变化情况

单位：所，万人

类别		幼儿园	普通小学	普通初中	普通高中	中职	高校
2007 年	机构数	77616	5789	4482	3101	2958	615
	在校生数	868.75	448.79	412.55	245.96	257.54	349.69
2008 年	机构数	83119	5760	4408	2913	3234	640
	在校生数	982.03	480.4	428.4	240.3	291.81	401.3
2009 年	机构数	89304	5496	4331	2670	3198	658
	在校生数	1134.17	502.88	433.89	230.13	318.1	446.14
2010 年	机构数	102289	5351	4259	2499	3123	676
	在校生数	1399.47	537.63	422.11	230.07	306.99	476.68

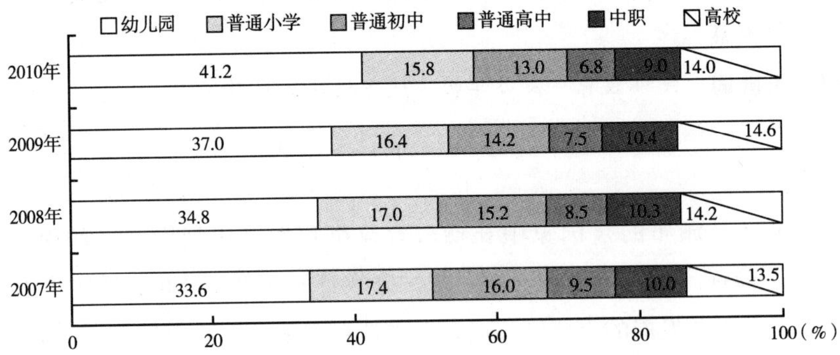

图 1　2007～2010 年民办教育机构在校生数比例分布

2007～2010 年，民办幼儿园的数量不断增加，在园儿童也在不断增长，占全国幼儿园总量和在园儿童总量的比例也同步增长，这是一个比较正常的状态。民办普通高中的机构数量、在校学生的数量均呈下降趋势，占全国总量的比例也同步下降。这与我国高中适龄人口数量的变化趋势相吻合。

但是，在民办小学和初中的机构数减少的情况下，在校学生数量却持续上升。也就是说，民办普通小学和普通初中的校均规模扩大了。普通小学校均规模由 2007 年的 774 人，增加到 2009 年的 915 人；普通初中校均规模由 2007 年的 921 人，增加到 2009 年的 1002 人。其原因有两种可能：一是经过多年竞争、调整，目前能生存下来的都是基础较好、办学能力强、有较好品

牌形象的学校，它们有可能接收了倒闭民办学校的生源。二是各省市调整学校布局，推进撤点并校的政策，导致学生上学远、交通费用上升等问题。很多学生选择就近的民办学校上学，寄宿制民办学校也得以发挥优势，招收到更多的学生。

（二）民办教育新政策的制定

2010 年 5 月，国务院出台《关于鼓励和引导民间投资健康发展的若干意见》（国发〔2010〕13 号），其中第十五条提出了对民办教育政策的新期待："鼓励民间资本参与发展教育和社会培训事业。支持民间资本兴办高等学校、中小学校、幼儿园、职业教育等各类教育和社会培训机构。修改完善《中华人民共和国民办教育促进法实施条例》，落实对民办学校的人才鼓励政策和公共财政资助政策，加快制定和完善促进民办教育发展的金融、产权和社保等政策，研究建立民办学校的退出机制。"

2011 年，教育部确定的年度工作要点中，民办教育的任务是"制定《关于进一步促进民办教育发展的若干意见》，深入推进办学体制改革。研究制定支持民办教育发展的政策措施，创新民办教育发展体制机制。清理并纠正各类歧视民办教育政策，改善民办教育发展环境。做好独立学院过渡期工作，推动独立学院规范办学。"教育部民办教育专题工作小组很早就启动了《关于进一步促进民办教育发展的若干意见》的起草工作，并研究制定《民办教育分规划》。2010 年底，上述两个文件已经形成了"征求意见稿"。但是，这一任务在 2011 年并没有完成。

2011 年 8 月 28 日，温家宝总理在河北省张北县农村教师大会上发表讲话，提出支持农村民办教育发展的要求，进一步表明了中央政府对民办教育的基本态度。这不仅可以增加农村教育资源供给，减轻政府压力，也有利于引入竞争机制，促进办学质量提高。目前，我国农村民办教育发展尤为滞后，存在一些体制性障碍。从世界各国实践来看，办教育不可能是政府大包大揽。像在农村学前教育、高中教育、中等职业教育等领域，民办教育其实是大有可为的，甚至有自身优势。各级政府要为城乡民办教育发展创造一个良好的宽松环境，贯彻执行国家有关法律法规，使民办教育在设立、招生、证书发放、财政补助、办学自主权等方面的权益得到保障，使民办学校与公办学校在法律和政策面前一视同仁，形成

公办、民办教育共同发展的新局面。民办教育也应该是教育家办学，真正致力于教育事业，不能以营利为目的。①

（三）民办高校首次获得研究生招生资格

《教育规划纲要》第十四章第43条规定："对具备学士、硕士和博士学位授予单位条件的民办学校，按规定程序予以审批。"作为贯彻《教育规划纲要》的一个实际行动，2011年10月中旬，吉林华桥外国语学院、北京城市学院、河北传媒学院、西京学院、黑龙江东方学院5所民办高校通过教育部审批，成为首批获得研究生招生资格的民办高校。② 其中，北京城市学院获得2012年社会工作专业硕士项目，属于教育部启动的"服务国家特殊需求人才培养项目"试点项目。首批研究生将于2012年9月入学。

早在2001年8月，经教育部审批并公布了73所具有颁发本、专科文凭资格的普通民办高校名单，并纳入全国普通高校招生计划。十年来，这一名单不断增加，到2011年为105所，约占除独立学院外的其他民办普通高校总数的1/3。此次允许部分民办高校招收研究生，进一步提升了民办高校学历培养层次，打破了过去只有公办教育机构招收研究生的垄断局面，具有独特的意义。

（四）民办高校的招生困境

近年来，由于高考学生数量下降，出国留学生的比例不断提高，同时，在高中毕业生中，放弃高考、放弃考试、放弃报到的"三放弃"现象逐渐显现，对高校招生产生了重大影响，非学历的民办高等教育机构、办学缺乏特色的普通民办高校、公办的高职高专将最先受到冲击。

以民办非学历高等教育为例。自2004年6月教育部《关于取消高等教育学历文凭考试的通知》规定"自2005年起，所有进行文凭考试试点的民办高等教育机构，一律终止招收文凭考试学生"以来，民办非学历高等教育机构的数量和学生人数呈持续下降趋势。2005年，民办非学历高等教育机构1077所，各类

① 《一定要把农村教育办得更好》，本文系温家宝总理2011年8月28日在河北省张北县农村教师大会上的讲话，http://news.cntv.cn/china/20110909/100551.shtml。

② 张灵：《5所民办高校正式获得研究生招生资格》，2011年10月17日《京华时报》。

注册学生109.15万人。但到2009年，民办非学历高等教育机构812所，比2005年减少265所；各类注册学生85.22万人，比2005年减少23.93万人。与此同时，公办高校的平均录取比例还在继续上升，京津沪等经济发达城市的公办高校录取本地学生的比例较高，也挤压着民办高校的发展空间。高校出现生源不足的情况首先冲击民办高等教育机构。

以山东为例，山东高考应考人数已经连续3年下降，到2011年共减少近20万人。伴随着学生人数的减少以及部分公办高校提前自主招生，民办高校的招生困难重重，最受打击的就是专科层次的民办学校。2011年高考录取，民办高校的招生竞争激烈。但生源的质量却并不乐观。生源质量不好，自然对学校办学质量及社会声誉带来影响，可能引起恶性循环，使很多民办学校将陷入绝境。2009年，仅招到8名学生的重庆北软教育集团软件工程学院申请破产，已经成为民办高校破产的先例。而有关报道说，山东省教育厅一位负责人表示，“预计到2013年，全省高中毕业生只有40万人，将远远不能满足招生计划要求”，因此，民办高校生源危机将会越来越严重，需要民办高校采取更有针对性的措施。①

与此同时，民办教育发展还受到假证书之困扰。2011年5月，教育部中国教育信息网发布“民办高校（机构）自行颁发证书调查报告”，称有21所民办高校涉及虚假“学业证书”。北京、上海和广州等经济较发达地区制造和销售民办高校或高等教育机构自行颁发的“学业证书”现象较为严重。② 网络成为出售民办高校或教育机构“学业证书”的主渠道。一般认为，这与民办高校的“短视”相关，投入不足，“以生养生”，恶性竞争生源等行为造成了今日的困境。

《教育规划纲要》背景下，如何认识民办高校的地位，是首先应当解决的基本观念问题。民办教育最重要的就是提供多元选择的可能性，从而成为推进教育改革的力量。因此，民办高校的生源危机并不意味着其历史使命的终结，恰恰提醒民办高校应尽早改变发展方式，焕发新的生机。有学者认为，一方面要建立起以自主招生为基础的高校招生体系，打破计划招生下批次录取对高职高专、民办

---

① 参见刘成友《山东专科院校面临生源危机今年招生缺口超4万》，2011年9月20日《人民日报》；臧旭平、于小阳《民办高校老师被逼成“多面手”1人9门课现学现教》，2011年7月26日《青岛早报》；刘江波《学生荒折射民办院校困境提升教管水平为关键》（http://www.chinadaily.com.cn/micro-reading/dzh/2011-06-30/content_3055807.html）等报道综合。

② 李丹：《21所民办高校证书涉假》，2011年5月24日《中国教育报》。

高校的不平等；另一方面，要让学校拥有更多的办学自主权，主动提高自身办学质量。①

二 民办教育改革的新探索

（一）各地贯彻落实《教育规划纲要》的行动

在《教育规划纲要》颁布一周年之际，民主党派和地方人大就“完善制度环境、促进民办教育发展”对民办教育进行了密集的专题调研。

2011年1月6日，天津市第十五届人大常委会通过《天津市民办教育促进条例》。作为在《教育规划纲要》颁布之后出台的地方性法规，它比2005～2007年密集出台的各省民办教育地方性法规有某种“后发优势”。该《条例》第四条提出了“加大对捐资举办的民办学校和出资人不要求取得合理回报的民办学校的支持力度”；第三十五和三十七条确定对捐资举办的民办学校和出资人不要求取得合理回报的民办学校在土地政策、税收和其他优惠政策上享受与公办学校同等的待遇。基于对民办学校进行这种划分来制定政策，体现了《教育规划纲要》探索分类管理的基本精神。

近年来，云南发展民办教育的种种举措引起了众多的关注。2011年8月，云南省举行《民办教育机构审批管理办法（草案）》听证会，听取来自教育行政部门、民办教育机构以及法律界的听证代表就该《办法》的制定提出了意见和建议。② 我国目前公共政策制定过程中采用听证会的方式较为稀少，云南的这一做法无疑具有制度创新的意义。

2011年5月23日，广西壮族自治区人民政府办公厅发布了《关于促进民办教育发展的意见》（桂政办发〔2011〕84号），要求各级政府“在观念、体制、政策、方法上不断创新，积极促进民办教育健康发展”。文件提出的发展目标，是要求“到2015年，各类民办教育在校生比例达到全国平均水平。其中，民办高等教育在校生占普通高等教育在校生的比例达到25%以上，高中阶段民办教

① 邱晨辉：《生源危机袭来民办高校难逃破产》，2011年8月22日《中国青年报》。

② 矣勇、杨云慧：《云南民办教育机构审批听证，鼓励中介机构参与管理》，2011年8月15日《中国教育报》。

育在校生占高中阶段教育在校生的比例达到30%以上，民办学前教育在园幼儿占学前教育在园幼儿的比例达到50%以上”。普通高中在校生的比例比全国2009年的水平要高出3倍多。为此，文件提出，“凡是法律允许的都大力引进，积极扶持；凡是国家政策没有明令禁止的，都大胆尝试。”“支持民办学校利用国际金融组织贷款和外国政府贷款发展教育事业。”对民办学校学生的资助、教师的养老保险、民办高中学校的招生等，都将与公办学校一致。

部分地市级也有很多落实《教育规划纲要》的政策行动。

2011年1月《毕节地区行政公署关于加快民办教育发展的决定》出炉，① 其创新之处是对教师退休待遇的安排与很多地方的做法不一样，其中规定：“举办学历教育（含幼儿园）的民办学校教师同时符合下列条件的，可享受同类公办教师退休待遇：①任教的民办学校须经教育行政部门批准；②民办学校自行招聘报教育行政部门、人力资源和社会保障部门审查同意备案，并建立了人事档案，逐年考核合格的教师；③在区内民办学校任教连续达到20年、累计达到25年及以上；④按规定交齐社会保险的；⑤未违反国家法律法规和政策并达到法定退休年龄的。经审查批准享受退休待遇的民办学校教师，由人力资源和社会保障部门按规定审定退休费。”这将非常有助于民办学校稳定教师队伍（尤其是骨干教师），有助于提高民办学校的教育质量。

2011年2月24日，洛阳市政府通过的《洛阳市民办教育发展专项资金管理暂行办法》，② 明确了专项资金的用途。其导向就是按投资规模和班额规模对民办学校进行奖励，鼓励扩大规模。可见，在中西部地区，民办教育的首要任务还是要扩大教育规模，弥补公办教育总量的不足。

（二）浙江、上海等地民办教育改革的试点工作

浙江承担了国家民办教育综合改革试点的任务，具体落实到温州、宁波两市及安吉、德清两县，“希望浙江在教育类型、办学体制、办学模式、师资建设等方面取得突破，为全国的民办教育发展改革提供镜鉴”。③

---

① 《毕节地区行政公署关于加快民办教育发展的决定》，2011年2月28日《毕节日报》。

② 胡越、李东慧：《发挥专项资金作用加快民办教育发展》，2011年2月25日《洛阳日报》。

③ 刘华、蒋慧燕：《民办教育“浙江模式”：守住20%的底线》，2011年1月28日《21世纪经济报道》。

2011年7月，宁波市研究制订《宁波市民办学校分类管理试点实施方案》，确定了试点改革的总目标是建立两类学校不同的政策扶持和规范体系，在大力支持非营利性民办学校的同时，也要为营利性民办学校创造必要的发展空间。该《方案》的内容包括民办学校分类管理涉及的审批登记、学校产权、教师待遇、税费优惠、财政资助、财务管理、收费政策、退出机制、法人治理、捐赠激励10方面。其中对部分难点问题提出了探索性的处理办法。

温州市在深入调研的基础上，确定了两大试点目标：在政府层面以体制和机制创新为重点，健全教育公共政策，优化发展环境，吸引社会力量投资办学；在学校层面以质量和管理创新为重点，建立现代学校制度，建设优质教育资源。① 2011年9月下旬，温州市委常委会审议通过了《关于实施国家民办教育综合改革试点加快教育改革与发展的若干意见》，推出了十项新政，包括对民办学校按营利与非营利进行法人分类登记，建立合理回报制度，明晰民办学校产权的归属、使用、收益、处分等方面的权利、义务和责任等。11月13日，新华网报道了温州市率先在全国实施民办教育综合改革的新闻。

温州政策的亮点主要是，第一，明确区分了营利性和非营利性学校的性质，并分别规定了各自的登记、管理办法及配套政策；第二，探索组建由国资引导、民资参与的教育担保公司方式的融资体制；第三，制度规定，凡取得相应教师任职资格、参加人事代理并从事相应教育教学工作的民办学校教师，均按公办学校教师标准参加事业单位社会保险，并享受与公办学校教师同等的退休工资。

上海将试点工作集中在完善民办学校财务、会计和资产管理制度上，确定将分两个阶段完成试点工作：首先探索制定充分体现教育机构、民间非营利组织共性和民办学校特性的财务管理、会计核算和资产管理的相关规定及配套管理措施，随后制定公共财政资助的方向和导向，并确定将民办学校的资金资产管理水平作为公共资助的条件和资助效果评估的内容，使公共财政资助的效益最大化，推进民办学校的健康稳定发展。②

2011年初，深圳市出台了《民办教育发展专项资金管理办法（征求意见

① 温州市教育局办公室：《温州十项改革新政开启民办教育新春天》，温州教育网，2011年9月27日。

② 《上海市建立民办学校财务、会计和资产管理制度》，教育部网站，2011年7月15日。

稿)》，并研究制定《深圳市义务教育阶段民办学位补贴办法》，研究制定“民办学校教师长期从教津贴机制”，开展了完善“民办学校教师社保政策”的相关研究。① 但在分类管理方面尚没有具体的进展。

（三）各省市《中长期教育规划纲要》对发展民办教育的新思路

国家《教育规划纲要》颁布后，各省结合自身的实际情况，制定本省的《中长期教育改革和发展规划纲要》（以下简称《中长期教育规划纲要》）。各省《中长期教育规划纲要》在发展民办教育的思路和选择点上各有侧重。

1. 探索民办教育的分类管理

绝大部分省份都将《教育规划纲要》提出的“积极探索营利性和非营利性民办学校分类管理”写进了本省的《中长期教育规划纲要》，只是口气有所不同，有的省份去掉了“积极”二字，而新疆的《中长期教育规划纲要》则直接提出“根据国家有关规定，对营利性和非营利性民办学校实施分类管理”。吉林省进一步提出“探索民办学校纳入民办事业单位进行分类、登记和管理的途径”；辽宁省要求“在税收、用地、公共事业收费等方面保障非营利性民办学校享有与同类公办学校同等的优惠政策”；贵州省提出分类管理上要“创建有利于采用民办公助、公办托管、国有民办、教育股份、公私合作等形式发展民办教育的管理机制”。

而广东和福建没有提及探索分类管理制度，但以“捐资举办和出资人不要求回报的民办学校，享有与公办学校同等的税收、用地及其他优惠政策”的规定，表明探索的可能性。黑龙江、青海、山东、西藏没有将这一探索列入地方版的《中长期教育规划纲要》。

重庆明确表示，将“建立民办学校合理回报机制，允许出资人从办学结余中取得合理回报”。这一规定似乎回到了《民办教育促进法》的立法本意。当重庆允许出资人获得合理回报同时又探索分类管理制度时，可能会在举办者的现状与未来明确的分类管理制度体系间创造一个适合中国国情的过渡方法，从而推动某种制度创新。

---

① 周元春：《我市将进一步完善民办教育财政扶持政策》，2011 年 1 月 7 日《深圳特区报》。

2. 政府支持民办教育发展的措施

江西省提出探索“民办非企业单位法人”向“事业单位法人”转变的有效途径，支持县（市、区）将民办职业学校、民办中小学、民办幼儿园教师纳入县域教师管理。

云南省要求“明确和落实民办学校、民办事业单位的法律地位和属性”，提出“建立公办学校教师到民办学校支教任教制度”，突破了过去“鼓励”之类的政策措辞。《宁波市中长期教育改革和发展规划（2011 ~ 2020 年）》明确提出，符合一定条件的民办学校专任教师可参加事业单位职工医疗保险。云南省并且确定“民办学校收费按培养成本，由学校自主确定标准，实行‘备案制’”，是一个重大的制度突破。

在民办教育发展基金的问题上，湖南省明确各级政府设立的民办教育发展专项资金，要“随财政收入的增长逐年增加”。上海和四川则要“建立由政府、社会、学校各方共同参与的民办教育发展基金”，上海的基金用于“加大对非营利性民办教育机构的奖励资助力度”，而四川则主要用于“对贫困地区、教育资源稀缺地区的民办学校给予政策支持和经费奖励”。

辽宁、青海、四川、重庆等鼓励“以政府购买教育服务的方式”，促进民办教育发展。

3. 创新民办教育的投融资体制

贵州和云南提出“推动教育投融资机制改革，建立引资办教和银校合作机制”，贵州甚至要“吸引国内外资本向贵州教育领域聚集”。黑龙江省、重庆市、江西省提出鼓励金融机构向民办学校“投放灵活多样的信用贷款”。而浙江根据本省的经济特点，提出“设计有效载体，拓展融资渠道，鼓励企事业单位和个人出资、捐资，共同投资，扩大学校资本金，实现集约办学”。

三　讨论和反思

（一）关于民办教育实行分类管理的讨论

2011 年，是我国民办教育政策具体转向的重要年份。《教育规划纲要》中提出了“开展对营利性和非营利性民办学校分类管理试点”的任务，如何完成这

一任务，建立营利性学校与非营利性学校的分类标准，并进行分类管理，就成为各地民办教育新政必须直面的一个敏感而重大的焦点问题。

这一政策所引起的反应，与2004年《民办教育促进法实施条例》颁布后的情况十分相似。《民办教育促进法》第五十一条规定，所有民办学校都可以取得合理回报。然而，《民办教育促进法实施条例》第三十八条将民办学校区分成“捐资举办的民办学校”、“出资人不要求合理回报的民办学校”和“出资人要求取得合理回报的民办学校”，并规定上述第一、二类学校的税收及其他优惠政策与公办学校相同，第三类学校的税收优惠政策将另行制定，但一直没有制定。正是这一变故，引起了民办学校长达七年的政策恐慌。其直接后果是，很多举办者对民办学校实施分类管理持本能的反对态度。

因此，对民办教育分类管理的探索，需要解决三个问题。

1. 分类管理的标准问题

就现实情况来看，投资办学并要求营利的举办者居多，他们对营利性与非营利性学校的概念并没有足够的理解。这一问题的关键，就是要对“要求取得合理回报的民办学校”在分类管理体系中的地位及未来的前途作出回答。

有观点认为，如果以《民间非营利组织会计制度》中“民间非营利组织”的特征来界定非营利性学校的话，那对“要求合理回报的民办学校”来说是一场灾难。① 因此，根据实践的需要，主张将非营利性民办学校的界定标准明确为：①不以营利为宗旨；②举办者不享有办学结余资产的所有权；③终止时，归还举办者投入后的剩余资产用于发展教育。这样，是否取得合理回报将不影响这些学校归入非营利性学校。

有观点对此表示了支持：对要求合理回报的学校来说，可能在政策上被区别对待，生存将成问题。如果他们选择不要合理回报，那他们从“过程利益”到“终极资产”都将失去，这又不符合他们办学的原始动机，将为民办学校的发展带来障碍。②

王善迈的观点，办学结余或营利、举办者的初始投入和追加投入所形成的学

① 黄新茂：《民办教育分类管理改革势在必行》，2011年6月20日《中国青年报》。

② 张铁明：《民办教育分类管理重在积极促进》，http：//edu. ifeng. com/mbyx/detail_ 2011_ 08/11/8329725_ 0. shtml。

校固定资产、学校办学终止时的剩余资产是否归举办者所有，是对民办学校进行分类的标准。① 更有甚者，提出以“是否追求合理回报”（是否营利）作为唯一标准。②

各种观点的冲突表明，分类管理的理论准备不足，理论与实践之间、政策制定者与民办学校之间，甚至中央与地方之间的观点也不尽一致，这一重要的观念不解决，不利于我国民办教育的长远发展，不符合《教育规划纲要》的政策预期。

2. 顶层政策设计的前瞻性与地方解决现实问题的灵活性

《民办教育促进法实施条例》没有直接用营利性和非营利性来对民办学校进行分类。它表明了一种政策期待，即大力鼓励非营利性学校的发展，特别鼓励捐资办学，而并不鼓励“要求取得合理回报的民办学校”的发展。部分省市的《中长期教育规划纲要》也秉承了这一思路，强调给予捐资办学和不要求合理回报的办学行为一些优惠政策。

然而，现实状况与这一政策设计之间是矛盾的。该如何解决呢？我们认为，顶层政策设计是面向未来的，即可能是瞄准营利性学校与非营利性学校这样一个分类方向的过渡性政策。解决现实的矛盾，可以通过给各省市赋权，尤其是给试点地区赋予明确的权力，让他们因地制宜地制定政策，给“要求取得合理回报的民办学校”以多种选择，既能保护他们的利益和办学的积极性，又能推动及早完成这种过渡，为其他地方提供制度范本。

3. 如何引导更多的捐资办学问题

实行这一政策的核心，是尽快完善非营利性学校的配套政策。

从《民办教育促进法实施条例》出台至今，教育部的态度就是支持捐资办学，但基于捐资假定而制定的政策，造成了政策操作与学校层面的矛盾。既然分类管理势在必行，那么我们就不能再重复过去的弯路，急需明确政策，给办学者以清晰的政策预期，让他们往政策期望的方向前进。

除了我们通常讨论的非营利性学校应当获得公共财政资助等制度外，一个重

---

① 王善迈：《我国民办学校如何进行分类管理》，2011 年 8 月 2 日《中国教育报》。

② 赵应生、钟秉林、洪煜：《积极稳妥地推进民办教育分类管理》，《中国高等教育》2011 年第 10 期。

要的约束要素是捐资办学者为什么要将钱捐赠去办学。这不是一个纯粹道德提升的问题，而是制度引导的问题。

有观点认为，国外私立学校的举办者用原本应该在今后缴纳给国家来办公共事业的应税额来举办学校，因此，当然不会向学校要求产权和利润。但我们国家不一样，举办者已经交过税，他们是用私人的钱来办学，因此，不仅要求学校管理权，还要求获得产权。① 王善迈从经济学的角度也证明了这个观点的正确性。② 他认为，两类学校都可获得经济回报，营利性学校经济回报的形式是办学节余和投资形成的固定资产的剩余归于投资者和举办者所有；而非营利性学校的经济回报，则是根据国家对公益事业捐赠的优惠政策，其投入在缴纳所得税前按一定比例扣除的额度。

（二）如何转变民办教育的发展方式

民办教育如何实现内涵发展和品质提升，一直是大家共同关注的话题。这不仅符合民办教育本身生存和发展的需要，更是教育改革大形势对民办教育提出的要求。目前，很多民办教育机构都在关注品牌的建设问题，这正是转变发展方式的自觉表现。

从目前的情况看，国家民办教育政策应当致力于实现两个基本的政策目标：第一，推动完善民办教育制度，为建立基本制度创造条件，通过解放生产关系，进而促进教育生产力的大发展。如分类管理制度的探索就是如此。第二，推动民办教育发展方式的转型，走内涵和品质发展的道路，提高教育公共服务的水平，实现民办教育的长远、健康发展，推动我国多元、竞争、优质的现代教育体系的形成。

近年来，搞特色学校建设，成为我国中小学比较热衷的一种实现内涵发展的途径。《教育规划纲要》对民办教育走特色办学的道路提出了明确的方向："支持民办学校创新体制机制和育人模式，提高质量，办出特色，办好一批高水平民办学校。"这需要在地方政府的政策中细化，给民办学校以足够的体制机制和育人模式创新的空间，释放民办教育体制优势所具有的活力，促成一批真正有内

① 张铁明：《民办教育分类管理要明确举办者权利》，2011 年 6 月 13 日《中国青年报》。

② 王善迈：《我国民办学校如何进行分类管理》，2011 年 8 月 2 日《中国教育报》。

涵、有品质的现代民办学校出现，那将对我国教育改革具有无与伦比的价值。

第二种途径，是很多民办学校正在广泛推动的课堂变革。2011 年 10 月，21 世纪教育研究院联合多家机构在北京举办了以“新课堂、新教育”为主题的高峰论坛。一批民办学校的课堂改革案例，吸引了众多校长和学者的关注。这种以民办学校自觉改革为主要方式、以学生为主体、变课堂为“学堂”、从偏重教学规律转变到偏重学习规律等要素为核心的课堂改革，正在重塑我们的教育生活。随着课堂变革的逐步深入，增加改革权力的要求将会凸显：如果说课堂改革是改变“如何学”的问题，那么，“学什么”以及其他进一步的改革命题将会随之而生，这必然加速推动我国教育的现代化发展。

另外，关系到民办教育发展方式转变的一个更加深层的问题，是如何在民办教育领域重塑教育家精神的问题。我们知道，中国“学在民间”的传统，孕育了一代又一代的教育大家。我们或许可以预测，国家顶层政策倡导的“教育家办学”，在有着体制空间的民办教育领域，可能更容易实现。

在新的分类管理等政策逐步完善的背景下，民办学校的权利保障将更加清晰，办学的不确定性等也将慢慢消除，这样，出资者和办校者也将会把更多的精力用在教育教学改进和对学生的服务上。因此，转变民办教育的发展方式必须要有配套政策保障改革空间，也需要民办学校自身有教育改革的信念与行动能力。惟其如此，民办教育才能在“重要增长点”和“重要力量”上有真正的担当。

A Major Turning Point in the Policy on Non-government/Private Education

Chai Chunqing

Abstract: The year of 2011 saw a smooth development of non-government/private education. New policies have been made by the government with regard to non-government/private education. For the first time, qualified non-government/private HEIs are qualified to provide graduate programs and recruit graduate students. Pilot projects on comprehensive reform of non-government/private education have been initiated; classification management of non-government/private institutions has been explored. Now it is a new policy-adjusting and development transformation period for non-government/private education and the successful transition of development mode of non-government/private education is expected.

Key Words: Non-government/private education; Non-government/private schools; Local regulations; Policy

·主题二：新课改十周年·

B.7 新课改：来自教师的评价

王 丽　张俊列　薛文俊*

摘　要： 课程改革是一个上下互动和相互调适的过程。新课程改革已走过十年的历程，为更好地了解新课改实施效果，21 世纪教育研究院与中国教育网合作，开展了关于“教师对新课改的评价”的网络调查。此次调查在较大程度上反映了各地区、各学校、各类型教师对新课改的评价。教师对新课改理念认同度较高，但同时在实践过程中也凸显一些潜在的问题。

关键词： 新课改　评价　理念　网络调查

自 2001 年始，教育部在全国中小学推行第八次基础教育新课程改革，迄今已进入第十个年头。十年来，新课改实施的现状如何？学校与教师作何评价？对下一个阶段的推进又有哪些建议？2011 年 8～9 月，21 世纪教育研究院与中国教育网合作，开展了关于“教师对新课改的评价”网络调查。此次调查共收到问卷 8213 份，其中来自中小学教师的问卷为 3740 份，占总数的 45.5%。

参与问卷填写的中小学教师覆盖了全国 29 个省、市、自治区，包括西藏、新疆、青海等。从问卷的分布看，来自城区学校的占 37%、乡镇学校的占 30.4%、农村学校的占 32.5%；重点学校的占 29.4%，普通学校占 70.6%；教师学历为：研究生学历的占 11.7%，本科学历的占 67%、大专学历的占 20%、中专及以下学历的为 1.3%；其中有高级职称的教师占 28%，其余为非高级职称；所教学段高中占 33%、初中占 34%、小学占 33%。所教学科有中小学语文、

* 王丽，21 世纪教育研究院研究员；张俊列，北京师范大学教育学部博士研究生；薛文俊，21 世纪教育研究院项目官员。

数学、英语、物理、生物、化学、历史、地理、音乐、体育、美术、科学、信息技术、思想品德。这些数据表明，此次调查能够在较大程度上反映各地区、各学校、各类型教师对新课改的评价。

一 数据分析

（一）教师高度认同新课改的理念和开展情况

问卷涉及教师对新课改理念的认同度和十年课改效果的总体性评价问题。从统计结果看，教师对新课改理念“很认同”的占21%、“认同”的占53%，即74%的教师认同新课改“合作、自主、探究”的理念，说明新课改的理念确已深入人心（见图1）。在对“您所在学校新课程改革开展得怎样”的回答中，认为“非常积极”的占15.8%、“比较积极”的占47.4%，即63.2%的中小学教师认为新课改在自己所在的学校得到积极地开展。

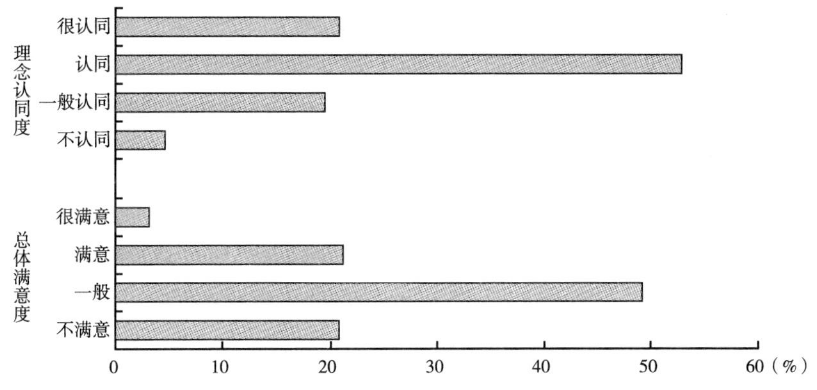

图1　教师对新课改理念的认同度与总体评价的满意度

课堂教学方式的变革是新课改的重要目标之一。针对“新课程改革后，您觉得您的课堂教学方式是否发生了变化”的提问，回答“改变很大”的占9.8%，“有较大改变”的占22.5%，“有一定改变”的占51%，没有多少改变的占17%。在主要教学方式的采用上，以启发式教学为主的占52%、以小组讨论为主的占26%、以讲授式为主的仅占22%，显示教师能够积极采用新的教学方式改变课堂，启发式教学的比例明显提升。

从问卷中还可以反映出，教师的学生观发生了很大转变。关于“在课堂教学中您对学生主体作用的发挥”的提问，回答“很重视”的占32.2%，“比较重视”的占53%，一般的占14%，即85.2%的教师能够重视发挥学生的主体作用。而自认为与学生关系“非常好”的老师占30%，“比较好”的占58%。这些结果表明，教师能够积极主动地投入到新课程改革的实践中，且与学生建立了良好关系。

比较而言，教师们对新课改实际成效的评价一般，与对新课改理念与开展状况的高度认同形成鲜明的对比。对新课改的总体评价表示“很满意”的仅占3.3%，“满意”的占21.3%，即只有约1/4的教师表示满意。

（二）新课改后教学难度加大、学生课业负担加重

新课程改革纲要明确提出要改变课程内容“繁、难、偏、旧”的现状，减轻学生负担，推行素质教育，这也是社会公众对新课改寄予的最高期望之所在。那么，十年来这个目标实现得如何？

在对“繁、难、偏、旧”的课程内容的改变上，21.7%的教师认为“有改变”，40.3%的教师认为“差不多”，还有25%的教师认为“比过去更难了”。另外，有高达73%的老师认同“新课改后学科知识体系不够系统，教学难度加大”的意见。

在减轻学生负担、促进素质教育的目标上，有47%的教师认为新课改之后学生的课业负担反而加重了，34.2%的教师认为与以前相比差不多，仅有8.5%的教师认为有所减轻。对于“新课改是否促进了素质教育的开展”的回答，11%的教师认为“促进很大”，41.3%的教师认为“有一点促进”，两者共计52.3%；此外，认为效果“不明显”的占31%，认为“应试教育”更加严重了的占16.7%（见图2）。显示教师对新课改促进素质教育开展的认同度不是太高。

（三）教师培训实效有待提高

新课改的重要目标之一是改革过于集中的课程管理政策，建立国家、地方、学校三级课程管理政策。在这三级课程中，直接由学校来开发和管理的称为校本课程，其开发的主体在于教师。然而调查显示，教师能够经常参与校本课程开发的为15.8%，偶尔参加的为43.2%，从来没有的为37.96%。

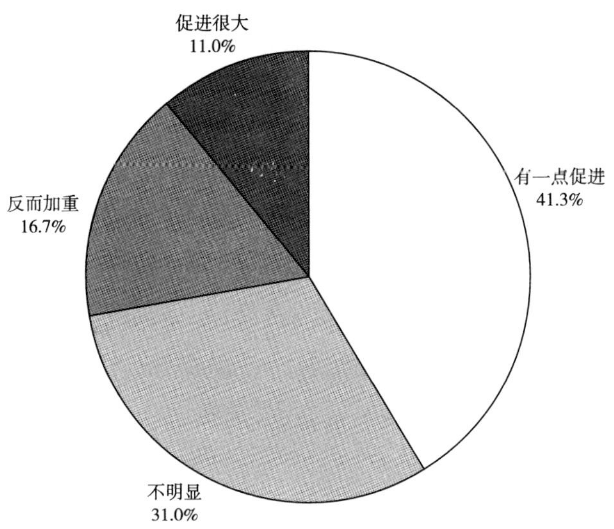

图 2　促进应试教育向素质教育转变的评价

通过培训来促进教师的专业能力发展是实施新课改理念的关键所在。教师培训也分为国家、地方与学校三级。调查显示，新课改以来形成了主要以地方培训为主、国家培训为辅的培训模式，大多数教师能够享有培训机会。参加过地方级培训的教师为 58.2%，其次是国家级培训（18.5%），再次是校级培训（14.8%），没有参加过培训的为 8.5%。教师对培训成效的评价，表示“很满意”的仅占7.8%，表示“满意”的占29.8%，“一般”的占48.7%，“不满意”的占 13.7%。可见教师对于培训效果的总体满意度偏低，培训的实效需要提高。

对于实施新课改前后教师工作量的提问，有 63.4% 的教师认为工作量比以前增加了。这成为影响教师参与课程开发积极性的一个重要原因，其他原因还有“资源不足”（占 35.7%）及“时间不允许”（占 31.6%）。

（四）新课改的实施效果在城乡之间、中学和小学之间存在较大差异

调查显示，新课改的实施效果在城乡之间、中学和小学之间均存在较大差异。有 62% 的老师基本认同“新课改在城市还可以，问题主要是在农村学校”的观点。在主观题中，更有部分教师反映新课改之后农村教师的工作量加大，对

教材的适应难度较大。

在不同的学段，教师们认为小学的新课改开展得最好（占48.4%），其次是初中（占20%），高中的成效较差（占8%）。此差异表明越迫近高考，新课改的实施情况越差。

关于“新课改实施中主要问题”的回答，认为“评价和考试制度没有变”的居第一位（占23%）、“教育资源不足”居第二位（18%）、“师资培训跟不上”居第三位（17%）（见图3）。教师能力不足、领导工作不力、推进速度过快等，都是影响新课改实效的重要因素。教师矛头指向的主要是高考制度，认为高考制度不改革，素质教育缺乏外部环境，新课改理念就很难实现。而农村教师更多关注资源不足和缺乏师资培训的状况。

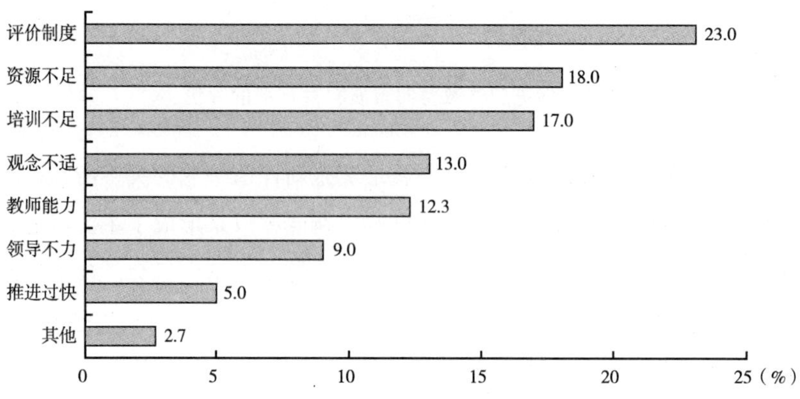

图3　新课改实施中的主要问题评价

二　策略建议

新课改是一项复杂的系统工程。从本次调查结果来看，对新课改的评价需要打破“成功”或“失败”这种二元对立的简单思维模式。从调查中可以看出，教师对新课改理念认同度较高，这表明新课改的方向是正确的。经过十年课改，教师的观念已经得到转变，课堂教学方式有了较大改变，教师也比以前更为重视课堂教学中学生主体作用的发挥。这些都是新课改显而易见的成绩。另外，教师对新课改总体评价较低，与新课改缺乏良好的外部环境及配套机制密切相关，尤

其是制约新课改实施的最大瓶颈——高考体制——是新课改本身无法解决也无法承受之重。

对于影响亿万青少年的课程改革而言，十年是一个重要节点，也是反思和调整的契机。课程改革是一个上下互动和相互调适的过程。我们需要坚定课改的方向与信心，同时根据实践的需求调整改革的措施和策略。基于本次调查，对下一步课程改革提出如下建议。

（一）探索自下而上的新课改推进方式

问卷调查显示，教师们对于新课程改革理念高度认同而对于课改的实效评价较低，除了外部环境及配套机制有待改善外，新课改的推进方式也是原因之一。

目前的新课改采取的主要是自上而下行政动员的方式，学校和教师的主体性、主动性有待提升。下一阶段的改革，是否可以探索与建设现代学校制度、推进教育家办学相结合，以学校改革为主的自下而上、上下结合的推进之路，从而使课改真正成为促进学校变革的内在动力。政府则以提供教师培训、资金支持等有效的保障条件为主，以及建立相应的配套机制、有效的反馈和评价机制等，及时发现问题，调整改革策略。

（二）提高教师培训的实效

教师培训是促进教师专业发展的基本途径。从经济方面来说，要加强校本培训和区级培训的力度，让更多的教师有机会、有条件接受培训。从有效性方面来说，要减少由课改专家学者进行的宏观性的理论培训，改为针对教师的实际生存状态和课改实施层面中出现的具体问题，探索分层、分专题的有针对性的培训。同时探索由一线优秀教师和校长来担任培训人员的机制。

需要加大对农村地区的教育投入，给农村教师提供更多的接受培训与发展的机会。联系撤点并校、农村教育的萎缩之状，可选定部分农村地区开展新课改试点，有针对性地解决农村教学的实际问题。

（三）加快评价与考试制度改革

调查表明，影响课改实施效果的最大障碍就是评价与考试制度，没有与课程改革相适应的评价与考试制度，课改的一切理念与目标最终都将会落空。当前需

要注重对评价与考试制度的研究，探索能够结合实践、适宜社会发展与学生发展特点的评价方式。同时，应加快高考制度改革的步伐，突破这一改革瓶颈；深化中考和小升初入学制度的改革，为基础教育教学改革提供良好的环境。

（四）建立教材听证制度和教材选用委员会

教材改革是新课改中的核心内容，同时牵涉巨大的经济利益，最易成为社会关注之焦点。应当建立由教师、教学研究人员，以及学生家长组成的教材选用委员会，并且建立由校长、教师、专家及社会公众参加的听证会，以健康的教材选用机制倒逼教材改革，促进教材出版的良性竞争，斩断教材利益分配链条，而不是重新回到由一家出版社一套教材一统天下的时代。

附录：

调查问卷设计了一个开放式的问题：“请您谈谈对十年新课程改革的总体评价，以及对下一步的工作提出建议”。现选辑部分教师的意见如下，以供参考。

河北语文教师：

新课程改革将近10年了，我觉得确确实实有了质的变化。教师的观念不断地更新，个人素质也得到了很大的提高。尤其是教学观念的转变，由过去的满堂灌，学生被动地接受知识，到现在的自主学习、合作探究学习，学生的积极性和主动性被最大限度地调动起来了，热情高涨了，思维活跃了，高效课堂自然形成了。

江苏语文教师：

新课改对育人的核心理念缺少与世界接轨，不能很好地吸收人类的普世价值观念；小学教材并无多少新意，文字拙劣；课改重视学科教学“术”的层面的研讨，往往见“术”不见“人”。城乡差别极大。城区重点与非重点差别巨大，教育处于严重的不均衡状态。班级生数严重超标，生均占有教育资源严重不足。新进师资力量有日益薄弱的趋势……新课改的成效可以说微乎其微。

四川英语教师：

课改的初衷是不错的，但面对中国这样一个大国，地域辽阔，沿海和内地、城市和农村二元对立且差距明显，在这种背景下指望用一种教改模式来统一要求，这本身就是不现实的。新课改的“设计师”们应该多到西部内陆省份走一

走，多到广大农村地区走一走，尤其是内陆偏僻封闭、经济落后的农村地区的基层学校去走一走，看一看，然后再设计更具有针对性的教改方案，同时全方位地改革这类地区学校的管理方式、师资配备与待遇、教材与教学资源、教学评价与测试方式，甚至注意改革目前高校的招生、培养和就业方式，这样才能确保全国各地区、各类学校教育的均衡发展，而不是像目前这样“优者更优，弱者更弱”的逆淘汰机制盛行，新的“读书无用论”在城乡弱势阶层中越来越盛行。要知道，教育的不公平，必然导致人们在成长和发展中的“机会不公平”和发展机会的不公平。

安徽英语教师：

要减轻学生负担，我认为应该删减课本内容，如英语课本后面的生词量太大太多，对于我们农村学生接受不了，从而影响到他们的学习兴趣，如果每册书删掉1~2个单元，学生负担就轻了，这样就起到了减负的作用，学生负担轻了，兴趣有了，对以后的成长起到很大的作用。

浙江数学教师：

希望通过课程改革影响学校，通过学校影响下一代，向全社会注入新的文化元素，基础教育如何培养学生的社会责任感、创新精神和提高学生的实践能力？如何让每一个未成年人过上幸福而有尊严的生活？这类深层次的问题关系着新课改的未来走向。

湖南体育教师：

应该对生活水平较低的省份城市更加关注，尤其是在音体美德方面多多关注，我作为一名体育老师觉得国家或地方完全不注重学生的身心健康，中学还可以开设一些营养课。

广东历史教师：

只要高考指挥棒不变，新课改就只能流于形式而悖于初衷。因此，基础教育的课改之难，实际上反映了中国整个教育体制的改革之难！要实现新课改的总体目标，就应该从大学、中学、小学甚至幼儿园的联动改革入手，而不能仅仅局限于中小学的基础教育阶段。

吉林一班主任：

所有的领导应该兼课，不应该脱离课堂。学生使用的教材版本应该由任课教师来决定。

山东体育教师：

今后要加强农村教师的培训，要涉及面广，要面向全体教师，培训不能只是所谓的骨干或先进的专利。培训学习不要走形式，内容要切实际。

河北美术教师：

建议今后的新课改选农村地区试点。

湖北生物教师：

改的方向是对的，有利于学生创新思维的培养和继续学习能力的培养，但是，课改不只是教育部门单方面的事情，要顺利推进必须得到整个社会的支持，要整个社会认同，教育才有生命力。而阻碍家长社会甚至教师本身观念转变的根本原因是评价体系问题！

New School Curricular Reform: Evaluation of Schoolteachers

Wang Li　Zhang Junlie　Xue Wenjun

Abstract: The curricular reform itself is a process of interaction and mutual adaptation. Ten years have passed since the initiation of reforming school curricular. For a better understanding of the implementation effect of new school curricular reform, 21st Century Education Research Institute cooperated with CERNET to take a web-based survey "Evaluation of Schoolteachers on New School Curricular Reform". This survey in a large extent reflected evaluations of various regions, various schools and various types of schoolteachers. The findings of the survey suggest a higher degree of approval of the ideas embodied by the new school curricular reform among schoolteachers, and a number of potential problems in the process of practice.

Key Words: New school curricular reform; Evaluation; Idea; Web-based survey

B.8
新课堂新教育：基层的实践探索*

刘胡权**

摘　要： 课程改革十年，全国涌现了许多自下而上的基层实践探索，大体分为“死地后生”的初中课改、“难能可贵”的高中课改、“起而行道”的学者实验和“别具一格”的民族教育。这些基层实践尊重学生的主体地位，体现了教育家的自主实践，具有典型的自下而上的特征。未来的课堂改革要重视自下而上的动力机制，弘扬教育家精神，推进课程改革深入发展。

关键词： 课程改革　新教育　自下而上　教育家精神

自2001年起，国家在中小学推行新课程改革已经十年了。伴随着贯彻落实国家《教育规划纲要》，中国教育正处在一个新的改革活跃期。以促进教育公平和提高教育质量为主要目标，教育界的精英们和社会热心人士在不断追求着更好的教育、更理想的教育。积十年之功效，新课改的理念已经生根发芽。各地学校因地制宜的改革实践和创新探索，显示了教育改革自下而上的重要推动作用，值得我们去总结、传播和推广。

2011年10月14~15日，由21世纪教育研究院、北京市西部阳光农村发展基金会、新教育研究院等联合主办的“新课堂　新教育”高峰论坛在北京远望楼宾馆举行，来自全国各地的教师、校长300余人到会，回顾、反思我国新课改十年的历程，交流基层课改的成功经验和案例，探讨深入课程改革的动力、路径。围绕十年课改的成败得失、成功案例如何推广传播及改革的动力机制等问题进行了热烈而深入的讨论。

---

* 本文根据“新课堂　新教育”高峰论坛相关材料整理而成。

** 刘胡权，21世纪教育研究院研究部主任。

一　课改十年的基层实践

任何一场教育改革的成效，都将最终体现在课堂和教学上。教育改革，决胜在课堂。已经走过十年的新课程改革，需要总结和回顾，需要评价和反思，需要传播和推广成功的经验，需要在十年实践的基础上继续推进和深化。课改十年，全国涌现出了许多经典的案例。归纳起来，大体可分为以下四类。

（一）“死地后生”的初中课改

这类课改的基层实践主要集中在初中，特别是濒临倒闭、撤并或面临各种危机的农村初中。这些学校大多为薄弱学校，学校基础条件很差，升学率排名连续多年倒数，辍学率高，学校的社会声誉极差，面临着被撤并的危险。就是这样的烂摊子，就是这样的局面，才容易发现问题的关键所在，才容易激发背水一战的魄力，才容易生发出“死马当活马医”的无奈，才能够着手去寻找改革的契机；就是这样一些教育管理体制对之失去希望，将之放任自流的学校，改革者才不会有来自体制方面的太大压力，才不会去过分考虑、计较利益得失，才能够甩开手大干一场，才容易从学校的日常教育教学出发，从解决学校自身的问题出发，去着力实践自己的改革设想。这类“死地后生”的初中课改案例的典型代表有：山东茌平杜郎口中学、江苏东庐中学和洋思中学等农村初级中学。

山东茌平杜郎口中学地处偏远欠发达的鲁西地区。1997 年前，杜郎口中学是当地远近闻名的一所薄弱校，学校的教学质量较差，还面临被撤并的局面，教师和学生都感觉是“做一天和尚撞一天钟”，纯属“活受罪”。面临这样的薄弱校，不改就要撤并，被逼无奈只能“下水”，只能动大手术。与其坐以待毙，不如背水一战，真所谓置之死地而后生。杜郎口中学改革就是在这样的环境与现实条件下展开的，校长崔其升通过改革传统的课堂教学，三面黑板，实行“35 + 10”的教学模式（学生讲 35 分钟，教师讲 10 分钟），把课堂还给学生，让学生在课堂上能够真正实现自主学习，成为学习的主人。杜郎口中学的教学改革成为了我国农村基础教育改革的一个传奇。

江苏东庐中学位于江苏省溧水县城数公里外的永阳镇，是一所普通的农村初中。1999 年前，东庐中学也是一所濒临破产的学校，应试教育让学生苦不堪言，

学校陷入了严重的信誉危机，也面临着被撤并的局面。在此情况下，校长陈康金带领教师们认真研究和反思学校管理中存在的问题，寻求改变现状的路子，发明了“讲学稿”（根据学生的“学”来设计学案和教案），通过“讲学稿”实现了“教”与“学”的统一，使学生学会了自主学习，教师学会了合作与研究。

江苏洋思中学是江苏省一所镇属农村初中，以前是一所由“三流的硬件，三流的师资，三流的生源”组成的“三流学校”。在校长蔡林森的带领下，学校把提升学生学习质量看作学校发展的原动力，以后进生的转化为出发点、着眼点，以改进课堂教学模式为切入点，实行“先学后教，当堂训练”的教学模式，使学生们扎扎实实学好书本知识，有问题及时解决，做到“堂堂清、日日清、周周清、月月清”，以巩固好学习基础，从而在此基础上求发展。同时，辅之以制度化、人性化的管理和有效的养成教育，创设良好的学习氛围和条件，以服务于教育教学。在一系列的改革下，后进生大面积转化，学校取得了非同凡响的成绩，创造了一个朴素的教育奇迹。

（二）“难能可贵”的高中课改

虽然“新课改”已推行十年，但是应试教育与素质教育两张皮的情况仍然客观存在。像“衡水中学”那样的高考集中营，还存在于全国各地的“省重点”、“市重点”、“县重点”之中。可以这样说，这些改革者都在“两线作战”：一边是在应试教育的战场上带着学生们厮杀，一边想着在“战斗”间歇给学生们塞点不一样的“私货”。这种现象主要发生在高中，因为高中直接面临高考的压力，而小学和初中压力较小，所以初中和小学新课改的成效比较显著。因此，在高中开展课程或教学改革并能取得一定成效，实属难能可贵。山西新绛中学开展的学案教学改革就是这样一个典型的案例。

新绛中学位于山西省运城市新绛县，是山西省首批重点中学之一。新绛中学之所以实行教学改革，同样是因为这样一所曾经的百年老校遭遇办学危机——教师被挖走，生源质量、教学质量明显下降。2008 年，山西正式开始高中新课改后，在校长宁致义的带领下，新绛中学对传统课堂进行了流程再造，将课堂分为“自主课”和“展示课”两种课堂，每天上午的五节课为展示课，下午的三节课和晚上的三节课为自主课，每节课 40 分钟。再加上早上的早读课，学生每天有效学习时间不超过 8 小时，并且开齐开足了国家规定的课程。

无论是“自主课”还是“展示课”，均以“学案”贯穿始终。“学案”是相对于“教案”的一种叫法，是由学科教师集体教研完成的，其内容要求尽可能为学生创设理想的学习情境，结合学生的学习认知规律设计问题、学习目标、读书指导等，同时规定学生要完成的学习任务，并力求简洁。这个以学案为引领的课堂，新绛中学称之为“问题解决式课堂”。

新绛中学的“问题解决式课堂”有效地提高了学生的学习质量和综合素质，减轻了学生的课业负担，掀起了一场高中课改风暴。宁致义校长要求老师做毕福剑，不要做易中天。因为易中天确实讲得好，全国人民也都记住了易中天，但是人们从中并不能真正学到什么。而毕福剑给了老百姓一个舞台，让大家去展示自己，展示的结果是出了很多人才。

（三）“起而行道”的学者实验

教育学者以教育实验的形式参与课程改革是本次“新课程”改革的特色。教育学者饱含教育理想和实践热情，具有先进的教育理念，如果能够从书斋走向现实，与实践紧密结合，深入教师和学生内心，扎扎实实开展教育实验，就会收到良好的教育效果。教育学者以行动者的角色深入教育实践，不“坐而论道”而“起而行道”，这是现代中国教育界最需要的，也是最缺乏的。朱永新、叶澜、何克抗、熊川武以及郭思乐等教育学者的课改实践，以他们的实际行动，推动着“新课改”向纵深发展，改变着我国的基础教育。

新教育实验，是由民进中央副主席、全国人大常委朱永新教授发起的一个民间教育改革行动，旨在“帮助师生过一种幸福完整的教育生活”，其核心理念是“行动，就有收获”。新教育希望通过努力改变教师的行走方式、改变学生的生存状态、改变学校的发展模式、改变教育科研的范式，实现人的全面和谐成长。作为一个民间的教育实验，新教育在1999年被提出，到2002年就有了第一家实验学校，截至目前，历经10余年的时间，实验区已经达到32个，实验学校有1000多所，参与师生达100多万人，已成为当下中国最具影响力的教育改革实验之一。

新基础教育实验，是由华东师范大学叶澜教授主持开展的一项重点课题，它针对当前基础教育在学校实践中存在的忽视青少年多方面成长发展需要的问题，提出要从生命和基础教育的整体性出发，唤醒教育活动中的每一个生命，让每一个人都真正“活”起来。新基础教育提出了四个“还给”：把课堂还给学生，让

课堂焕发生命的活力；把班级还给学生，让班级充满成长的气息；把创造还给教师，让教育充满智慧的挑战；把精神发展的主动权还给师生，让学校充满勃勃生机。叶澜教授带着她的实验团队行走了15年，走进了全国300多所中小学。

基础教育“跨越式教学”实践，是由北京师范大学教育技术学院教授、现代教育技术研究所所长何克抗教授领衔的一项重点研究课题，该课题主要在中小学阶段展开，其特点是坚持“以语言运用为中心”。历经10年的教育实践，由何克抗教授领衔的北京师范大学基础教育跨越式课题组，先后在全国建立了20多个试验区，试验学校也发展到250多所。该课题在母语学习方面的研究成果也应用于新加坡汉语教学——“十分华文”项目，并取得了良好的效果。目前，新加坡正将这套理论与实践方法应用于马来文、淡米尔文的教学当中。

“自然分材教学”实践，是由华东师范大学熊川武教授在北大附中新疆分校开展的教育实验。“自然分材教学”的实质是在理解的基础上对学科进行深化，强调以人为本，发挥学生的主观能动性。理解教育和自然分材教学于2001年开始在上海平乐学校试点，之后，上海市教委将之在上海中小学中推广。前后10年，共在200多所学校中进行了自然分材教学的实践，其中深圳文汇中学的自然分材教学四环节和青岛崂山二中的自然分材教学更是在原有理论基础上进行了大胆创新。

生本教育的实践，是由华南师范大学郭思乐教授主持开展的一项重点课题，其核心理念是高度尊重学生，全面依靠学生，把以往教学中主要依靠教师的“教”，转变为主要依靠学生的“学”。教师退后，教师的作用和价值体现在最大限度地调动学生的内在积极性，组织学生自主学习。生本教育实验开展13年来，已在全国27个省市自治区及港澳地区得到实践，直接及间接参加者数以百万计，直接的实验学校达300多所。

（四）“别具一格”的民族教育

新课改实践不仅在汉族地区得到了广泛开展，在汉族以外的民族地区，人们也自发地开展了很多的教育教学改革。如果说汉族的教育教学改革更多受到应试教育影响的话，民族地区的教育教学改革就没有这层束缚，反而更能体现教育的本质特色。青海吉美坚赞民族职业学校的创新探索就是一个很好的例子。

吉美坚赞民族职业学校坐落于青海省果洛藏族自治州玛沁县的黄河岸边，原名“吉美坚赞福利学校”，是青海省第一所民办福利学校。建校以来，其有教无类的教育理念、融合传统与现代的独特的教学模式、优秀的教育质量赢得了很好的声誉，成为藏族农牧民争相“择校”的目标。

吉美坚赞在1994年青海果洛创办了青海省第一所民办学校——吉美坚赞学校。吉美坚赞学校有以下四个特点：传统与现代相结合；言传身教，树立榜样；因地制宜，因材施教；特殊教学，系统高效。吉美坚赞学校注重品德教育，认为品德教育是教育之首任。吉美坚赞本人也强调：“上我们学校不一定能考上大学，我的目的不是考大学或者升官，我培养的人就是为社会作一些贡献的人，我想培养对老师尊敬、对父母尊敬的人。”吉美坚赞学校通过因明学的辩论，注重培养学生的自觉性、独立性和创造性。

吉美坚赞学校在大力加强义务教育的同时，立足于培养有知识、有技术、有文化的牧区新型人才，从传统教育模式向特色教育转化，逐步建立起基础教育、职业教育、成人教育融为一体的教学模式，显示了民族地区民间教育传统的生命力，不仅对西部地区文化、教育和经济发展具有重要意义，对当下中国的教育改革也有着重要的启示和独特的意义。

二　基层实践的基本特征

（一）自下而上的民间探索

2001年，随着教育部《基础教育课程改革纲要（试行）》的颁布，一场由教育部主导的“自上而下”的课程改革拉开帷幕。改革的目的就是要变“应试教育”为“素质教育”，把课堂还给学生，重燃孩子们对于知识的渴求。

十年过去了，全国涌现出了许多如山东杜郎口中学、山西新绛中学、内蒙古乌丹五中等民间的课改案例，这些课改案例的典型特点是“自下而上”，即不是由上级教育行政部门主导推动实施，而是基于自身现实实践的自主探索。这种改革模式给我们以重要的启示，即一场实质性的教育改革不仅需要自上而下的部署和推动，也需要自下而上的探索和实践。第一线的校长和教师的改革探索，教育学者的自主实践，为整体性的教育改革提供了经验，让大家“摸”到了能够过河的一块块“石头”，这是推动新课程改革真正重要的变革力量。

（二）教育家的自主实践

从上述鲜活的、具有草根性和民间性的改革和探索中不难看出，那些怀有教育理想、不甘平庸，勇于实践的教育家或学校掌门人的自主实践是推动课改的重要动力来源。

杜郎口中学校长崔其升当初接手的是一所将要被撤并、全乡排名倒数的农村薄弱校；山西新绛中学校长宁致义几年前推出问题解决式课堂时，正是这所百年老校因为优秀师资被大量挖走，学校教育质量不断下降之时；吉美坚赞是不想让牧区放牛放羊的孩子成为文盲，而创办了免费学校……

一个好校长就是一所好学校，这个道理在新课改的实践中再一次得到印证。就连熊川武教授、何克抗教授分别在各地进行的教育实践也不例外。虽然何克抗教授和熊川武教授负责指导和推广，但如果这些校长没有改革和承担风险的精神，无法识别特色的课改方式，自然不会有“跨越式教学”和“自然分材教学”的大量实践。

虽然相关的几位校长自发地在新课堂探究新课改的模式不同，却都以不寻常的理想、激情、毅力和智慧致力于改革，从而既带给后来者种种先行一步的课改经验，又体现了他们自身勇于实践、百折不挠的某些草根特质，这恰恰是当前新课改最稀缺的资源。

（三）“农村包围城市”

从上述基层实践的案例来看，新课改大多针对一些偏远农村地区的薄弱校，比如山东杜郎口中学、山西新绛中学、江苏东庐中学等。这些农村学校之所以能在新课改方面取得成绩，多数是由于现实环境所迫，基于包括学校校长、教师在内的共同体产生的对于改革价值的共识。正如杜郎口中学校长崔其升所言：“我一没有高深的理论，二没外出参观学习。我们的教学改革，就是基于学校现实，为了改变当时的被动局面。我们的每一步改革，都是针对课堂教学存在的问题，根据学校当时的条件进行的。”

曾被视为基础教育金字塔尖的一线城市老牌名校，却鲜有锐意改革者的身影。即使对于有志于课改的优质高中而言，由于升学率是一根不可触碰的红线，升学率只要掉下来，上级压力、社会压力、舆论压力，甚至学校内部老师的压力就全都来了。改革的动力往往因升学率的变化而化为巨大的压力，最终使改革不得不回到原点。

可见，高考的压力，使得课堂教学改革是农村学校领导潮流，那些条件和生源都很差的边远农村学校做得好，而城市中学，特别是城市重点中学就做不了改革的示范学校。

（四）尊重学生的主体地位

台上讲得口干舌燥，台下听得昏昏欲睡；学生上课时鸦雀无声，下课时打打闹闹，这是许多中小学传统教学模式的写照。把课堂还给学生，尊重学生，让学生成为学习的主人，这是新课改追求的价值目标。不论是杜郎口中学的学生课堂，还是新绛中学的学生小组展示，抑或是新教育和新基础教育的生命课堂，虽然各地探索的新教学模式在具体做法上有差异，但有一个共同点，即鼓励学生自主学习，尊重学生的主体地位，把学生当做课堂主角，学生通过预习交流、分组合作，在课堂上展示自己的学习成果，老师只是组织者，只做适当点拨。

课改十年，以学生为主体、启发式教学、引导学生学会学习等新课改反复强调的基本理念得到了集中强化，教育领域从历来只谈教学不谈课程到开始对课程建立起系统的认识，这些变化不断激活着社会各界对新课程的认识，也不断深化着人们对学生主体地位的认识。

三　重视自下而上的动力机制，弘扬教育家精神

我国新课改的推进方式，主要是自上而下行政动员的方式，学校和教师的主体性、主动性相对不足。杜郎口中学、新绛中学、洋思中学等一系列民间课改案例的出现，启示我们一场实质性的教育改革不仅需要自上而下的部署和推动，也需要自下而上的探索和实践，甚至有时自下而上的推动能够更有效地弥补自上而下的不足。未来课改的推动，要重视自下而上的动力机制，推动自上而下与自下而上的有效结合。

自下而上的动力机制，如同一位校长所说，主要来源于改革者的内心，来源于改革者对教育的追求。从本次课改的基层实践者来看，大多数不是精英学校的名师名校长，而是农村地区和普通学校的老师和校长，这种探索是更具草根性、

民间性的自下而上的、自主的改革探索。他们给我们带来的，不仅是各自的课改经验和模式，还有他们那不甘平庸、勇于改革、勇于实践的人格。在经济领域，这叫做“企业家精神”；在教育领域，这就是“教育家精神”，这种“教育家精神”才是教育改革真正重要的动力。教育家不同于坐拥优质教育资源、热衷于现实功利的“名师”、“名校长”，而是热爱教育、追求理想、勇于探索和创新的改革者。他们为我们树立了卓越的榜样，也提示了在深化教育改革中弘扬教育家精神、走向教育家办学的重要方向。

因而，下一阶段深化课程改革的重要工作，是进一步深化中小学管理体制改革，建设现代学校制度、进一步推进“教育家办学”的模式。使学校成为改革的主体，成为自下而上、上下结合推进改革的核心机构。还应强化学校变革的内在动力，使课改从课堂深入到学校，从教学深入到教育。政府的功能应当是以提供教师培训、资金支持等有效保障条件为主，建立相应的配套机制、有效的反馈和评价机制，及时发现问题，调整改革策略。

New School Curricula and New School Education: Practical Explorations Made by Grassroots Entities

Liu Huquan

Abstract: Since the initiation of curricular reform a decade ago, throughout the country, there have cropped up many bottom-up pilot projects of curricular reform initiated by grassroots entities. In those explorations there are four categories: junior middle school curricular reform with the characteristics of "life after death"; high school curricular reform with the characteristics of "praiseworthy for its excellence"; experiments by scholars with the characteristics of "take action together"; nationality education with the characteristics of "have a style of its own". Those bottom-up practices invariably pay higher respect to the subjectivity of students and embody the spirit of autonomy of educators. When deepening curricular reform in the future it is necessary to emphasize bottom-up dynamic mechanism and carry forward the spirit of educators.

Key Words: Curricular reform; New school education; Bottom-up; Spirit of educator

特别关注——农村教育

Topics of Special Concern—Rural Education

B.9

学校布局调整与校车系统建设

袁桂林　常宝宁*

摘　要： 农村义务教育阶段学校布局调整、撤点并校，使得学生上学远。为解决学生上学远的问题，我国开始发展校车。校车立法空白、运营混乱监管不力、车体本身不达标、超载现象严重等原因使得校车事故频发。因此，要加强校车立法建设，明确责任主体，调节府际关系，探索政府和市场相结合的运营模式来促进校车安全问题的有效解决。

关键词： 农村教育　撤点并校　校车　学校布局调整

农村义务教育是我国教育事业的重要组成部分，在我国教育事业发展中具有基础性和全局性的作用。21 世纪初，国家对农村义务教育实施了“以县为主”的管理体制，采取了许多措施促进农村义务教育快速发展，成效显著。然而，在发展改革的前进过程中，一些新问题也逐渐暴露出来。

---

* 袁桂林，北京师范大学教育学部教授，博士生导师，主要从事教育基本理论、农村教育等研究；常宝宁，北京师范大学教育学部博士研究生，主要从事教育基本理论、基础教育研究。

一 学校布局调整及其存在的问题

2001 年，国务院颁布的《关于基础教育改革与发展的决定》指出，要“因地制宜调整农村义务教育学校布局：按照小学就近入学、初中相对集中、优化教育资源配置的原则，合理规划和调整学校布局。……在方便学生就近入学的前提下适当合并，在交通不便的地区仍需保留必要的教学点，防止因布局调整造成学生辍学……”这一《决定》的颁布，标志着我国农村中小学新一轮布局调整的正式实施。

布局调整从现实做法来看主要是“撤点并校”，尤其是撤销一些办学规模小、办学质量差的村小和教学点。据统计，从 2000 年至 2009 年，我国农村（包括县镇）普通小学数从 521468 所缩减到 263821 所，减少了 49.4%；从 2000 年至 2007 年，教学点减少了 50.9%。也就是说，在十年间，我国农村普通小学数减少了近一半，其中县镇以下的村小和教学点是主要的撤并对象。

农村中小学布局调整，虽然在一定程度上优化了教育资源配置，提高了教育的投资效益和学校的教育质量，促进了区域教育均衡发展。但与此同时，引起了大班额的激增，增加了儿童上学的距离，甚至引发了新的辍学现象。有研究指出：“有些学生往返要步行十几里甚至二三十里。有些地方虽然家校直线距离并不远，但是学生到学校要爬崎岖的山路、蹚过深长的塬沟，既费时又危险。有些地方交通虽然便利，学生能够乘坐交通工具走读上学，但是很多乘用车都是农用车，即使是客车，不少也没有达到安全要求。安全问题成为家长和学生的一块心病。”① 在这种情况下，中央和省级政府共同组织实施了“农村寄宿制学校建设工程”（以下简称“寄宿制工程”）。

“寄宿制工程”计划从 2004 年起，中央财政投入资金 100 亿元，用四年左右的时间，帮助西部地区新建、改扩建一批以农村初中为主的寄宿制学校。从此，在全国范围内掀起了兴建寄宿制学校的热潮。“寄宿制工程”的实施，对扩大农村学校的服务半径和服务人口，提高农村义务教育质量，减少适龄儿童的失学率和辍学率，促进区域教育均衡发展，都起到了重要作用。

---

① 于海波：《农村学校布局调整要警惕辍学率反弹》，《求是》2009 年第 16 期。

布局调整，资源整合，寄宿制学校建设，从本质上说都是为了扩大教育规模、提高教育效益、促进区域义务教育均衡发展。但是“对义务教育阶段的学生来说，其心智尚不完善，人格不够健全，缺乏基本的生活能力”，[①] 过早的寄宿，会引起学生身体和心理的诸多不适。近年来，一些研究表明，我国大多数农村寄宿制学校不仅存在食宿条件差、安全事故隐患大、专职生活教师缺乏、加重了学生家庭的教育负担等问题，而且大多数学校本着“安全第一”，采取“圈养”的管理模式。一方面由于营养状况不良，严重影响了学生健康成长。有调查表明，农村地区 6～12 岁儿童普遍偏瘦，儿童身高和体重与城市儿童相比要低 1～2 个年龄，这是营养不良最直接的表现。[②] 另一方面，过早的寄宿在很大程度上造成了亲情关系的疏远，常常引发感情脆弱、焦虑自闭、自信心缺失、攻击性强等心理问题，不利于儿童健康成长。

为了避免因布局调整引发的新矛盾，2010 年，教育部颁布的《关于贯彻落实科学发展观进一步推进义务教育均衡发展的意见》中对农村中小学布局调整做了专项说明，要求“地方各级教育行政部门在调整中小学布局时，要统筹考虑城乡经济社会发展状况、未来人口变动状况和人民群众的现实需要……对条件尚不成熟的农村地区，要暂缓实施布局调整，自然环境不利的地区小学低年级原则上暂不撤并……对已经完成布局调整的学校，要改善办学条件特别是寄宿条件，保障学生的学习生活。”可以说，寄宿制学校建设在解决学生“上学远”的问题上取得了很大的成效，遗憾的是，各级政府往往将寄宿制学校建设作为解决学生“上学远”问题的唯一出路，忽视了儿童，尤其是低龄儿童的特殊性。在此，我们必须明确，寄宿制学校建设只是解决学生“上学远”问题的办法之一，不是也不应当成为解决适龄儿童“上学远”问题的唯一出路。按照国际惯例，解决学生上学远的问题有两个途径，一是发展校车，二是寄宿制。相比而言，一般都会优先发展校车，因为成本相对低，也比较灵活。[③] 但是我国的校车系统建设起步晚、发展比较缓慢，还远远不能满足农村中小学的需求。

---

① 杨兆山等：《农村寄宿制学校学生的适应问题》，《东北师大学报》（哲学社会科学版）2011 年第 3 期。

② 《农村学校厨房和学生营养状况调查报告以及有关问题的解决路径分析》，http://all.vic.sina.com.cn. 2010 年 10 月 9 日。

③ 《专家建议：率先在农村地区开通公益性免费校车》，2010 年 4 月 17 日《中国青年报》。

二　我国校车的运营概况及其存在的问题

校车问题自20世纪90年代在我国初露端倪，经过10多年的发展，各地出现了一些面向农村学生上学的校车运营体系。例如，浙江德清县、辽宁铁岭等地总结了一些宝贵的经验。在城市，校车运营也有些积极的进展，北京市六个区的教委与市教委校办产业管理中心下属的学生用品服务中心联合出资，共同成立的北京市唯一一家全民所有制股份制企业——阳光彩虹教育服务有限责任公司，该公司在2005年时共为3所学校提供113部校车，运营路线81条，校车司机及乘务教师171人，服务学生1516人，平均车程20公里/天·人。随着我国《机动车运行安全技术条件》（2007）和《专用小学生校车安全技术条件》（2010）（以下简称《校车条件》）和《校车标识》（2010）的颁布，上述实行客运运输的车辆从法律意义上来说都是违法车辆，大部分客运公司已经完全停止了校车服务。

2011年8月，教育部决定在浙江湖州市德清县、山东威海市和滨州市无棣县、辽宁本溪市桓仁县、黑龙江鸡西市、陕西西安市阎良区六个地区开展中小学校车运营管理试点工作。目的是缓解农村学校布局调整导致的日益突出的学生上学远问题。然而，从我国校车运营和发展的历史来看，由于校车的发展起步较晚，相关法律法规不完善，致使校车在运营过程中出现了事故多发、运营局面比较混乱的问题。从运营上看，接送学生的车辆主要有载人车辆和代用车辆两大类，这几年校车事故大多属于代用车辆，以及违章驾驶出现的问题。

笔者仅收集了2010年10月以来相关媒体报道的校车事故，这些事故已造成至少数十名学生死亡，数百名学生不同程度的受伤。其中，最令人触目惊心的几起事故是，2010年12月27日，湖南衡南县松江镇因果村20名农村小学生因乘坐三轮农用车，在桥上倾覆掉到河水中，使14名小学生遇难，其中有11名是留守儿童。2011年11月16日，甘肃省正宁县，一辆违章幼儿园校车与一辆大货车迎面相撞，致使21人死亡，其中包括19名幼童，另有40余名幼儿受伤。2011年12月12日，江苏省丰县首羡镇中心小学校车，因躲避一辆人力三轮车，发生侧翻滑入路边水深达60厘米的沟内，事故致15人死亡，8人受伤……

三 校车事故原因分析

从各地频发的校车事故，可以看出，校车问题非常严峻。在我们关爱儿童的行动中，关注校车问题应该放在重要地位。校车事故频发的主要原因有以下几点。

（一）校车立法空白

近年来，一些地方政府颁布了一些管理条例，对规范校车系统起到了很大的促进作用。但是由于校车系统自身的复杂性，它并不能从学生安全保障体系和校车安全运营管理层面解决实际问题。导致只有标准，几乎没有现实。校车系统的实施，必须从法律层面来管理，这样才能为实施校车系统提供保障。遗憾的是，截至目前，我国还没有建立起基本的校车管理法规制度。

（二）校车运营混乱、监管不力

在校车管理上，教育、公安、交通等部门都有不可推诿的责任。目前实行的是共同管理、共同负责。然而，共同管理、共同负责最大的弊端就是无人管理、无人负责，缺乏责任主体。因此，校车究竟隶属于哪一部门，在公安、教育、交通等部门之间并无明确的职权分工，校车管理还停留在自生自灭、自我管理的阶段，从而导致了校车超速超载现象的蔓延，进一步引发了校车事故频发的可能。

（三）车体本身不达标导致校车事故多发

目前校车大致分为四种形式：学校自备车、学校租用客运公司的车、家长自行组合的车、私人或社会车辆和校办企业联合社会企业一起运营的车。绝大多数公立学校的校车主要是前三种方式，而大多数农民子弟的学校则采用社会运营的车辆。但无论是私立还是公立学校，基本都是利用普通的客车承载儿童，甚至在一些农村地区，农用三轮车、拖拉机和报废车辆等成为营运学生上下学的主要交通工具。

（四）超载现象普遍导致校车事故多发

从严格意义上来说，我国符合标准的校车微乎其微，即使目前正在运营的校

车，也存在数量严重不足的问题，尤其是在我国大部分农村地区，由于学校附近途经的客车比较少，超载现象无处不在。“34 座的校车挤 118 个孩子”、“19 个座位的客车搭载 76 名小学生和学前儿童”等的报道随处可见，在这种情况下，要保障孩子的安全状况几乎是不可想象的。

（五）司机素质较低导致校车事故频发

目前，由于大部分校车是社会车辆，归私人所有，因此在运营过程中司机为了减少运营成本，争取利益的最大化，往往不顾孩子的安全，违章驾驶、缺乏责任意识等现象尤为突出。

四　中国校车系统建设的路径探索

校车对农村偏远地区的孩子很有帮助，很多农村学校被撤并，学生上学远了，造成农村孩子出现辍学现象，应该引起高度关注。要巩固义务教育成果，开通农村校车很有必要。教育部领导最近也表态说，没有提供交通工具的地方不要盲目撤点并校。所以，从某种意义上说，在落实《义务教育法》“就近入学”规定方面出现的某些偏差，现在要加以纠正。乡镇以下的学校不应该大量撤并，要在“就近入学”服务半径之外建设校车服务系统，校车系统建设要注意以下几点。

（一）加强校车立法建设，为实施校车系统提供政策指导和法律保障

2011 年 11 月 27 日，温家宝总理在第五次全国妇女儿童工作会议上说，“我要求法制办在一个月内制定出《校车安全条例》。”时隔半个月之后，国务院法制办公室就公布了《校车安全条例（草案）》征求意见稿，向全社会征求民意，这表明我们国家政府对民生问题的重视。这次制定的《校车安全条例（草案）》填补了我国在校车立法方面的空白。尽管之前有关于校车车体的国家标准，各地也颁布了一些校车管理办法，但是，还没有关于校车安全的法律法规。这是一个很好的开端。笔者认为，下一步在完善《校车安全条例》的同时，还要陆续出台新的校车法规，在校车成本分担，校车服务标准等方面制定相应的法律法规，最终形成一套比较完备的校车法律体系。

（二）明确责任主体，做好宣传教育

《校车安全条例（草案）》征求意见稿规定，校车安全的责任主体是县级以上地方政府。这就澄清了过去责任主体不明，问责模糊不清的乱象。但是，在第七章“法律责任”部分，笔者认为，以人群为线索来表述更为妥当，例如，校车生产者、校车运营者、校车执法者、校车司机、校长、教师、家长、学生，以及领导者、监督部门等，按照不同人群，规定行为规范，同时明确违规所应给予的处罚，这样才有针对性，容易操作和落实。安全条例应该首先成为宣传教育的蓝本，突出教育功能。

（三）调节府际关系，为实施校车系统提供内在协调机制

校车系统涉及教育、公安、交通、质检等多个部门，各部门往往从自身工作的立场出发，进行校车的规划和管理，例如教育部门侧重于校车的安全教育、公安部门侧重于校车安全技术检查、交通部门侧重于道路及其运营市场管理、质检部门侧重于安全技术标准的制定等。各部门之间应该在对学生生命负责的共识下，强化管理和监督，从根本上杜绝非法运营、超员超载等现象，将校车的管理和运营，视为学校后勤保障系统的一部分，各部门各司其职、各负其责，协同努力，保障学生上学安全。

（四）鼓励地方探索校车安全运营模式

“无论什么模式，只要是安全的模式就是好模式”。目前我国各地方为了应对校车安全问题，因地制宜，根据自己的实际情况研究出了许多适合本地区的校车运营模式。目前校车运营的模式主要有以下三种。

第一，浙江德清模式。德清县政府三年投资 2000 多万元，依托德清县永安学生交通服务管理有限公司，统一购入校车后统一管理，并以每年 400 万元的经费补贴运营缺口。中国大部分县的财政收入比较紧张，让每个县拿出这么多财政，显然不现实。因此德清模式只能算是特例，不能够作为典范来普遍推广。

第二，辽宁彰武模式。彰武县实行政府统一采购，责令第三方即当地的客运总公司（国企）成立校车公司，以个人承包制的方式来运营专业校车，由校车公司统一运营监管。这种方式有效地解决了购买专业校车的资金问题。政府牵

头，独立购买、独立运营，统一管理，切实保证了校车运营的正规化和安全性。

第三，山东无棣模式。无棣县实行“政府主导，部门联动，企业运作，公司化管理”的运营模式。“政府主导”即政府出台具体文件，给各职能部门分派任务，实行财政补贴。每个学生每个月收取140元的乘车费，家长负担70元，县财政负担70元。“部门联动”即教育局、交通局、交警大队、安监局、财政部门等联合行动。“企业化运作、公司化管理”即由当地的一个大企业专门负责管理校车，实行企业化运作、公司化管理。

（五）政府和市场相结合保障校车系统运营

我国校车系统的实施，仅仅依靠单一的政府或市场机制是不现实的，要采取政府和市场相结合的模式，即政府主导，多主体参与。政府创造公平的竞争环境，在整个过程中起引导、管理、监督与检查的作用。

温总理表示中央和地方将帮助校车运营。在中央财政和地方财政的扶持下，运营者和学生家长合理分担校车成本，对农村学校学生给予倾斜，甚至为困难学生提供免费条件，将会促进校车系统健康发展。在《校车安全条例（草案）》修订时，除了强调司机要在儿童离开车辆之后，检查车辆是否还有儿童滞留在车内之外，还应该强调利用信息技术及时通报信息保障儿童的安全。学生上车和下车要刷卡，通过电信系统把学生的上学信息转发给儿童的家长、学校及其监护人，使得相关人员及时了解儿童的行踪，避免发生类似把儿童遗忘在车里酿成的悲剧。此外，信息采集系统还可以开发扩展，将收集到的儿童发展的相关信息向社会提供有偿服务，为国家政策制定，为有关研究部门的使用提供方便。

Adjustment of School Mapping and Its Bearing on the Development of School Bus Services

Yuan Guilin　Chang Baoning

Abstract: With the adjustment of school mapping and the merging of teaching points into larger school in rural compulsory education, rural children have to go through longer and longer school distance. School bus services were supplied in such a context. Frequent school bus accidences were mainly caused by serious overload, unqualified bus body, lack of school bus legislations, ineffective supervision and disorder operation. When promoting effective solutions to school bus safety issue it is necessary to strengthen the construction of legislation, confirm responsibility main body, regulate intergovernmental relations and explore the combination of government and market operation mode.

Key Words: Education in rural areas; Merging of teaching points into larger school; School bus; Adjustment of school mapping

B.10
“免费午餐”：民间公益与政府治理的良性互动

薛文俊*

摘　要： 农村学生营养摄入严重不足导致学生营养不良和发育迟缓。这一问题引起了政府、企业和民间等多方面的关注，社会各界纷纷推出旨在改善农村学生营养状况的公益项目。其中，邓飞利用微博平台发起的“免费午餐”计划，产生了广泛的社会反响，吸引了各界的积极参与，并最终促使国家《农村义务教育学生营养改善计划》政策的出台，成为民间与政府良性互动的范例，即民间慈善获得了政府回应，民间探索引领了国家行动。

关键词： 营养缺乏　免费午餐　民间力量　政府行为　互动

一　背景介绍

儿童时期正是长身体的关键时期，合理的饮食结构和营养搭配对孩子的成长来说是十分重要的。处在这一年龄阶段的城市儿童，是备受父母及亲友呵护的，而农村贫困儿童只能在极度节俭的状态下过着维持温饱的生活。中国发展研究基金会针对广西、云南等西部农村贫困学生营养状况所做的调查报告显示，受调查的四省（区）1400多名农村小学生中，每100人中就有近12人生长迟缓，身高低于同龄城市儿童6～15厘米，还有9人体重低于同龄城市儿童7～15公斤。生长迟缓率近12%，低体重率达到9%。营养摄入严重不足，维生素C

* 薛文俊，21世纪教育研究院项目官员。

的摄入量几乎为零，有72%的学生上课期间有饥饿感，其中每天都会有饥饿感的高达1/3。[①] 营养摄入严重不足是这些学生营养不良和发育迟缓的主要原因。

随着国家对教育投入的增加，尤其是在“两免一补”政策全面实施后，农村儿童已基本实现免费入学。但由于近几年学校布局调整，小学和初中学校的撤并，寄宿制学生数量增加很快，集中办学使很多偏远地区的儿童面临着需要在学校用餐和住宿的问题。中国青少年发展基金会前期调查表明，希望小学普遍存在食堂硬件设施缺乏、卫生状况差、管理水平低的问题，无法满足正在发育的青少年成长的需要。[②] 贫困地区学龄儿童营养不足的问题凸显，这关系着数千万农村儿童的健康成长。国家对此非常重视，并从2004年起出台了相关政策为西部农村贫困寄宿制学生提供生活补助。2010年制定的《国家中长期教育改革和发展规划纲要（2010~2020年）》已提出“启动民族地区、贫困地区农村小学生营养改善计划”。同时，各级财政不断加大对农村经济困难寄宿学生的补助力度，提高补助标准。截至2010年，中央和地方政府已投入100亿元财政资金，用于为中西部农村1100万义务教育阶段贫困寄宿制学生提供生活补助。2010年的新标准是小学每人每年750元（平均每人每天2.05元），中学生每人每年1000元（平均每人每天2.74元）。2010年11月，财政部把补贴标准提高到小学生每人每天3元，初中生每人每天4元。补助资金发放及时到位，为缓解贫困寄宿制学生的就学压力和家庭贫困起到了重要作用。但财政对学生营养改善的补助只限于“农村寄宿制学生中的贫困生”，这仅占全国中西部农村寄宿生总量的40%左右，要彻底改善中西部农村寄宿生的营养状况，还需要更多社会资金的大力支持。

农村贫困地区学龄儿童营养不足的问题引起了来自政府、企业和民间等多方力量的关注和支持，社会各界纷纷推出旨在改善农村学生营养状况的公益项目。政府主要采取兴建食堂、发放补贴的模式；而一些组织则根据当地寄宿制学生的情况采取直接补物的模式，改善农村贫困学生的营养状况。与此同时，地方政府在改善学生营养状况方面也做了较多探索和尝试，如“蛋奶工程”、“免费午餐工程”等。企业为改善农村学生营养状况，配套实施了“春苗营养计划”、“九

---

① 中国发展研究基金会：《农村贫困学生营养状况调研报告》，2011年2月27日。

② 《“希望厨房”启动　企业助推希望小学升级》，中国网，2009年10月30日。

阳希望厨房”、“卡夫希望厨房”等公益项目；民间组织奉献爱心，实施了“希望工程营养健康计划”、“免费午餐”（邓飞）、“爱心纳雍”等公益项目。这些公益项目旨在关注贫困地区的中小学生，帮助他们解决普遍存在的营养不良问题，同时致力于改善贫困地区中小学校的食堂卫生和基础设施建设。这些公益项目逐渐成为配合政府“两免一补”政策的重要帮手。

二 “免费午餐”项目的实施情况

2011 年 4 月 2 日，由邓飞等 500 多位记者、国内数十家主流媒体联合中国社会福利基金会发起的公募计划，启动了每天捐赠 3 元钱为贫困学童提供“免费午餐”的计划，它致力于帮助因家庭贫困而无法享受营养午餐的学生，同时呼吁更多爱心企业和人士加入到活动中，通过社会捐助的力量，改善一些贫困山区学校简陋的厨房条件。该计划自 2011 年 4 月 2 日正式启动以来，得到了媒体和民间人士的大力支持，同时引起了社会民众的高度关注。为了壮大“免费午餐”的力量，“康芝红脸蛋基金”决定加入该计划，并于 2011 年前往多个国家级贫困县，通过当地妇联向贫困儿童派发免费午餐，以改善贫困儿童的营养条件和健康状况。邓飞个人的触动直接催生了一场轰轰烈烈的民间慈善行动。

（一）“免费午餐”项目内容

邓飞及其团队设想并付诸操作的“免费午餐”模式是这样的：利用微博平台，通过 500 名记者的联合倡议发起，通过挂靠既有基金会完善募捐资格，借助区域性主流平面媒体的报道推动，吸引社会力量参加捐助，从而帮助贫困地区儿童改善营养条件和健康状况。

“免费午餐”项目是通过给学校提供厨房电器、餐具、午餐费等物资，由学校食堂统一为在校学生供餐。在正常上课期间，每天向每名在校小学生提供 1 份免费午餐，每个学生每顿饭的标准是 3 元，一菜一汤一个鸡蛋，还有米饭。

“免费午餐”具体的执行流程是：前期由爱心家访团在寻访期间确定“免费午餐”计划资助对象，后期将实施“免费午餐”计划所需资金转交资助小学校长。联系学校或村委会或当地志愿者作为免费午餐项目的执行方，根据学生人数

在当地聘请厨师，在完成健康体检后，支付合乎当地一般标准的工资，统一提供两台价格为2000元的单门十盘自动蒸饭车和其他厨房用具。

（二）探索不同的操作模式

民间探索，政府接力，“免费午餐”为处在纷乱之中的公益界提供了一个新的样本。在具体实施的过程中，“免费午餐”形成了自己的一些模式，可以供政府参考和借鉴。“免费午餐”基金会已与湖南省新晃县、广西壮族自治区马山县、湖北省鹤峰县政府签约，为当地的“免费午餐”提供分别为每餐1元、2.5元和1元的财政拨款。

1. 湖南新晃模式

中国社会福利教育基金会免费午餐基金与湖南省新晃县委、县政府签订项目资助协议，双方将共同为新晃县内41所村小1500余名贫困学童提供免费午餐，其中政府将为每位学童每天提供1元餐费。新晃县还发动全县干部群众，共同关注和支持免费午餐，从而形成了政府主导、媒体配合、公众支持的互动模式，使“免费午餐”计划在新晃县41所村级小学陆续启动。新晃此举对“免费午餐”计划的进一步推进将产生重大意义，它意味着免费午餐“1+1+1”共治模式初显，家庭、社会、政府将共同推进“免费午餐”计划。

2. 广西马山模式

自2011年5月广西实施“营养午餐”改善计划以来，“营养午餐”项目已惠及5万多名学生；由九阳公司发起的“九阳希望厨房”正在23所学校展开；由南宁市优秀退休教师组织实施的“常青义教”项目也结出累累硕果。在这三项公益活动顺利开展的同时，当地政府也出台了相关配套政策，并拨了配套款项。政府支持的公益项目、企业参与的慈善活动以及民间发起的爱心公益活动三者完美地结合在一起，逐步形成了“政府主导—企业支持—媒体宣传—群众唱戏—推动发展”的“马山模式”。

（1）政府主导。马山县村级以上小学有146所，其中，有食堂的为37所。教学点有342个，均没有学生食堂。初中学校20所都有学生食堂，但食堂设施设备不完善。为此，马山县政府积极筹措资金，并实施食堂建设项目。

（2）企业支持。在有关部门的牵线和媒体的宣传下，相关项目实施得到了民间企业的大力支持。如九阳集团给林圩镇23所小学捐赠蒸饭车、豆浆机和冰

柜等一系列食堂设备，并派人到学校向教师传授使用技术。

（3）媒体宣传。相关项目实施以来，得到了各媒体的广泛关注，由邓飞等500名记者发起的“免费午餐”项目正在健康开展。同时，媒体记者进行的宣传报道，也为项目发展营造了良好的社会氛围。

（4）群众“唱戏”。林圩镇合理小学有近500名学生，学生免费午餐由教师轮流制作；在黄幡小学巴武友谊教学点，学生家长在自家制作免费午餐，然后挑到学校分给学生。群众“唱戏”，解决了学生的午餐问题。目前，马山正在探索新的方式，让更多的中小学生受益。

3. 湖北鹤峰模式

湖北省鹤峰县与中国社会福利基金会免费午餐基金签署了合作协议，以“1+2”的模式在全县推广免费午餐。所谓“1+2”模式，形象地说，就是政府出1元，中国社会福利基金会免费午餐基金出2元。该县42所学校同时开餐，为3900余名贫困学生提供“免费午餐”，这使该县成为“免费午餐”自发起以来开餐人数最多、一次性覆盖学校最广的县。鹤峰县已公示，42所学校首年预算合计598万元，其中政府承担219万元启动费用。“免费午餐”能与鹤峰县确定合作关系，代表政府能够创新社会管理方式，主动寻求社会组织合作，形成合力解决当地社会问题，这从某种程度上体现了地方政府的担当和智慧。

（三）“免费午餐”的安全和监督

中国福利基金会提供资金，学校承担制作午餐责任。县教育局与中心学校，中心学校与各“免费午餐”实施学校，学校与食堂工作人员、托餐点层层签订“免费午餐”食品安全责任书。学校有专人负责食品原料采购、餐具消毒、设备清洁等环节的监督管理工作。学校还建立了食品留样监测制度，留样食品必须保留48小时。与此同时，学校还建立了食品安全应急预案，坚决防止发生重大食物中毒事件，保证学生健康安全和教学秩序稳定。

为保证学生吃到的食品安全可靠，通过学校申请和志愿者推荐相结合，确定方案后，“免费午餐”所需的鸡蛋、大米、油盐等物资由乡镇里的供货商统一供应，蔬菜则向学校附近的村民就近采购。学校规定老师和校长与学生一起用餐，实行“连坐”，以确保食物安全。此外，学校还必须到相关部门办理卫生许可证，接受卫生部门的监管。而学校所聘请的食堂工作人员也要定期接受健康体检，办理健康证明，接受学校和家长的双重监督。

另外，“免费午餐”计划特别强调项目的透明化和监督到位，将信息完全公开、透明，让人们能看得到资金的流向，从而赢得人们的信任。“免费午餐”为做到这一点实行了层层监督。首先，在资金管理方面，建立了清晰的账目，以便随时接受监督。“免费午餐”学校还要设立微博，把每天的用餐情况和花费都发布到网上，随时接受网友和媒体监督，而且这个微博不能由采购人员管理。其次，“免费午餐”还采取了“群众监督群众”的方式，建立了老师、家长、学生一体的监督体系，让最关心孩子的家长参与监督。参与午餐计划任何环节的人都可以被联系到。例如，可以询问家长，孩子是否享用到了免费午餐；可以与供肉的屠夫核实学校采购的数量；在遇到问题时可以质询被帮助学校的校长。学校将公开所有善款收支信息，并随机选出 50 名同学成立监事会，监督免费午餐全程。“免费午餐”还会对学校进行不定期回访，以监督资金的使用情况和午餐的质量，确保每一分钱都用在孩子身上。最后，志愿者会以两人一组的形式不定期进行暗访，同时还会呼吁网友在返乡和旅游之际随时走访这些学校，以进行监督。

作为“免费午餐”的配套监督系统，一个名为“免费午餐”的 QQ 群已经建立，发起记者、接受资助学校的校长和老师均为该群体成员。享受“免费午餐”学生的家长每两天将发一条信息到专人手机上，通报学生们享用午餐的情况，如有无鸡蛋等，通过这种监督防止资助费遭受截留、克扣。

“免费午餐”项目通过微博、论坛等网络平台募捐，短时间内获得了众多网友的响应，让参与的学校有了翻天覆地的变化。该项目不仅帮助孩子们享受到了免费的午餐，还帮助每所学校建立了图书室，当地的村民也可以到图书室来看书。有的药业公司也来参加“免费午餐”项目，他们给每个学校配一个药匣子，里面有感冒药、红花油、泻立停、创可贴等。还有小额贷款项目也要跟着“免费午餐”下乡，每个享受“免费午餐”的孩子的父母可以申请小额贷款。一些视频公司主动要求录制北京最好的老师讲课现场，希望可以把视频放给孩子们看。越来越多的人走进“免费午餐”，尽管做的都不再与午餐相关。“免费午餐”最终不仅仅是一顿“午餐”，它打开了一扇扇公开透明的慈善窗户。

三 民间行为与政府行为的良性互动

"免费午餐"实行6个多月后，产生了广泛的社会反响，吸引了各界的积极参与，募得款项2000多万元，项目覆盖了全国近百所贫困小学，受益学生上万。"免费午餐"取得的成就不仅于此，这一民间公益行动也迅速获得了政府的回应和跟进。

2011年10月26日，国务院常务会议决定实施《农村义务教育学生营养改善计划》。中央每年拨款160多亿元，按照每生每天3元的标准为全国680个县（市）约2600万名农村义务教育阶段在校生提供营养膳食补助；中央还将困难寄宿学生生活费补助提高1元，使小学生每人每天可获得4元补助，初中生每人每天可获得5元补助。①

仔细研读该政策，其亮点主要包括：①资助范围从贫困寄宿生扩展为农村在校生，试点范围包括680个县（市）约2600万名在校生。②专款专用，补助资金严格用于为学生提供食品，严禁直接发放给学生和家长，严防虚报冒领。③强调公开透明，公开学校食堂和学生营养经费账目及配餐标准，接受学生、家长和社会的监督。

"免费午餐"是民间慈善人士出于朴素的自觉，为解决社会问题所做的探索，可以说是国家营养改善计划的"雏形"。这一民间公益行动在短短6个月的实践之后获得了政府的积极回应，赢得了国家普惠政策的出台。政府"接棒"由民间公益人士发起的"免费午餐"项目，是互联网时代"关注就是力量，围观改变中国"最为直观的成功例证，使我们看到了通过每一个人参与引起的"微改变"促进社会变化的可能性。这一民间与政府良性互动的范例，也是重新审视中国式公益的契机，它显示了中国民间拥有取之不尽的智慧与源源不竭的善意。政府力量与民间力量鼎力合作，这种自下而上的慈善模式，具有简单、便捷、透明等特点，它将成为推动中国社会发展和社会建设的强大动力。而且，它彰显的是政府、社会组织和民间力量的良性互动形成合力，构建政府与民间协同共治这样一种新的社会治理机制。

---

① 参见国务院办公厅《关于实施农村义务教育学生营养改善计划的意见》，2011年11月23日。

在2011年，民间发起的公益行动除了“免费午餐”，还有“随手拍照解救乞讨儿童”（后文简称“随手拍”）、“免费赠书”、“衣加衣”等行动。在“随手拍”行动进行数月之后，也得到了政府的响应和跟进，公安机关开展了对来历不明儿童的集中摸排行动；9月23日，中央财政设立专项补助金救助流浪乞讨者。

四 “免费午餐”等公益项目改善建议

“免费午餐”有助于学生健康发育。实施“免费午餐”以来，受资助学生患有肠道炎、胃病的少了，身体素质明显提高，学习成绩也提高得很快。一些学生也不需要担心因吃不饱而导致上课犯困等问题，这最终推动了学生综合素质的全面提升。“免费午餐”最直接的成效是减轻了贫困学生家庭的经济负担，对降低辍学率起到了积极作用。“免费午餐”进一步巩固了“两基”成果，农村学生充分感受到了政府和公益组织的关爱，他们立志好好学习，回报社会，其社会效益和德育效果进一步彰显。

“免费午餐”项目在实施过程中也面临着一些实际问题。

第一，物价上涨的压力大。2010年上半年，物价指数一路上扬，给各校的午餐工作带来了巨大的压力。就现阶段物价而言，3元标准已难以支撑这一项目继续运作。

第二，厨房工作人员的薪酬问题已跃出水面。提供免费午餐，需要雇用厨房工作人员。而绝大多数学校苦于没有编制，只得自掏腰包聘请临时人员做午餐。据了解，一所100名学生就餐规模的学校得聘请2～3名炊事人员，即使每天只做一顿午餐，每人每月也要500～1000元。按此计算，每月学校得自付1000～3000元。对于经费紧缺的农村学校而言，这无疑是笔重负。

第三，部分学校存在营养午餐不营养的问题。部分学校菜品搭配过于单一，膳食结构不合理，搭配的科学性不够，未能保证学生较高营养含量的摄入，很容易引起学生营养不均衡。菜品搭配千篇一律，极容易导致学生厌食，并引发浪费现象。相当比例的学校食堂在制作食谱时，不是从营养科学搭配的角度出发，而更多的是考虑节约成本。

第四，监督机制还有待进一步加强。各地对食品安全都比较重视，但是在食品原材料采购、流通和加工使用上，如何保证材料安全、不出现流失，如何保证

采购环节不发生问题等等，值得进一步关注。

对此，笔者提出以下建议。

（1）加强立法，形成完善的规章制度。

国家应加快针对儿童营养计划的立法工作，建立一整套科学化、精细化的基本制度。明确儿童最基本的权利，形成儿童营养计划最理想的状态，由学校配备专门的营养师向学生、家长讲授营养知识。政府在制定免费午餐补贴标准时，应建立与物价指数挂钩的动态机制，让补贴标准随物价变动而变化。

（2）有效整合资源，形成政府主导、企业支持、民间参与的合力。

各地的公益项目都在有序地进行中，每一个项目发起方都在尽最大的努力改善着农村学生的营养状况。但很多公益项目都是单独进行的，还存在着很大的局限性，容易造成资源的闲置和浪费。在多种公益项目实施的过程中，有政府、企业、民间等不同主体的参与。不同主体又有不同的优点和缺点。通过资源整合，可以形成一种政府主导、企业支持、民间参与的合力，共同推进公益项目顺利进行。

（3）加强督促检查，进一步完善监督机制。

一定要切实加强管理，严管中央专款补贴，杜绝私自占用专项拨款用于其他用途或者谋取私利，从而导致贫困学生少获得，甚至不能获得应得的补助。为了避免这笔钱被挪用或克扣，要建立独立账本，实现专账专用。国务院还强调，要加强学生食堂管理，严格食品供应准入条件，明确数量、质量和操作标准，补助资金要严格用于为学生提供食品，严禁直接发放给学生和家长，严防虚报冒领。全面公开学校食堂账务，以接受学生、家长和社会监督。教育行政部门应加大巡查、监督力度，经常深入学校了解情况，发现问题，并及时处理，严禁任何人员以任何理由、任何方式截留、变卖和挪用相关物资。对违反规定的，应依法追究责任。

（4）加强培训，普及营养知识，避免浪费。

目前，我国营养知识的普及还远远不够，特别是在偏远贫困的农村地区，一方面学校和家庭掌握的营养知识贫乏；另一方面由于受经济条件的制约，很多家庭和学校无法对学生的饮食营养和卫生提供更好的保障。学生营养午餐应以大众菜、家常菜为主，坚持科学配餐原则，以适合不同年龄段学生的消化吸收特点和口味，从而达到补充体能和改善营养的目的。还应不断提高厨房工作人员的专业技能和营养知识水平，杜绝随意降低学生用餐标准的现象。

"Provision of Free Lunch": A Benign Interaction between Non-governmental Public Welfare Efforts and State Governance

Xue Wenjun

Abstract: Malnutrition of rural children attracted the concern and support of the entire society including governments at all levels, enterprises and grassroots entities. Various public welfare projects for improving the nutritional status of rural students have been introduced. Among them, the "free lunch" project launched by Dengfei through micro-blog platform aroused an extensive social response and attracted active participation of the public. As an example of benign interaction between civilian and government the project finally induced a state policy "Rural Compulsory Education Students Nutrition Improvement Program" issued. Civil charity received government response and civil exploration guided government action.

Key Words: Malnutrition; Provision of free lunch; Civil strength; Government action; Interaction

B.11

我国义务教育阶段教师绩效工资实施状况调查

——以山东、甘肃两省为例

秦凤　赵明仁*

摘　要：从2009年起，全国各地义务教育学校开始实行教师绩效工资制度。教师工资的均衡是义务教育均衡发展的“瓶颈”，在一定程度上反映了义务教育均衡发展的实质和关键。为了了解义务教育阶段教师绩效工资实施情况，本文以问卷、访谈、政策分析的形式深入调查山东和甘肃农村两地义务教育阶段教师绩效工资实施状况，分析对比两地绩效工资实施中出现的问题及原因，并提出改进措施。

关键词：绩效工资　义务教育阶段　调查

2008年底，国务院审议并原则通过《关于义务教育学校实施绩效工资的指导意见》（以下简称《意见》），决定从2009年1月1日起，在全国义务教育学校实施绩效工资。在资金保障上，确定要按照管理以县为主、经费省级统筹、中央适当支持的原则，确保实施绩效工资所需资金落实到位。在分配原则上，核心是多劳多得、优绩优酬，重点向一线教师、骨干教师和作出突出成绩的其他工作人员倾斜，同时对义务教育学校离退休人员发放生活补贴。① 义务教育能否均衡的关键在于教师，教师队伍能否均衡关键在于流动，教师流动能否实现关键在于教师收入分配制度的改革。为了了解义务教育阶段教师绩效工资实施状况，在

---

* 秦凤，曲阜师范大学化学与化工学院硕士研究生；赵明仁，西北师范大学教育学院副教授。

① 中华人民共和国教育部：《教育部关于做好义务教育学校教师绩效考核工作的指导意见》，2008年12月31日，http：//www. gov. cn/zwgk/2009 - 02/05/content_ 1222388. htm。

21 世纪教育研究院的资助下，课题组对此进行专项调研，采取分层随机抽样，根据不同地区（市、县、乡）、不同阶段的学校（中学、小学）、不同岗位的教师（校长、教研组长、班主任、任课教师）、不同学科教师（语、数、外科目教师及其他科目教师），对山东 10 个地市、甘肃农村 20 个县的义务教育阶段教师绩效工资实施状况进行问卷调查和访谈。山东省问卷调查样本情况：选取经济水平高、中、低地区的包括校长、副校长、中层干部、教研组长、班主任等职位教师共 103 位，其中，语、数、英学科教师占 58.3%，其他科目教师占 41.7%；甘肃省样本情况：教师问卷数1464 份，校长问卷63 份，同时对 14 个市州的教育局副局长，20 个县的教育局长，63 所学校的校长，130 位教师进行深度访谈。从多视角对东部和西部农村义务教育阶段教师绩效工资实施状况进行调查，目的是了解两地义务教育学校绩效工资政策在各省、市、县、学区、学校和教师等不同层面的实施程度如何。通过比较两省调查结果，得出两地绩效工资实施中存在的共同问题、分析产生这些问题的原因，在此基础上提出进一步完善义务教育教师绩效工资的对策。

一　义务教育阶段教师绩效工资的落实情况

山东省教育厅在 2009 年公布了《山东省普通中小学办学水平评价指导意见》和《山东省义务教育学校教师考评指导意见》。甘肃省于 2009 年 6 月和 9 月也分别颁布《甘肃省义务教育学校绩效工资实施意见》和《甘肃省义务教育学校及教职工绩效考核办法（试行）》。

山东省调查结果显示，有 83.7% 的教师拿到了全部绩效工资（主要集中在潍坊市、滨州市等经济水平较好的城市），12.2% 的教师正在落实，4.1% 的教师未拿到绩效工资。甘肃省只有 12.6% 的教师拿到了全部的绩效工资，还有 18.7% 的教师就根本没有拿到绩效工资，另有 68.7% 的教师拿到了部分绩效工资。

已经实施绩效工资的市、县都出台了实施方案。其中，一半县、市的教师绩效工资是按照国务院的规定来执行的，即把绩效工资划分为基础性绩效工资和奖励性绩效工资两部分。基础性绩效工资主要体现地区经济发展水平、物价水平、岗位职责等因素，占绩效工资总量的 70%，具体项目和标准由县级以上人民政府的人事、财政、教育部门确定，一般按月发放。奖励性绩效工资主要体现在工作量和实际贡献等方面，并在考核的基础上，由学校确定分配方式和办法，占教

师工资的30%。同时，根据实际情况，在绩效工资中设立班主任津贴、岗位津贴、农村学校教师补贴、超课时津贴、教育教学成果奖励等项目。

（一）初步解决教师收入偏低问题

调查显示，已实施绩效工资的山东省教师工资增幅很明显。实施绩效工资之前与之后教师工资增幅情况：2000～2500元档由9.7%增长到33.0%，提高23.3个百分点；2500～3000元档由7.8%增长到17.5%，提高9.7个百分点；3000～3500元档由6.8%增长到14.6%，提高7.8个百分点；3500～4000元档由6.8%增长到8.7%，提高1.9个百分点。

山东菏泽市东明县教育局徐永太局长说："就我县来说，公务员的津贴、教师补贴都能享受到，教师的职称工资比公务员还高，所以实际上公务员还没有教师拿得多。我是公务员，和我同样工龄、同样职称的教师，每个月就会比我多三四百元"。①

然而，对于经济水平落后的甘肃省来说，绩效工资带给教师的"优惠"并不乐观。所调研的甘肃省教师中有48.9%认为自己的收入仍然低于公务员工资，有22.5%的教师认为虽然没有高于公务员工资，但是差距小了。

（二）有利于调动教职工的积极性

绩效工资实施后，各地发挥绩效工资分配的激励导向作用，建立科学规范的中小学收入分配制度，做到干与不干不一样、干多干少不一样、干好干坏不一样，激励广大教职工积极主动地完成各项工作任务，进而提高学校教学质量。

甘肃省调查结果显示，有14.7%的教师认为绩效工资政策激励作用很大，非常想把工作做得更好；有44.6%的教师认为有一定作用，有6.5%的教师认为具有反向作用。山东省调查结果显示，实施绩效工资后，有71.3%的教师想把工作做得更好一些，40.8%的教师认为同行们的态度也都积极向上了。访谈中，有些校长说："教师中出现了'三多三少'现象，主动学习进修的多了，争当班主任的多了，要求任课、挑重担的多了；无事闲聊的少了，小病大养的少了，要

① 柴纯青、从春侠：《教师绩效工资政策访谈——来自地方教育局长的声音》，《中小学管理》2009年第5期。

求离开一线的少了。”可见，义务教育阶段教师绩效工资的实施确实调动了教师的工作热情和工作积极性、主动性。

二　义务教育教师绩效工资改革存在的主要问题

（一）部分地区义务教育教师绩效工资难以得到保障

《意见》明确规定“自2009年1月1日起实施绩效工资”，并要求各省、市、区3月底备案具体实施方案，6月底前兑现到位。两省绝大部分市、区出台地方性实施方案迟滞，已实施绩效工资的市、区主要是经济相对发达的地区。

多数地方教育局负责人认为绩效工资没有实施的主要原因是经费问题。山东省经济发展极不平衡，沿海一些发达城市有能力承担义务教育经费，绩效工资发放没有问题，而对于经济相对落后的地区，仅靠地方财力难以兑现绩效工资，绩效工资就成了无法实现的“空中楼阁”。

（二）城乡之间、地区之间义务教育教师绩效工资差距拉大

从义务教育教师工资收入构成来看，岗位工资和薪级工资标准全国基本上是固定和统一的，但绩效工资并没有形成统一的标准，因此造成不同经济发展区域，义务教育教师绩效工资差距拉大。

山东省调查结果显示，53.4%的教师表示有同城不同酬的现象，26.2%的教师表示没有同城不同酬现象，20.4%的教师表示不清楚。同一城市内部，市区学校、县区学校、城乡学校的教师工资水平存在很大差异，引起更多的教师向城市中学流动。但也有部分城市的教师说：“农村学校教师和重点校成绩是不一样的，他们却和我们拿一个水平的绩效工资，我们不服气。这样的话，农村的教师要比城市的幸福，工作量小，压力小，工资还照拿！”有40.8%的山东教师说绩效工资最大的问题就是没有体现多劳多得。

不仅如此，同一学校内教职工工资差距也很大，常常出现“管理人员拿上限，后勤服务人员拿下限，普通教师拿平均数”的结果。甘肃省教师调查显示，有27%的教师认为绩效工资实施后，教师之间的工资差距拉大了；33%的教师认为没有变化；另有26%的教师表示不知道变化情况。有差距是否是好事？

43%的教师认为这种差距是合理的，这些教师中有64.5%的是具有高级职称的教师，可见职称仍在决定工资的高低，而没有合理体现出向一线教师倾斜、多劳多得的原则。

（三）升学率成为绩效考核的重要依据恶化了教育氛围

绩效工资方案实施以来，并没有改善“唯成绩论英雄”的风气，依旧把升学率作为考核的重要指标。在某种程度上，它异化甚至“挑拨”了同事关系，破坏了学校的和谐气氛。当问到“是否同意升学率作为绩效考核内容时”，山东省调查结果显示，有35.9%的教师表示同意，有57.3%的教师不同意，剩余6.8%的教师不知道该如何做。访谈中，一些教师“痛斥”种种非人本的管理制度与评价方式：一些学校对教师所教班级的学期与学年平均成绩、级部排名情况、升学名额等进行计算，并以此作为绩效工资的发放标准，结果某些教师因为综合评定少了0.1分，就失去了30%的奖励性绩效工资。学校内出现了“为学生成绩而战”，一定程度上加剧了“题海战术”与“应试教育”。教师认为这种严格、死板的量化管理方式与“末位淘汰制”的相对评价方法等，极大地抑制了一线教师发展的主动性和发展空间，使得教师间充满不良竞争，同伴合作也变得越来越不可能。①

（四）教师在绩效工资政策制定中欠缺参与

绩效工资制度是以教师工作为对象的政策，教师作为最核心的利益相关人，其声音应该得到重视。那么，教师参与绩效工资方案制定的情况到底如何呢？甘肃省的调查显示，有超过一半的教师（52.3%）认为绩效工资政策并没有公开征求过意见。山东省调查显示，有16.3%的教师说学校没有征求教师的意见，有些学校绩效考核主要是校长说了算，所以考核时人情因素很大。

教师对绩效工资政策的理解存在偏差。山东省调查显示，只有5.6%的教师对绩效工资政策了解很清楚，46.8%的教师只有一些模糊的认识，从访谈中发现教师们所说的绩效工资和上级下达文件中界定的绩效工资出入较大。甘肃调查显示，在对教师考核制度合理性的认识上，有90.4%的校长认为合理，认为合理

---

① 张雨强：《新课程背景下老区基础教育教师专业发展的现状调查》，《课程·教材·教法》2010年第3期。

性一般的有 6.4%，不合理的只有 3.2%。而教师认为制度合理的只有 42.1%，一般的有 42.3%，不合理的有 15.6%。校长认为教师管理制度合理的比例是教师的两倍，教师认为管理制度不合理的比例是校长的五倍。有 95.0% 的校长认为教师考评制度积极地发挥了引导和规范教师的作用。教师的看法与校长相近，有 42.1% 的教师认为考评制度是合理的，有 56.9% 的教师认为作用是明显的。

（五）难以制定科学的绩效考核方案

调研中，不论是市教育局局长还是县教育局局长和校长，反映的一个普遍难题是很难制定科学的教师评价标准和绩效考核方案，他们都希望上一级主管部门能够制定详细、合理的标准，以增强考核方案的权威性，以弥合教师对绩效工资方案的分歧。调查显示，只有 48% 的教师认为他们所在学校绩效工资完善或非常完善，有近三分之一的教师认为很不完善。由此可见，把具有很高的人文性和过程性的教学工作进行静态量化考核确实具有很大的难度。

三　进一步完善义务教育阶段教师绩效工资制度的建议

义务教育教师绩效工资改革中出现的问题，其原因相当复杂，既有财政能力、地区差距、历史形成的教育体制机制等的影响，也有教师参与、民主管理等方面的原因。

（一）加大中央支持和省级统筹

长期以来，义务教育经费不足是制约义务教育特别是农村贫困地区义务教育发展的重要因素，也成为制约义务教育绩效工资制度实施的瓶颈。如甘肃省、山东省目前还没有实行绩效工资制度的地区，主要原因就是县级和地方财政确实存在困难，难以一次性拿出一定数量的资金支持义务教育实施绩效工资制度。甘肃省共有 86 个县，其中，国家级贫困县 43 个，占 50%，无力自行“造血”提高教师工资。

这反映了目前“以县为主”管理体制存在的问题。1994 年分税制后我国各级政府财政收入关系发生了很大变化，财政收入重心上移，中央财政占全国财政收入比重明显提高，大约占 50%，再加上省级的财政收入，所占比重超过 60%，

而县乡财政收入所占的比重只有20%左右。[①] 这样一来，多数县级政府，特别是像甘肃这样的西部地区的县级政府财力薄弱，入不敷出，教师正常工资的发放已让地方财政捉襟见肘，很难再拿出钱来安排义务教育学校教师绩效工资。

因此，对于经济落后的省份和地区，需要切实加大中央和省级政府投入和支持力度，设立专项资金，建立中央与地方分地区、分项目、按比例共同分担的绩效工资财政保障机制。具体的建议：①将基础性绩效工资作为中央和地方财政分担的重点，奖励性绩效工资则由省级财政统筹解决；②可以根据区域经济发达程度和财政收入水平的不同，结合当地农村人口与教师的数量和比例，划分发达、中等和贫困地区三类地区，分别确定中央和地方财政分担的原则和比例。例如，发达地区基础性绩效工资经费主要由地方自行负担，中等地区实行中央和地方按5∶5共同负担，贫困地区以中央为主、地方为辅，按8∶2比例分担，并且实行将上级政府转移支付的教师绩效工资经费直接划拨到校的新机制。

（二）制定科学合理的考核标准

科学、合理的绩效工资考评指标是义务教育绩效工资制度实施的前提和保障，也是这一政策能够成功实施的重要因素。在已经实施绩效工资制度的学校中，存在绩效考核指标设置单一、不系统等现象，大多针对教师的显性工作，如课时数、考勤等实际工作量，以及学生的考试成绩，但是忽视了一些难以量化的指标，如师德、课堂教学质量、教师的行为对学生思想的引导、品德的熏陶，这样的考核难以有效反映教师工作的效果，必然会挫伤一部分教师的工作热情。

由于教师绩效工资分配时，教职工岗位系数、班主任岗位系数及学校领导岗位系数等不统一，造成同一县（区）域内不同学校相同岗位绩效工资分配结果相差甚远。因此，县（区）级教育主管部门有必要根据教师、管理和后勤服务等岗位的不同特点，分别制定不同的绩效考评标准。

长期以来，一些中小学的教师绩效评价较为粗放，许多方面以或有或无的定性评价为主。实行绩效工资对长期以来粗放的教师评价提出了挑战。教师绩效评价体系的建立应从以下几方面着手。

---

① 范先佐、付卫东：《义务教育教师绩效工资改革：背景、成效、问题及对策——基于对中部4省32县（市）的调查》，《华中师范大学学报》（人文社会科学版）2011年第11期。

1. 指标体系的内容

可以构建一个通用型教师奖励性绩效工资评价指标体系（A），其主体分为三部分，见表1所示。其中，B1（一般绩效评价）是每个教师都要涉及的基本项目，B2（职务绩效评价）是部分教师担当的职务项目，B3（特殊绩效评价）是部分教师涉及的高端绩效项目。

表1 奖励性绩效评价指标体系及其权重

A	B	C	D
A 奖励性绩效	B1 一般绩效 1.0	C1 职业道德(0.1192)	D1 师德综合评价(0.1192)
		C2 责任履行(0.0913)	D2 法律责任(0.0318) D3 安全责任(0.0408) D4 教学责任(0.0101) D5 教育责任(0.0142)
		C3 基本条件(0.0448)	D6 普通话等级(0.0211) D7 教育技术等级(0.0095) D8 其他技能评价(0.0142)
		C4 工作数量(0.1778)	D9 工作量指数(0.0512) D10 课时(0.1065) D11 临时性工作(0.0201)
		C5 出勤(0.1699)	D12 迟到早退(0.0167) D13 旷工(0.0749) D14 病假(0.0372) D15 事假(0.0411)
		C6 教学过程(0.1302)	D16 教学规范各环节(0.0651) D17 课堂教学评价(0.0651)
		C7 教学结果	D18 教学管理(0.0201) D19 品德教育(0.0245) D20 学生学业成绩(0.0525) D21 学生学科素养(0.0129) D22 学生学习表现(0.0146)
		C8 多主体综合评价(0.1192)	D23 教师自评(0.0120) D24 学生评价(0.0413) D25 教师互评(0.0185) D26 部门评价(0.0268) D27 家长评价(0.0142) D28 其他主体评价(0.0064)
		C9 其他	D29 其他(0.0230)
	B2 职务绩效	C10 职务	D30 班主任 D31 专职职务 D32 兼职职务
	B3 特殊绩效	C11 教育教学荣誉	D33 期内教育荣誉称号(0.0631) D34 期内教学荣誉称号(0.0484) D35 期内其他荣誉称号(0.0229)
		C12 教育教学科研	D36 期内研究课题立项(0.0471) D37 教科研成果获奖(0.0967)
		C13 教育教学成果	D38 公开课(0.0761) D39 讲座(0.0721) D40 论文发表(0.1230) D41 论文获奖(0.0458) D42 著作出版(0.0497) D43 技能竞赛获奖(0.0803) D44 指导学生成果发表(0.0847) D45 指导学生成果获奖(0.0333)

说明：①B2 为职务绩效。②绩效评价中，B1 分值封顶；B2 考核分等分值固定；B3 分值不封顶。③工资分配过程中，B1、B2、B3 由学校测算其占奖励性绩效工资总额的分配比例，三部分内部独立分配。B1、B3 采用“动态分值金额分配法”，B2 采用“固定金额分配法”。

资料来源：参见卢晓旭、陆玉麒、顾道红《基于层次分析法的义务教育教师绩效评价和工资分配研究》，《教育理论与实践》2011 年第 7 期。

2. 指标体系的认定

主要依据法规和学校发展战略，由学校绩效评价委员会提出指标选取的原则和要求，研究者在咨询和访谈的基础上选择指标，并经多轮交互和完善，由教代会表决通过。

3. 确定权重

教师绩效评价体系是一个变量繁多、结构复杂的系统，需要对其因素进行相对重要性估测，即指标赋权，以把握系统的本质。①

（三）组建多元民主、公开透明的评价组织体系

绩效考核是一项复杂的系统工程，政策性强，涉及面广，关系到广大教师的切身利益。而影响教师教育教学目标的因素是多方面的，导致教师工作绩效高与低的因素是多元的。

要坚持程序公正、公平和公开的原则。要将绩效工资分配结果在全校范围内进行一段时间的公示，保证每一名教职工均知晓自己和其他教师的绩效工资情况。

要打破唯学生成绩评价教师的传统做法，对教师绩效考核实行综合评价。落实基于评价机制严谨、评价程序规范的多元评价是教师绩效考核制度创新的必由之路，教师绩效考核中落实多元评价。在评价方式上，要打破量化评价一统的地位；在评价主体上，要努力化解校长负责制在具体实施中的弊端，充分发挥教职工代表大会和广大教师在绩效考核中的作用，有效达成教师自评与学科组评议、年级组评议、考核组评议相结合，同时适当听取学生、家长及社会成员的意见。

（四）建立有效的监督机制

学校绩效工资制度实施过程中，应构建有效的监督机制，保证教师绩效考核程序的规范性、考核过程的透明度及考核结果的公信力，以保证绩效考核评价的公平性和公正性；建立绩效工资经费投入披露监督和绩效工资经费的审计制度，加强对学校支出的监督，要求学校严格按照预算批复的支出项目和规定的标准执

---

① 常建娥、蒋太立：《层次分析法确定权重的研究》，《武汉理工大学学报》（信息与管理工程版）2007 年第 1 期。

行，严禁任何形式的教育“乱收费”，对通过学校的国有资产获取的各类收入，按照国家有关规定上缴同级财政，严格实行“收支两条线”。

An Investigation of the Implementation of Schoolteacher Merit Pay

—Based on Findings in the Two Provinces of Shandong and Gansu

Qin Feng　Zhao Mingren

Abstract: From 2009 the schoolteacher merit pay system was implemented in compulsory education schools throughout the country. The balance of schoolteacher salary is the bottleneck and to a certain extent reflects the essence and key point of the balanced development of compulsory education. For a better understanding of the implementation of the schoolteacher merit pay system in compulsory education site visits have been paid to rural areas in Shandong and Gansu provinces. Based on the materials collected by questionnaire, interviews and policy analyses, problems and reasons behind in the implementation of schoolteacher merit pay system have been analyzed and compared, and measures of improvement also have been put forward.

Key Words: Merit pay; Compulsory education; Investigation

B.12

江西赣县、全南县农村“集中办学”状况调研

康 健*

摘 要： 选取赣南山区——江西赣州赣县和全南县的几个乡镇，进行学校布局与撤点并校现状的专题调查。访谈了当地教育行政官员、教育学者、校长、教师、家长和学生等，做了相关问卷调查，了解了撤点并校给小学生带来的问题，如食宿、路途安全、医疗、营养、心理健康、亲情缺失等。

关键词： 集中办学 农村教学点 交通安全

2001年6月，《国务院关于基础教育改革与发展的决定》（以下简称《决定》）第13条提出：“因地制宜调整农村义务教育学校布局。按照小学就近入学、初中相对集中、优化教育资源配置的原则，合理规划和调整学校布局。农村小学和教学点要在方便学生就近入学的前提下适当合并，在交通不便的地区仍需保留必要的教学点，防止因布局调整造成学生辍学。学校布局调整要与危房改造、规范学制、城镇化发展、移民搬迁等统筹规划。调整后的校舍等资产要保证用于发展教育事业。在有需要又有条件的地方，可举办寄宿制学校。”

《决定》颁布之后，农村中小学布局调整作为一项重大政策在全国普遍推行，至今已推行10年。鉴于近年来农村教育出现的问题，许多人开始重新思考农村中小学布局调整以及“撤点并校”政策的整体实施效果及其影响。为了考察学校布局与撤点并校的现状，2011年4月，我们来到赣南山区——江西赣州

* 康健，北京大学教育学院教授，研究领域主要为基础教育。调研组成员：康健、姚晓迅、李雷、刘静、谷屹欣、温玉荣、谭卓华。本次调研得到北京大学教育学院、中国青少年发展基金会研究部、北京大学知行社等单位的支持。

的赣县和全南县的几个乡镇做专题调查。

此次赣南之行，是在两个县的范围内选择几所学校作为问卷调查与访谈的样本，回收有效问卷约400份。调查、访谈的对象为赣南师范学院、赣县教育局、石芫镇中心小学、吉阜镇保洁中心小学（希望小学）、枧田村小学和全南县教育局、全南县陂头村小学、南迳镇中心幼儿园、中寨乡中心小学的有关人员。我们关注的重点是，学龄前儿童和低龄学童在改变上学方式后遇到的问题，如吃饭、睡觉、路途安全、宿舍条件、医疗、营养、心理健康、亲情缺失等。这些问题是他们受教育的前提，也是他们人生基本权利的一部分，是我们教育目的的核心。我们力求深入学校、走近师生，进行面对面的交流和近距离的接触，以获得最真实的第一手资料。

一　在赣县乡镇小学的调查

- 赣南师院焦院长：撤点并校是经济工程、政绩工程，还是教育工程？

焦院长经常深入赣南边远地区的中小学，就“撤点并校”后乡村学校的状况做了专题研究，写出了《生存与发展》的研究报告。

焦院长说，在赣南，因为其特殊的地理环境，孩子上学的交通及安全是一个突出的问题。那么小的孩子走三四十里山路要花两三个小时。因此，1～3年级的低端小学不应撤并。但农村的教学点教室很少，教育教学质量不高，因为很少有老师愿意去那里教书。他认为，只要传统乡村的经济存在，这种学校也许会长期存在。农村学校的发展关键是要解决经费问题。

焦院长告诉我们，基于城镇化的大趋势，江西某些地方出现了基础教育的“教育园区”，将幼、小、初、高学校高度集中办在一个特定的区域内，由政府主导建设、管理。这是一个在短期内可以看到效果的举措。但是，“这种巨大的工程究竟是经济工程、政绩工程，还是教育工程？这样的形式是否符合基础教育的办学规律？是否有利于学生的成长？”

- 陈校长：大集中办学，利大？弊大？

石芫镇中心小学的陈校长说，当地的集中办学是从2002年开始的，好处是能实现资源、设备使用效益的最大化。镇里原来有很多教学点，其中4个被撤并，现在是中心小学管理下面的教学点，出于对路上安全问题的担心，教师培训

活动、教研活动的安排成为一个难题。人数少的学校投入成本并不低，但也不能放弃，否则就会有孩子失学。

为了照顾那些留守儿童，中心小学设立了“阳光小屋”。晚上，有专门的老师给他们做辅导，组织他们开展娱乐活动、小制作活动等，尽量给孩子们营造家庭的氛围。周六、周日教师当代理爸爸妈妈，全天辅导他们，帮助他们提高学习成绩。高年级的孩子自理能力稍强，学校就组织一些活动让他们参加。“但学生思念父母的问题不好解决，只能通过电话多交流感情。集中住宿导致的问题也多，有的孩子甚至有暴力倾向。”

陈校长说，师资不够始终是个大问题。按照生师比23.5∶1的编制标准，学校应有74个编制，但现在只有58个公办教师、2个工友，还缺编14人。由于学校扩大，学校编制不足，如果不请代课教师将难以保证开齐所有课程。学校实际上已经请了16个人。但省里来督导说不能聘代课教师。

“县财政给代课教师的补助金每月才200元！不按缺编足额拨下来”，陈校长无可奈何地说：“其实，最苦的是代课教师，正式教师一人只教一门，而代课教师却要‘全能’，1~5年级的各门课都要能教，但他们的月工资只有600元。下面的教学点就更难请老师了，连代课教师都难请。太远了，钱少了，人家都不去。农村教师状况堪忧啊!”

陈校长告诉我们，现在生均公用经费虽然从300元提高到500元，但学校的办学经费还是不够，学校一直在低水平运转。请外面的人代办食堂，学校要贴钱，有时只能请老师的家属做饭、烧开水。学校里没有像样的食堂，5角钱到1元钱的都是素菜，2元钱有点油水，学生又买不起，孩子普遍营养不良。“希望厨房”的成本高，现在有点营养的饭菜至少也要两三元钱，而学生一天的伙食费只有3元。有的地方孩子能吃上就不错了，谈营养太奢侈。“阳光小屋”的心理工作由住校的教师兼任，也没有补贴。“五改六”以后，小学里进入青春期的女生接近10%，她们需要特殊照顾，如良好的卫生、医疗条件等。学校一般没有医务室或者校医，有病只能到卫生院，晚上也是如此。周五放学之后，留守的孩子还要住在学校，要有专人照顾。学校承担着无限的责任！上面说，暑假有三起事故，校长就下岗！到底谁是监护人？家长、家庭、社会、政府、学校都应该负什么责任？有的学生在校外吃了桐油籽中毒，要处理局长，给学校的书记记过，撤校长的职。这里的水塘、水库很多，学生溺水的事常发生，谁来承担责任?

• 吉阜镇保洁中心小学校长：偏远地区谁来教书？

吉阜镇共有完小（包括中心小学）4 所、村小 8 所、教学点 4 个，分布在 15 个行政村。“其中一个教学点只有 4 个学生、1 名老师，但家长不同意撤并，其他 3 个教学点也撤不掉。计划在 2011 年开始实行撤并。”吉阜镇保洁中心小学校长告诉我们，镇中心小学相当于镇教育办公室，既有教育的职能，又有管理的职能，要定期组织召开各校校长会。校长相当于行政官员，采取包校制，平均 1 个月下去一次。因为都是双肩挑，路又远，每次都要花很多时间、精力，所以都不愿意下去。通常在周一举行“教学开放日”，开展听课、教研活动。一个学期举行三次，以大学科为主。也采取送教下乡的方式，按照地理位置与交通方便分为三大片，分片开展活动。但是现在安全压力很大，中心小学也怕开展活动。

吉阜镇保洁中心小学是一所希望小学，共有学生 3134 人，住校生 163 人。78 个教学班，平均每班约 40 人。教职工 145 人，包括特岗教师 6 人，在编教师 139 人。其中，35 岁以下 46 人，36～50 岁的 32 人，51～60 岁的 67 人，占教职工总数的 46.2%，老教师所占的比例很大，今后几年就会有教师更替的危机。过去，在代课教师、民办教师队伍中，还有一批兢兢业业愿意留在农村教书的人，现在越来越没有人愿意来边远地区教书了。

有的小学一个年级 4 个班，每班 60～70 人。从学校的规模和班额看，学校需要尽快改善办学条件，增加教育投入。小学“五改六”，特别需要增加教师人数，扩大学校容量。

• 赣县教育局谢局长、尹股长：“撤点并校”是规划部门牵头的强制性工程吗？

这里“撤点并校”的规划是硬性的，由规划局负责，说是三年要消灭教学点。

现在的生师比标准 23.5∶1 是 20 世纪 90 年代定的，现在学校大了，要有管理人员，寄宿学校要有生活老师、校医、食堂管理人员，但编制标准到现在也没变。即使是再小的学校，至少也要有两个以上的老师吧。

此外，现在的中心小学与教学点的关系有问题。中心小学自己的负担都很重，还要管下面很多教学点。村小和教学点存在很多问题，撤又撤不了，办又办不好。

学校大了，住宿的学生多了，需要更好的医疗和卫生保障。但是，谁给钱聘

人？卫生和医疗工作专业性很强，应当由卫生部门负责，不能都推给学校。营养问题也很严重，几乎每个中心小学门口的商店里都充斥着大量违法、违规的儿童食品，谁来监管？

外出打工的父母把孩子推给社会，这样合理不合理？谁是孩子的法定监护人？现在“托管中心”发展得很快，没有法律依据，没有专业标准。它是学校还是企业？它应该归谁管理？工商局？教育局？这是拿儿童的生命和利益作代价。

学校的食堂该由谁来管，谁来办？人员谁聘，工资谁发，谁来控制资质？谁来承担责任？食品安全如此重要，政府承担什么责任？有的校长为了安全只请一人把米饭蒸熟，菜让学生自己带。

现在，一些城镇开始大规模征地集中建“教育园区”，幼、小、初、高以及职校一条龙。这是集中办学的新发展、新问题。这是教育工程？还是商业开发？学校“撤点并校”也是民生工程。有一所只有三个学生的学校，家长坚持不让撤并，怎么办？“撤点并校”以后，学生走的路就更远了。有的教师家离学校很远，平时他们也不能回家，但吃住又是一个大难题。原来几乎每个自然村都有一个教学点或者村小，学生以 4 ~5 里（或者 1.5 公里）为基本范围就近入学。现在孩子 6 岁就上学，人太小，走山路往往要花一两个小时。有的家长凌晨 5 点起来给孩子做饭，要是家里没人给孩子做早饭，他们可能就不吃，或者带剩饭。一大早天又黑，有的家长不放心，就送孩子一段。也有的村出去打工的不多，家长租房陪读，或孩子投靠亲友，到城里上学，也有的几个亲戚或者同村的学生合租一间房，大的带小的。生活很艰难，也有很多危险。

原来村小有 1 ~5 年级（没有“五改六”之前），现在只保留一年级和二年级。学校太小，不好安排教师。6 ~15 人的学校也不好办，说大不大，说小不小。

二　在全南县乡村小学和幼儿园的调查

- 全南县教育局张副股长：孩子走那么远的山路上学，谁为他们的安全负责？

全南县地处赣粤边界山区，属国家级贫困县，下设 9 个乡，总人口 18.7 万，其中，农村人口 13.3 万，以客家人为主。由于农村青壮年多数外出务工，农民土地大都被撂荒或转包他人，在村庄中留守的多是老人和儿童。客家人独有的木质围屋因无人居住或者年久失修已经显露凋零破败之象。

全南县共有近两万中小学生，1、2 年级的小学生有的还在村小和当地的教学点上学，3、4 年级以后就可以进入镇中心小学读书，走读或者住校。但是，寄宿学校很缺老师，尤其是生活老师太少。学校条件很差，太小的孩子自己不会洗衣服，可是学校没有洗衣机。一般学校没有医务室，有病要到乡镇的卫生院去看。

有的小学数百人，规模不小。村级小学则规模太小，学生很少，很难维系。如分水村小学只有一个老师、一个正式注册的学生。那里交通不便，都是山路。学生要到中心小学读书，一般都要住校，否则容易出现交通安全问题。

现在办学的重点在中心小学，统一规划、统一投入。目前正在开始考虑学校的食堂建设和学生的营养问题。办正规的食堂成本很高，现在学校只能帮学生蒸饭。学生多是吃自己带的菜，咸菜、干菜之类，没有什么肉，也没有新鲜的蔬菜，蛋奶之类更甭提了，学生普遍营养不良。如果一个小学生中午一餐能吃到两三元标准的菜，那么学生的生活就可以大大得到改善。

- 幼儿园是“人满为患”，还是“人满为喜”？

2003 年兴建的南迳镇中心幼儿园，是全南县第一家私立幼儿园。现在幼儿园有幼儿 500 人左右，共有 10 名老师，4 人有幼师资格证，6 人有幼儿教育经验。老师多是中专毕业或经教育局培训，一般在幼儿园工作了 2～3 年。

我们走进这家幼儿园，发现每个班都坐得满满当当，几乎可以用人挤人来形容，连园长也认为孩子太多。幼儿园有自己的校车，每天上下学负责接送远道的孩子，可以想象校车的繁忙和教育需求的旺盛。听说经济条件稍好的家庭也会合伙在幼儿园附近租房，或者合伙租车。

- 客家村民：“这个村小原先还是很不错的，为什么现在就办不下去了？”

陂头村是一个以客家人为主的传统村落，离全南县县城不远。村里除了农业之外，水塘养鱼是不少人家的生计。和其他农村一样，不少的年轻人都到城里打工了，但是，村子里还是有不少的农户，尚可看到自然、宁静但富有生机的田园、鱼塘。一排排的客家屋舍整整齐齐，到了中午，阴凉的客家大屋架之下，炊烟依旧、饭香依旧。

陂头村的村长说，这里的农民十分重视孩子的教育问题，都想让孩子从小就

受到良好的教育。于是，村里的农民都有了这样的共识：从小要上学，上学就要上好学校。哪里有好学校呢？一般的农民认为，现在城镇的学校实行集中办学，那里条件好、师资好，所以但凡有点经济能力和关系的家庭，都要把孩子送到镇中心小学读书、住宿。村里剩下的少数孩子在这个还是老样子的陂头村小学读书。

访问当天，我们见到大约 20 名学生（1、2 年级）、几个老师。学校有两间教室、一间教师办公室、一个缺乏整理的运动场地。房屋宽敞、明亮，桌椅虽旧，不妨碍上课。

学校与孩子们的家以一条不宽但用水泥铺就的道路连接，可以单行汽车。据说，以前遇到雨天，通往各家的小路就是一片泥泞，无法行走。2010 年，这种水泥路一直修到了各家门口。学生上学方便了许多，上下学都不必由大人接送。

听村民介绍，这个小学以前很不错，也有很不错的老师在这里教书。只是教师的待遇很低，学生在农忙的时候要帮老师捡稻穗，大一点的孩子可以帮老师打柴。后来，镇里的中心小学发展了，好的老师走了，新的、年轻的老师也不愿意来。所以，学校旋即成了眼下这般模样。要是有几个好的老师，这里不是一样可以念书嘛？而且可以方便学生和他们的家庭，减少农民的一些开支。只是因为学生锐减，校舍荒疏了，人气衰微了，当年村小的荣耀、风光、斯文随之去矣。

- 刘联娣老师：一个人坚守 35 载的村小该终结了？

分水村小学是一所只有一个老师、一个学生、一间教室的村小。刘联娣老师已在这里坚守了 35 年。

在当地志愿者的帮助下，我们一行五人乘了一辆小面包车直奔深山里的分水村小学。汽车穿过了茂密的灌木与乔木混生的森林，特别扎眼的是那些漫山遍野、遮天蔽日的速生桉树，它们遮挡了天上的阳光。天虽尚早，可阴山背后的天色就渐渐黑了。

我们穿过了一条小溪，小溪的水量告诉我们当地的旱情在发展。要是涨水期呢？上学的孩子也要走过那座用电线杆做成的“独木桥”？我们一路走一路想，这就是学前儿童和小学生上学要走的道路。

汽车一直在蜿蜒起伏的山路上颠簸，傍晚时分，我们到达分水村小学。学校正在举行期中统一考试，乡里专门派了两个老师来监考。我们没有去打扰正在考试的学生和老师，而是来到了这所小学里唯一的学生钟琪的家。她家离学校不远，走路大约需要 5 分钟。

钟琪的外公、外婆接待了我们。听他们说，村里的老人、年轻人和孩子都在盘算着，他们今后将在哪里居住，靠什么来生活？在当地，孩子们在哪里上学，往往就决定了老人在哪里生活。

分水村小学实际上有 5 个学生，包括钟琪（正式注册）和另外 4 个非正式的学生（学前班儿童）。钟琪刚刚 6 岁，本来在镇里上幼儿园，并且已经决定在镇里继续读小学，但分水村的唯一老师——刘联娣老师和村里的支部书记都不同意钟家把孩子送走，因为如果钟琪这个正式注册的一年级小学生一走，分水村小学就将因没有学生而被撤并。

钟老汉告诉我们，分水村共有 40 多户、200 多名村民。如今，80% 的村户都在山外买了房，大都是为了孩子读书。通常有一个孩子到镇里上学，就不得不在镇里解决住房问题。此外，还要由一个老人跟着去陪读，另一个老人在家维持生活和田里的活计。眼下，年轻人出去打工了，孩子们出去念书了，有的老人因过度孤独而寡言少语、郁郁寡欢、精神抑郁的事时有发生。

刘联娣老师是全国优秀教师，《赣南日报》曾经报道过她扎根山区 35 年、一生献给孩子们的事迹。她是从粤北嫁到赣南山区的，1976 年以后就在这所学校教书。如今，刘老师已经 54 岁了，自己的孩子都已经长大成人去大山外面工作了，但她舍不得这所学校。她认为，这所学校还可以造福这个山村，那么小的孩子到大山之外读书太辛苦，学校的存在让村里渴望读书的孩子可以享受更安全、更方便、更幸福的教育。“尽管，我们老师会辛苦一点，但这是我们乐意的，是我们一生的追求。”刘老师说。

以前镇里也曾考虑往这里派老师，但年轻的老师不愿留在这里。随着学生人数下降，学校越来越萎缩。刘老师回忆，上面曾经让她去镇里教书，但她终究因为舍不得这个为之依恋、为之奋斗的学校，而只在外面教了三天书就又回来了。她说，她的根在这里，“只有我一直坚持在这里教书，但我不是为了荣誉。在我们这个大山里，只见树木少见人啊。”她说，“毕竟还有 20% 家里特别困难、买不起房的老人们只能待在村里。比钟琪小的那几个孩子的家庭只得看着我是否退休来决定他们的孩子在哪里读书，他们去哪里找房子？村子里也很头疼。”说到这些，刘老师显得也很无奈。

我们问刘老师：“这么多年，您一个人在这里教书，不感到孤独吗？”停了

很长一会儿，她缓慢的声音与深情的眼神表达着一种深深的担忧：“只要身边有了学生，我不会感到孤独。但是，我老了，我要是退休走了，这里就没有老师了，分水村小学就无法办下去了。山区啊，孩子上学真难！”

刘联娣老师那掷地有声的质问令人深思：村里最穷的20%的农民家的孩子在哪里读书?

- 南迳镇小学：上学竟然变得如此沉重！

南迳镇。凌晨时分，天还是漆黑的，小镇上就开始熙熙攘攘。当我推开窗子一看，路上行色匆匆的竟然全是上学的孩子，赶路的小脚丫、沉重的大书包、三五成群的矮小身影、叽叽喳喳的稚嫩对话，都一股脑地汇集在我立刻膨胀起来的脑海里。

最早的一拨孩子大概在5点钟路过这个小镇，他们已经走了多久，要走向哪里？追随着几个上学的孩子，穿过两条小巷，我们来到南迳镇小学，看到操场上坐了很多学生，他们都在按班级建制早读。集体背诵课文与诗篇的声音，整齐、洪亮，有节奏，带着乡音，在不大的校园里回荡，朗朗书声冲破了暗淡的晨曦。

我们很纳闷，他们为什么这么早就上学？既然这样早就来了，为什么不进教室晨读呢？回想起昨天访问的小学，教室里多是没有装电灯的，我立刻明白过来：天还没亮，他们只好在院子里上早自习，等到天大亮了再进教室上课。果不其然，天渐渐亮了，我听到了上课的铃声，学生们按照班级列队走进了教室。街上，依然可以看到零散的孩子。

An Investigation of Current Conditions of “Schooling Based on Merging Schools” in Rural Areas of Two Counties in Jiangxi Province: Gan County and Quannan County

Kang Jian

Abstract: An investigation of the current conditions of school mapping and the merging of teaching points into larger school has been made in a few villages and towns

of Gan county and Quannan county located in the mountain areas of South Jiangxi. Based on the materials collected by questionnaire and interviews with the local education administrative officials, educators, principals, teachers, parents and students, some problems in the merging of teaching points into larger school were exposed such as food and accommodation, traffic safety, medical treatment, nutrition, mental health, loss of family ties.

Key Words: Schooling based on merging schools; Teaching point in rural areas; Traffic safety

B.13

甘肃农村寄宿制学校调查

李泽林*

摘　要： 对甘肃宕昌、秦安和成县三个县的调研发现，硬件设施建设保障、校长与教师专业化水平提升以及学生身心健康改善，是农村寄宿制学校亟待解决的突出问题。住宿条件差，许多学生在校外租房住，不利于学习，也增加了农民负担。食堂饭菜质量差，开水难以充足供应。校园文体活动匮乏，学生远离家庭，身心健康堪忧，交通安全存在隐患。应加大财政投入，保障硬件建设、校长教师培训和学生生活补贴。

关键词： 寄宿制学校　农村教育　办学条件　教育质量

2001 年，国务院颁布《关于基础教育改革与发展的决定》，开始对农村地区中小学布局进行调整，农村寄宿制学校是在此背景下开始建设的。2004 年，国务院发文在西部地区实施“农村寄宿制学校建设工程”，2007 ~ 2010 年，国家发改委安排 100 亿元专项投资，重点支持大约 7000 所独立设置的农村初中学校新建或改造学生宿舍、食堂和厕所等生活设施。然而，经济社会发展相对落后的边远、贫困地区和少数民族聚居区，由于教育基础差、管理经验不足，不少地区寄宿制学校建设管理方面遇到了很大的困难和问题。

本调研以甘肃省东南部的宕昌、秦安两个国家级贫困县以及成县为样本县，选取了三个县的 15 所样本学校，采用问卷调查、访谈与座谈相结合、实地观察多种研究方法，对农村寄宿制学校的发展现状、学生状况等进行了调查和分析。

---

* 李泽林，西北师范大学教育学院副教授、博士。

一　寄宿制学校管理机制与现状

（一）三县寄宿制学校的基本情况

宕昌县义务教育阶段学校有220所，学生约5万名，共有14所寄宿制学校，寄宿制学生约1.2万名，约占学生总数的24%，平均每校有寄宿制学生约857人。

甘肃农村地区的寄宿制学校，学生寄宿的状况可以分为三种类型，即“校内寄宿”、“校内寄宿＋校外租住”，以及“校外租住模式”。前两种以宕昌县、成县为主，这两个县都有“寄宿制项目工程”专款援助修建的宿舍楼。在调查中发现，住宿条件难以令人满意，由于宿舍难以满足需要，有的学校一个宿舍多达42个人，存在一定的安全隐患。学生反映“宿舍人太多了、太挤了，而且两个人住一个铺上感觉不舒服。”①“两个人一张床很影响休息，向学校反映也不管用。”发生过学生从床上跌下的事故。

成县有小学和初中学校240所，学生33138人，寄宿的学生6360人，占19.2%。31所寄宿制学校，主要分布在中心小学以上的学校，校均205人。

成县的寄宿制学校条件相对要好一些，日常管理整洁有序、充满人文氛围，宿舍还为学生提供装物品的铁皮柜，几名学生挤一张床的现象较为少见（见图1）。当然，一些距离县城比较远的学校办学条件仍然艰苦，学生食宿条件都存在一定困难。

秦安县义务教育阶段共有学校382所，其中小学341所（不包括88个教学点），初中学校40所。截至2011年6月，共有小学生61174名、初中学生31909名，其中小学寄宿生2166名，占3.5%；初中寄宿生14494名，占45.4%。这些学生分布在15个学区的106所学校。由于目前建好的寄宿制学校配套设施不完善，还不能住学生，所以秦安县寄宿制学校的学生全都租住在校外，自己生火做饭。

按照《秦安县中小学布局调整规划》的目标，普通高中由现在的10所调

---

① 这种床铺是1.2米宽的铁架高低床，个别学校由于床位紧张，小学低年级的2个甚至3个学生住在一个床铺。

图1　成县大坪九年制学校学生宿舍

整为6所，集中在县城办学；初中由现在的31所调整为19所，完全小学由现在的341所调整为60所，每个乡政府所在地要建1所寄宿制初中；每个乡镇建成2~3所寄宿制小学，教学点只设在行政村。

比较而言，校内住宿虽然拥挤，但可以统一管理，校外住宿不仅难以监管，而且生活、卫生条件等也比较差，普遍比较阴暗、潮湿。秦安县的寄宿制学校里，伴读的家长和孩子常挤在一张炕上，房间里住宿兼做饭，孩子主要是趴在炕上学习。但也有不少学生更愿意住在农户家，因为比较自由，经济成本也相对低一些（见图2）。

（二）寄宿制学校的办学条件和校园环境

各样本县学校都能够认真执行国家的相关政策，尤其是落实“两免一补”政策，管理制度都比较细致、全面，制定了校内校外住宿学生的管理制度，签订责任协议，确保学生的安全、营造良好的育人环境。

在调研中发现，除了正常的体育课程外，26.2%的学生觉得住校生活单调乏味。由于师资力量不足，活动器械的短缺、运动场地不足等原因，学校的体育和

图 2　学生租住村民的房子和烧煤做饭的灶台

文艺活动比较单调，学校课余生活不够丰富，约 80% 的学校活动主要集中在拔河比赛、跑步、跳绳和打篮球方面，仅有个别学校有文艺表演、绘画展示活动。调查显示，办学条件较好的学校组织的活动较多，学生的参与面也较广；条件比较差的学校活动较少，有些学校甚至无法组织活动（见图 3）。

图 3　雨后泥泞的操场和风雨中的乒乓球台

大多数学校没有生活老师，学生的宿舍管理主要由任课教师和班主任监管（见图 4），因此存在一定漏洞。在访谈中学生反映“我们下午 5 点 20 分下课，9 点上床睡觉，这段时间老师基本不管，只有在睡觉时来查一下。老师有时是来处理打架的，一般没什么事不会来。”

校园中饮用水、厕所、交通安全也是困扰学生日常生活的突出问题。学生平时喝的都是生水，渴了就直接喝自来水，只有生病了才会去老师那里要点热水，洗漱也是冷水。寄宿制学校中，厕所都不在楼上或者距离平房较远，学生说：“晚上上厕所害怕，厕所离宿舍太远了，课间的时候厕所的坑不够用。”住校生

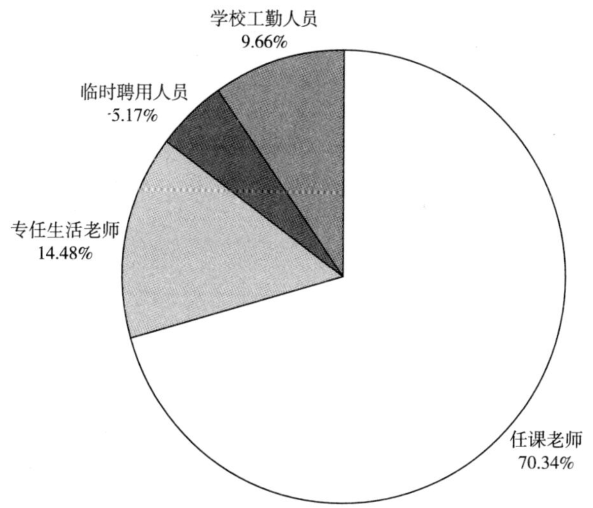

图 4　学校负责寄宿生管理的人员

周末往返学校途中都会面临交通安全隐患。教师反映："因为学生离家都比较远，有时会乘坐农用三轮车或摩托车，这里公路都不太好，尽管学校一再要求不能坐，但放学后教师也没法子管。"

从调查情况来看，校园周边环境比较复杂，存在垃圾堆积、校外小商品店食品不安全、网吧等问题。对租住在校外的学生，在管理方面存在很大漏洞，大多数学校校园中比较普遍地存在着学生喝酒、打架、破坏公物以及拿别人东西的现象，学校缺少能力和精力进行管理。

二　学生身心健康状况

经过调研发现，寄宿学生在身心健康方面存在一定问题，特别值得关注。

（一）睡眠和饮食

寄宿制学校由于学生远离家庭，在衣食住行等方面都存在很多的不便与困难，在一定程度上影响了学生身体健康成长。在学生的问卷调查中发现，大约 38.51% 的学生睡眠不足 7 个小时（见图 5）；有 34.78% 的学生近视，3.91% 的学生高度近视。

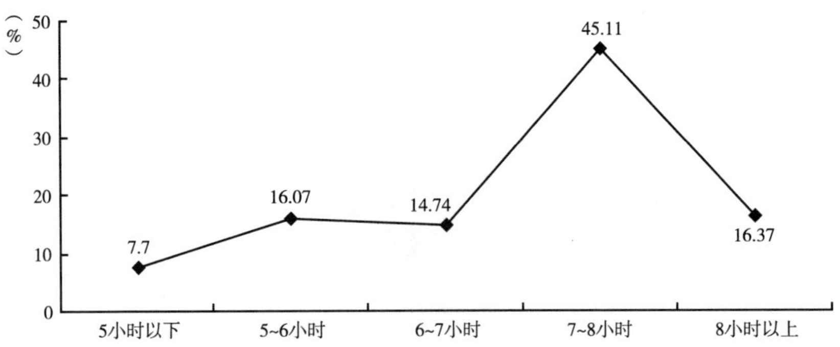

图5　学生每天睡眠时间的基本情况

饭菜质量是影响学生身体健康的关键因素。在访谈中有学生说："以前没有办食堂，自己要做饭，虽然辛苦、麻烦点，但感觉很好。现在学校有了食堂，但饭菜很差，一天6块钱都吃不饱。"还有学生反映："食堂质量不是很好，有时候菜炒不熟，有时候就没有菜，只有白面条，最多再加点辣椒，给得少，吃不饱。"（见图6）

图6　仅放了一点辣椒的凉面

调查显示，41.35%的学生所在学校没有食堂；设有食堂的学校中，17.8%的学生反映自己吃不饱，22.39%的学生认为食堂的饭菜不好吃。教师问卷调查显示，在学校饭菜质量问题上，教师与学生的认识是一样的。可见，农村寄宿生的营养饮食还有很大的问题。

学生能否获得安全的饮用水是校园安全健康的一个重要指标。在调查中发现，很少有学校能够为学生提供日常饮用的开水。在三个县的调研中，都存在学生中午喝不上开水的问题，学生渴了就直接喝自来水。

（二）心理健康表现

1. 归属感

在问卷调查中得知，60.9%的学生喜欢住在家里，32.1%的学生喜欢住在学校。在原因分析中发现，69.3%的学生主要是因为学校离家太远才选择住校的，23.7%的学生是为了接受更好的教育。相关分析显示，留守儿童更倾向于选择住校。学生对寄宿制的生活缺乏归属感，尤其是年龄小的学生。

2. 人际关系

良好和谐的人际关系在学生自我成长过程中具有非常重要的作用。从调研材料分析来看，学生人际关系主要分为三方面：同学关系、师生关系、性别敏感问题。

调查显示，60.6%的学生认为自己有4个以上的朋友，1.9%的学生觉得自己没有朋友，还有约40%的人认为自己朋友比较少。在同学关系上，约4%的学生有时对友伴群体会出现短暂性交往障碍。学生远离家人的照顾，会让住校生萌生更多的孤独感。由于要与几个室友分享所居住的环境和资源，对于他们的人际交往能力可能是一个挑战，使得学生的人际交往缺乏主动性，尤其对于年龄小的孩子（高中以下）来说更是如此。如果不加以心理干预，这种情况继续发展下去就会产生抑郁等心理问题。

2008年中国科学院心理研究所国民心理健康课题组调查发现，15%的西部贫困地区青少年中存在抑郁问题。抑郁等心理问题严重的话就会导致自杀倾向。2010年中国科学院心理研究所国民心理健康状况项目组调查发现，8.4%的西部贫困地区青少年在最近曾想过自杀。这部分青少年可能由于某些原因正面临着较为严重的心理困扰，亟须干预和疏导。所调查的3个样本县的15所样本学校都没有专业的心理咨询教师，学校面对学生心理和教师心理出现问题的时候缺少科学有效的干预办法。

在师生关系上，虽然学生认为老师对他们很好，但大多数学生有事情时还是优先选择父母、同学，然后才是老师（见图7）。可是，父母外出打工，学生寄宿，有事情时却不能找父母商量；朋友又少，给不出具体的意见；学生又不太喜欢找老师，结果使得学生存在一定的心理问题。2010年，中国科学院心理研究所国民心理健康状况项目组调查的数据也发现了这一问题，西部贫困地区11%～12%的学生心理健康状况偏低，可能有轻度心理问题；3%～4%的学生心理健康状况明显低于正常人，可能具有中度到重度的心理问题。

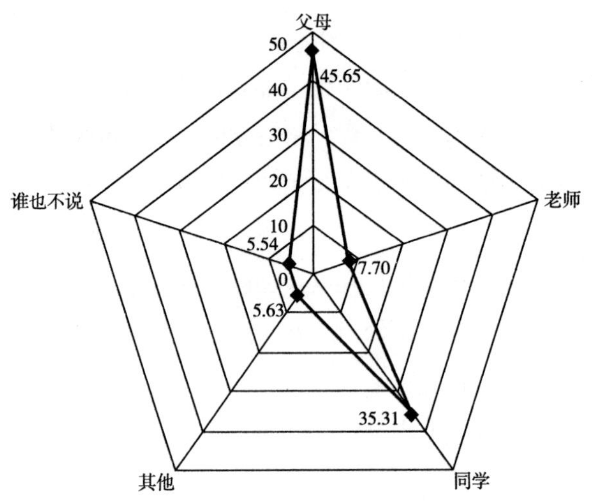

图7　学生最愿意和谁说心里话（%）

在性别敏感问题上，小学低年级学生不存在这一问题，但伴随着学生年龄的增长，学生之间的性别意识和敏感性逐渐增强。近四成青少年对性的问题想得过多，男生比例高于女生。2010年中国科学院心理研究所国民心理健康状况项目组调查发现，住校生中谈恋爱的比例（21.3%）显著高于非住校生（14.2%）。

三　学生学习和家庭状况

从3个样本县的教育发展水平看，秦安县最好，成县次之，宕昌县最弱。秦

安县教育近几年获得了快速的发展，家长通过各种途径选择学校就读，在一定程度上催生了中心校和县城学校周边的经济，使得村落中的教学点，包括完全小学学生人数锐减，进一步拉大了县域内城乡教育的不均衡。

提高教育质量和学业水平，是学校布局调整背景下发展寄宿制学校的主要目的。然而，寄宿制学校学生往往面临着较大的学习困难和学习压力。调查显示，在学习压力来源方面，由高到低依次为考试、作业、升学、老师、家长、课外学习以及同学（见图8）。

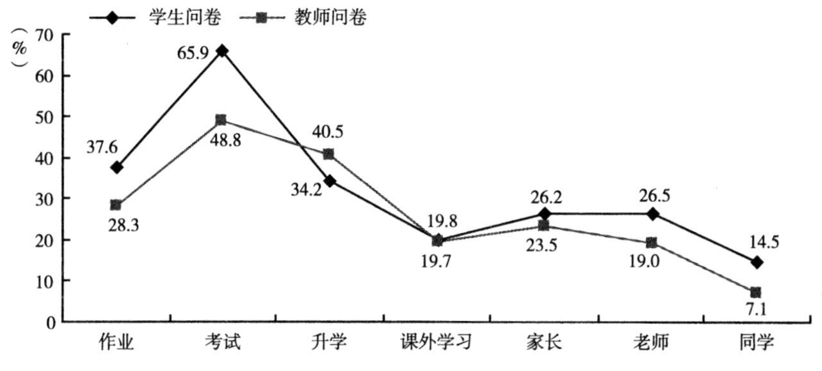

图8　学生学习中的压力来源

调查结果显示，学生完成作业的态度是比较积极的。34.3%的学生“非常认真”，59.0%的学生“比较认真”，有3.7%的学生“不认真”，2.9%的学生“视老师而定”。同时，86.8%的学生“很在意”自己的学习成绩，仅有3.6%的学生“不在意”自己的学习成绩。

但是，寄宿制学校学生的学习状态并不一致，57.3%的教师认为住校有助于提高学生的学习成绩与学习能力，25.4%的教师认为没有什么影响，也有5%的教师认为有坏的影响。有些学生进入寄宿制学校后由于适应性、生活条件、朋辈关系等反而表现出厌学情绪。

问卷调查显示，90%以上的学生父母是以务农为生的农民，43.7%的学生父亲或母亲在外打工养家糊口，80%以上的学生家庭年收入不足6000元。寄宿制学校学生的经济支出将成为家庭开支中的较大部分。有学生说：“我们一个星期的花费基本上在30~50元，这样下来一个月得两百块钱左右，一年要花两千多块钱，但学校只给好学生发补助，这对我们这些农民家庭来说负担很重。”

秦安县刘坪中学邓校长说：“当地群众送子女上学的心情很迫切，大多数家长还是希望孩子们可以上大学，接受好的教育。但由于现在许多家庭条件越来越好，部分家长对能否考上大学的重视度没有几年前强烈了。”

四　改善寄宿制学校建设的建议

针对样本学校在办学条件、师资队伍、饮食管理、住宿与卫生、学生安全、校园文化等硬件建设和软件建设方面存在的一些亟待解决的突出问题，提出以下建议。

（一）加大经费支持，改善农村寄宿制学校的办学条件

尽管国家已经在寄宿制学校建设方面投入了较多经费，但西部农村地区多数学校面临着资金困难，为此国家应进一步加大对农村寄宿制学校的建设保障，将寄宿制学校建成安全、健康、卫生的学习型社区。

调研显示，学生最希望改善的依次是增加实验室设备、修建运动场所、改善住宿条件、改善食堂和饮食质量、改善厕所条件等。对于现有的寄宿制学校条件，学生期望得到一定的改善，所要改善的方面呈现出高低不同的期望（见图9）。

地方教育行政部门应结合当地实际情况，根据寄宿制学校标准化建设的评估指标，在营造安全、卫生、健康的校园环境等方面，对寄宿制学校进行督导。同时，对校长、教师、班主任，以及生活辅导老师进行培训，给予必要的经费保障。

（二）增加农村教师编制，建立流动机制

调查显示，农村寄宿制学校学生数量快速增长，教师数量不足，许多教师都在超工作量、超负荷运行。寄宿制学校教师除了正常工作外，还要承担更重的工作压力，如兼职做生活辅导老师、疏导学生心理、晚上查自习和宿舍等。过重的工作负担为教师产生职业倦怠埋下隐患。同时，对于寄宿制学校发展非常重要的音乐、美术、体育等专业教师缺乏。应重视对音体美专业教师的配备，以满足寄宿制学校开设多样化课程的需要，丰富校园文化生活。

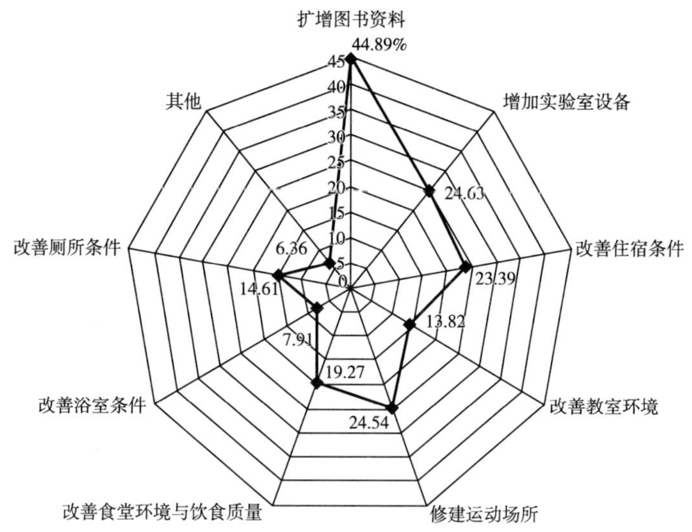

图9　学生希望改善的学校条件调查（%）

与此同时，一些薄弱学校和教学点的教师面临无学生可教的现状。在加快城乡教师流动的同时，加速乡村之间教师的流动也非常必要，应探索建立农村教师的流动机制。

（三）加强校长教育领导力的建设和教师能力提升，丰富校园文化生活

改善学校的校园文化环境，把学校建设成为师生和谐的精神家园，除了硬件建设之外，调动师生员工积极性，鼓励学生参与学校管理也十分重要。这对农村学校校长的领导能力建设提出了更高的要求。同时，应加大对教师专业能力方面的培训，为他们提供更多的机会，这也是教师自身职业发展的正常需求。

（四）加强寄宿制学生心理健康的疏导与干预

寄宿制学校学生的心理健康问题是校长、教师普遍认为比较严重的问题，由于缺乏系统的心理学学习与训练，这些问题往往无法有效解决，对学生的教育基本处于三种状态：“惩戒”、“漠视”或“规劝”，教育效果极不理想。加强对寄宿制学生的心理疏导与干预已经刻不容缓。为此，应引导心理学或相关心理咨询专业人

员进入寄宿制中小学，对心理状况欠佳的学生进行及时有效的疏导与干预。

留守儿童的教育问题是寄宿制学校发展中面临的一个新的重要问题，因缺失家长和学校之间的沟通联系、亲子合作等，留守儿童在心理、学习状态等方面较易出现问题。加强留守儿童的教育需要学校创造一系列的支持条件，营造温馨的校园环境，给留守儿童以家一般的温暖。与此同时，也需要有一定的学习辅导与培训。

（五）探索农村寄宿制学校“后勤半社会化”新路

农村寄宿制学校后勤保障工作繁重而复杂，在政府暂时未能包办的情况下，学校可以通过“帮工”（或义工）的形式，动员学生家长为学校后勤保障做一定的支持，或与生源较多的村委会联系，通过村委会出劳动力到学校“帮工”，村委会动员全村“帮农”的方式，解决学校食堂无厨师、农村下地无劳动力的困境，探索农村寄宿制学校“后勤半社会化”的新路。

（六）反思学校布局调整政策

国家学校布局调整的政策与寄宿制项目工程在农村教育发展的过程中发挥了重要作用，是一项惠及民生的教育政策。但是，将中小学过度集中到城镇、建设寄宿制学校的做法，在一定程度上损害了农村学生接受安全、优质义务教育的正当权利。为此，应反思学校布局调整政策执行中的过失和不足，并尽快在下一步的政策中作出弥补。

A Survey of Boarding Schools in the Rural Areas of Gansu Province

Li Zelin

Abstract: The findings of the survey of boarding schools in three counties of Dangchang, Qin'an and Cheng in Gansu province suggest three outstanding problems: guarantee of hardware facility construction, enhancement of professional levels of principals and teachers and improvement of students' physical and mental health. According to the poor accommodation, many rural students rent outside of schools, obstructing their studies as well as increasing the burden on peasants. There are poor quality of canteen food, inadequate supply of hot water and lack of cultural and sports activities on campus. The hidden troubles of students away from home involve physical and mental health, and traffic safety. It is recommended to increase financial input to security hardware construction, training of principals and teachers and student living allowance.

Key Words: Boarding schools; Rural education; School-running conditions; Quality of education

B.14

中国西部贫困地区中小学师生心理健康调查报告

我们的自由天空（OFS）*

摘　要： 调查发现，我国西部贫困地区中小学师生有近13%心理健康状况偏低。17.6%的青少年和24.5%的教师存在抑郁问题，8.4%的青少年曾想过自杀。因此，建议加强对西部贫困地区中小学师生心理健康的干预和疏导，促进他们的身心健康。

关键词： 西部贫困地区　心理健康　留守儿童　教师

一　调查方法

（一）取样

为保证调查样本的代表性，本项目在湖南省怀化市通道侗族自治县采用分层整群随机抽样的方法确定调查对象，通过样本估计总体。此外，在云南省红河哈尼族彝族自治州和贵州省镇远县补充了部分样本。

本调查基本能反映我国西南部贫困地区、少数民族聚居区中小学生及教师群体的心理健康状况总体水平，以及问题行为、应对方式、生理发育等状况，并在调查数据的基础上分析相关影响因素，为社会各界和教育机构对这一地区师生的帮助提供科学、可靠的数据支持。

---

* “我们的自由天空”（Our Free Sky，OFS Volunteer Organization）是由广大爱心志愿者联合发起的非营利性志愿者项目组，OFS主要通过图书捐赠、爱心支教、帮困助学、心理健康指导等形式，向西部贫困边远地区中小学提供教育援助，本调查报告由项目组执笔撰写。

（二）样本特征

1. 青少年样本特征

调查取样涵盖湖南、云南、贵州三个省的三处贫困县/乡。包括12个学校，32个班级。共调查青少年1551人。平均年龄12.93岁，标准差1.95岁，96.19%的受调查者年龄在10～18岁。青少年有效问卷总比例为89.9%，1393份。

2. 教师样本特征

调查地点在湖南省怀化市通道侗族自治县。男性占44.1%，女性占55.9%。平均年龄38.29岁，标准差8.08岁，年龄范围在14～69岁。受调查者中侗族占68.2%，汉族占19.1%，苗族占10.9%，白族、瑶族、彝族等少数民族共占1.7%。城区教师66.9%，农村学校教师33.1%。初中及以下占0.7%，高中/中专学历9.6%，大专学历43.6%，大学本科及以上学历46.1%。

二　调查结果

（一）2010年西部贫困地区青少年心理健康总体状况

1. 心理健康和抑郁的总体情况

本次调查的青少年中，11%～12%心理健康状况偏低，可能有轻度心理问题。3%～4%心理健康状况明显低于正常人，可能具有中度到重度心理问题。心理健康问题主要表现为：

负面性情绪普遍，且不知如何表达自己的不满（47.3%）；

人际交往退缩，人际交往缺乏主动性，普遍有孤独感（63.8%）；

缺乏足够的自我认识，超过一半的青少年不知道别人对自己的看法，33.6%不知道如何发挥自己的长处。

本次调查的西部贫困地区青少年中有17.6%存在抑郁问题，略高于2008年由中国科学院心理研究所国民心理健康课题组承接的中国科协全国青少年调查项目中获得的15%的结果。说明西部贫困地区青少年的抑郁问题需要引起足够关注。根据本次调查，有8.4%的青少年在最近曾想过自杀。这部分青少年可能由

于某些原因正面临着较为严重的心理困扰，亟须干预和疏导。

2. 问题行为

西部贫困地区青少年比较突出的问题行为是：情绪多变（69.5%）、倔强/固执（56.6%）、爱和年龄比自己大的朋友在一起（56.4%）、骂人或说脏话（52.2%）、多疑（48.8%）、与人争吵（47.6%）、对性的问题想得过多（37.2%）、脾气暴躁（36.1%）、总想吸引别人的注意（35.7%）、破坏自己的东西（31.1%）。

男生的问题行为比女生严重。

小学低年级和初中高年级的问题行为突出。

乡村学校青少年的问题行为比县城学校青少年多。

（二）影响西部贫困地区青少年心理健康状况的家庭因素

本次调查的西部贫困地区青少年的家庭，以多子女家庭结构为主，父母受教育程度较低，一半以上的父母以务农为生。

1. 母亲的文化程度

参加本次调查的青少年中，50%家庭的母亲受教育程度在小学以下，32.2%为初中文化水平，14.1%为高中以上。

随着母亲文化程度的提高，青少年会有更高的心理健康水平和更少的抑郁问题。

这一点从实证上强调了提高西部贫困地区妇女文化素质的重要性，保证女童就学的权利，这不但对其自身有益，也关系着西部地区未来的人口素质和下一代的健康成长。

2. 父母关系

在本次调查的青少年中，70.5%认为父母关系和睦或者比较和睦，22.2%认为父母关系一般，另外，有7.3%认为父母关系不和睦或者比较不和睦。

父母关系越差，青少年心理健康水平越低，抑郁问题越严重，问题行为也越多。

3. 父母教养方式

父母教养方式的主要情况：①三分之一左右的父母不了解孩子的日常活动，缺乏教育子女的技巧，不善于跟孩子讲道理。②5.6%的母亲和5.5%的父亲打

骂孩子。③西部贫困地区父母对孩子日常活动监管显著少于普通农村地区，尤其是母亲。④西部贫困地区青少年父亲比普通农村地区的父亲更少采用打骂、惩罚等教育手段。

父母采取有益的教养方式能提高青少年心理健康水平、降低抑郁风险和减少问题行为。

4. 父亲外出打工时子女的年龄

本次调查的青少年中，45.3%青少年的父亲外出打工，其中，15.5%的父亲在孩子不满3岁前外出打工，8.6%的父亲在孩子3~6岁时外出打工。

父亲外出打工时，青少年的年龄越小，他们的违纪行为和攻击行为越多；反之，越少。

5. 家庭经济水平

超过一半的青少年认为自己的家庭经济状况在当地处于中等以下水平，6.9%的青少年认为自己的家庭经济很困难。

家庭经济水平越高，青少年的心理健康状况越好，抑郁问题也更少。

（三）西部贫困地区青少年与其他青少年心理健康状况的比较

1. 心理健康状况与其他青少年的比较

与城市青少年相比：本次调查的西部贫困地区中小学生的心理健康水平显著较低，主要表现在情绪体验、自我认识、人际交往和认知效能四方面；抑郁问题也更严重。

与普通农村地区青少年相比：心理健康水平显著低于普通农村生，主要表现在情绪体验和认知效能上。

与进城就读的农村青少年相比：本次调查的西部贫困地区中小学生的自我认识和人际交往能力优于比进城就读的农村生，但认知效能比后者要弱。

这样的结果提示，西部地区需要投入更大的力量增强当地青少年的教育水平和人口素质，提高心理健康水平，尤其是要着重提高认知效能，即日常认知功能和问题解决的能力。

2. 违纪行为比其他青少年严重

西部贫困地区青少年的违纪行为显著高于城市青少年、普通农村地区青少年、进城就读的农村青少年。尤其是小学生和男生。

3. 生理发育状况与其他青少年的比较

身高：就男生而言，本次调查的西部贫困地区青少年身高比同龄的全国其他地区青少年的平均身高矮6～10厘米，而女生的身高也比同龄的全国其他地区城乡青少年矮5～8厘米。

体重：就男生而言，本次调查的西部贫困地区青少年各年龄段男生（16岁以下）均比同龄的其他地区城乡青少年男生的体重低3～9公斤。而女生（16岁以下）的体重也比同龄的其他地区城乡青少年女生体重低3～5公斤。

第二性征：本次调查的西部贫困地区的女生月经初潮的时间比全国普通农村地区女生要晚。这一结果再次证明了西部贫困地区青少年的营养条件较为落后。

4. 恋爱与性态度与其他青少年的比较

西部贫困地区七成青少年认为大学之后可以开始恋爱；超过一半的青少年认为婚后适合开始性行为。

西部贫困地区近四成青少年报告对性的问题想得过多，男生比例高于女生。

与普通农村青少年相比，西部贫困地区青少年的恋爱态度比较积极。有更多的西部贫困地区青少年认为高中甚至更早就可以恋爱和可以有性行为，这两者的比例都远高于全国农村的平均水平。

（四）留守儿童与非留守儿童

1. 现状：超过三成的青少年父母双双外出打工

37.3%的青少年父母同时外出打工。

在这些家庭中，有30.5%的母亲和32.3%的父亲在孩子不满3岁以前就外出打工，18.1%的母亲和18.3%的父亲在孩子3～6岁时外出打工，51.4%的母亲和49.3%的父亲在孩子6岁以后外出打工。

这些家庭大多较为贫困，69.9%家庭经济状况在当地处于中等以下水平。

2. 不利影响

由亲属照顾的孩子受到的关切引导教育较少。留守儿童，多数由爷爷奶奶，或者姑姑阿姨等亲属代替完成父亲或者母亲对孩子的管教和监护义务。对比父母与其他替代监护人在教养方式上的区别发现，由母亲照顾的孩子更多被关注，更容易得到平等交流、参与家庭决策的机会，由亲属照顾的孩子受到的关切引导教育相对较少。

父亲外出打工时青少年的年龄越小，青少年的问题行为越多。

3. 并没有发现留守儿童与非留守儿童在心理健康、抑郁、问题行为等方面有不同

留守儿童和非留守儿童在心理健康水平差异不显著。

与2008年全国青少年心理健康调查中进城就读的农村青少年相比，进城就读的农村青少年学习能力较强，违纪行为较少，但西部贫困地区青少年在自我认识和人际交往能力上反而更好。这一点提示，让留守儿童变成流动儿童可能并非是最佳解决方案。

留守儿童拥有的保护性因素：①原有社会支持系统的帮助，如关系紧密的亲属的照料、同伴、朋友；②家庭经济条件的客观改善；③熟悉的生长环境，同伴之间相似的家庭背景，无需过早应对与城市的融合。这些因素均可能有利于他们的成长，对他们的心理健康有保护性作用，在今后工作中，可以针对这些因素做更细致的调查和分析。

父母是否外出打工并非是影响青少年心理健康的决定性因素，需要结合父母外出打工时子女的年龄、父母与子女的联系频率、与替代监护人的关系等其他条件共同考虑。

（五）住校生与非住校生

在本次调查的有效问卷中，63.5%的青少年住校，36.4%青少年不住校。通过比较住校生和非住校生在心理健康、问题行为、应对方式、恋爱与性和生理发育等情况，发现与非住校生相比，住校生在诸多方面存在较突出的问题。

1. 小学和初中住校生的人际交往能力比非住校生差

远离家人的照顾，会让住校生萌生更多的孤独感；另外，由于要与几个舍友分享居住的环境和资源，对于他们的人际交往能力可能是一个挑战，尤其对于年龄小的孩子（高中以下）来说更是如此。

2. 住校生的恋爱态度更积极，对性的问题想得更多

住校生估计的同学中恋爱比例（21.3%）显著高于非住校生（14.2%）；住校生对性的问题也想得更多。

3. 住校生的身高比走读生矮

从年龄差异来看，住校生的平均年龄比走读生要大0.68岁，青少年的身高和年龄的关系密切，理论上讲住校生的身高应该更高，但结果却相反。从调查结果来看，住校生的平均身高为149±11.38厘米，走读生的平均身高为150.62±11.58厘米，住校生比走读生要矮将近2厘米。整体上西部贫困地区青少年的身高普遍比全国其他地区要低。这样的结果，进一步反映出西部贫困地区的住校生的营养条件亟待提高。

4. 住校管理并未能减少青少年的问题行为

在小学和初中阶段，利用住校的方式对青少年进行集中管理，并不能减少青少年的问题行为，住校生与非住校生问题行为差异不显著。高中阶段的非住校生有更多的攻击行为。

（六）2010年西部贫困地区教师心理健康状况

1. 心理健康和抑郁的总体情况

14%～15%西部贫困地区教师心理健康状况偏低，可能有轻度心理问题。2%～3%心理健康状况明显低于正常人，可能具有中度到重度的心理问题。主要的心理健康问题表现为：

负面性情绪普遍。24.5%的教师有较为明显的抑郁问题，这是一个相当高的比例。表明目前这一教师群体的心理健康状况，尤其是情绪问题亟须得到关注。生活压力可能是造成这些情绪的原因之一，有26.4%的教师感到生活困难重重。

人际交往不佳，主要表现社交退缩和情感表达困难。

适应能力偏低，对困难、挫折缺乏积极的态度和应对措施。

从群体上来看，教师心理健康的差异主要表现在性别、年龄和学历上。

女教师的自我认识维度得分和认知效能得分均显著低于男教师。

30岁以下的年轻教师心理健康总分和各维度得分均比其他年龄段低。

高学历教师的心理健康水平相对较低。

2. 教师效能感结果摘要

城区学校的教师效能感水平高于农村学校。

重点学校的教师效能感高于普通学校。

3. 生活满意度结果摘要

男教师的生活满意度比女教师低。

农村教师的生活满意度较低。

三 对策建议

（一）针对青少年

（1）以培养学习兴趣和提高学习能力为教育目标，提高当地青少年的认知效能。

（2）推广农村地区的学前教育，加强小学生行为标准的培养。

（3）推迟住校年级，配备生活老师，重视对住校生日常生活的管理和心理关注。

（4）确保女童义务教育就读率。

（5）加大教育投资，成立专项基金用以增强住校生身体素质。

（6）在本次调查结果的基础上，进一步分析可能影响留守儿童的因素。

（二）针对教师

（1）重视对年轻教师、高学历教师的心理关怀。

（2）加强对女教师的提拔和培养。

（3）通过合作培训和引进人才的方式提高农村教师的教师效能感。

A Survey Report on the Mental Health of Students and Teachers of Primary and Secondary Schools in the Poor Areas in Western China

Our Free Sky (*OFS*)

Abstract: The findings of the survey suggest that in poor areas of western China

nearly 13% of students and teachers in primary and secondary schools have low level of mental health, 17.6% of adolescents and 24.5% of teachers feel depression, and 8.4% of young people have thought about suicide. It is recommended to strengthen the intervention and counseling of mental health for students and teachers of primary and secondary schools in poor areas of western, to promote their physical and mental health.

Key Words: Western poor areas; Mental health; Left-behind children; Teachers

B.15
河南省邓州市中小学大班额现状调查

滕蔓 梁鸿*

摘　要： 本调查发现，河南省邓州市大班额现象十分严重，在我国内地中部地区具有一定的代表性。邓州市中小学 70～80 人的班额非常普遍，还有 100 人以上的“极大班额”，其中有一所重点小学的平均班额达到 133 人。导致超大班额的主要原因是县镇人口的快速增长，家长的择校动机日益强烈，城乡教育差距日益拉大，而深层次的原因则是城市化进程中农村教育的日益凋敝。

关键词： 义务教育　大班额　农村教育　教育均衡

邓州市地处河南西南部，辖 28 个乡镇（街、区）、592 个行政村，172 万人；共有小学 569 所，初中 73 所。2011 年 7～11 月，课题组采取分层随机抽样的方法，对河南省邓州市花洲街道、穰东镇、十林镇、张村镇 13 所初中、20 所小学、2 所九年一贯制公办寄宿学校共 35 所学校的班额状况进行了实地考察，其中县镇学校 26 所、农村学校 9 所。访谈对象共有 311 人，其中教育行政官员及校长 41 人、教师 49 人、学生 121 人、学生家长 100 人。

一　邓州市义务教育阶段大班额现状

按照河南省颁合格学校建设的标准，小学的正常班额为每班 45 人，初中每班 50 人。小学 46～55 人为偏大班额，56～65 人为大班额，66 人以上为超大班额。但事实上，邓州市中小学 70～80 人的班额非常普遍，还有 100 人以上的“极大班额”。调查发现，一所重点小学的平均班额竟达到 133 人。

---

* 滕蔓，中华女子学院社会学专业学生；梁鸿，中国青年政治学院中文系副教授。

据调查，邓州市小学的大班额现象主要集中在县镇，超过正常班额的班级占县镇所有班级的 63. 3%，其中，偏大班额占 22. 9%，大班额的班级占 25. 6%，超大班额占 14. 8%；农村学校所占比例非常低，为 1. 1%（见图 1、表 1）。据调查，小学的大班额现象 60% 出现在县镇的中心小学或重点小学。

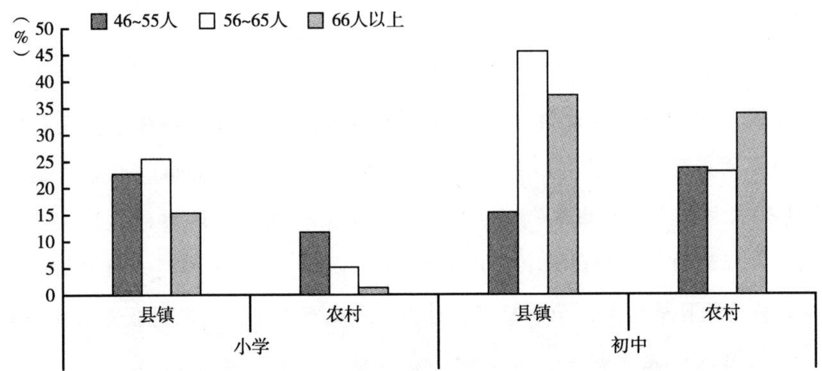

图 1　邓州市义务教育阶段超大班额分布情况

表 1　邓州市县镇义务教育阶段学校学生情况

项　　目	小学	初中	合计
学生总数(人)	27163	34016	61179
平均班额(人)	53. 8	64. 5	57. 9
超额人数(人)	8. 8	14. 5	—
班级数(个)	507	527	1034
超额班级数(个)	321	436	757
超额班数比例(%)	63. 3	82. 7	73. 2

资料来源：《2010 年河南省邓州市教育统计年鉴》。

初中则无论县镇还是农村，大班额的班级都不在少数。县镇超过正常班额的班级占 82. 7%，其中大班额占 45. 3%，超大班额占 37. 4%。农村超过正常班额的班级占 56. 38%，其中大班额占 22. 7%，超大班额占 33. 7%。在农村学校出现如此高比例的大班额现象还是比较少见的。初中的大班额现象则有 95% 存在于县镇的中心校或重点初中。农村初中数量较少是造成这一现象的重要原因。邓州市的 28 个乡镇，共有县镇初中 27 所，而 592 个行政村，拥有的初中只有 30 所。

“大班大校”现象在城区尤为突出。邓州市城区共有 15 所小学，6 所初中。笔者通过实地调查，了解到其中 9 所小学和 6 所初中的情况。

9 所城区小学都存在严重的超额现象。除了位于市郊的花洲十三小平均班额为 69 人，其他小学的平均班额都在 90 人以上，大大超过 45 人的班额标准。重点学校花洲五小是一所超大规模学校，学生总数达 3192 人，平均班额高达 133 人，超过规定 88 人（见表 2）。在这些学校，3 人一张桌、5 人两张桌的情况十分常见。访谈中有学生说：“上课都是侧着身子上课，夏天太热了，就自己缩小点，不挨着别人，成天弄得脖子疼。”老师们对此也非常头疼，因为难以顾及到所有学生。许多老师采取将学生分成小组，让学生自我管理的办法。

表 2　邓州市城区 9 所小学班级情况

单位：个，人

学校	班级数	学生总数	平均班额	校额超标	班额超标
花洲二小	12	约 1230	102	690	57
花洲三小	30	4500	116	3150	71
花洲五小	24	3192	133	2112	88
花洲七小	6	780	130	510	85
花洲八小	12	1200	100	660	55
花洲九小	12	1296	108	756	63
花洲十一小	18	2268	126	1458	81
花洲十二小	6	700	69	430	24
花洲十五小	12	1100	91	560	46

城区初中的大班额情况也非常严重，除了城郊的第六初中平均班额为 58 人，寄宿制学校第二初中的平均班额为 77 人，其他 4 所初中的平均班额均在 100 人以上，其中市重点初中第一初中和第三初中的平均班额更是达到了 125 人。有的学校师生比例甚至高达 1∶60，教师资源匮乏，无法保证教育质量。

二　形成大班额现象的主要原因

（一）县镇人口快速增长，教育发展滞后

由于大量跟随父母进城定居的农村儿童进入县镇学校上学，邓州市县镇人口

迅速增长，传统的城乡学校就读格局已经被彻底打破，而县镇教育的发展速度赶不上人口增长速度，学生数量超出了学校承受能力。

目前，全市义务教育阶段学校在校生共61179人，其中小学27163人，初中34016人。如按正常班额标准，邓州市现有学校容量小学为22815人、初中为26350人，小学的缺口为4348人，初中缺口为7666人，这是出现大班额现象的基本原因。如按照班额标准，这意味着需要新建小学班级97个、新建初中班级151个。

（二）家长的择校动机日益强烈

许多家长以“升学率”作为衡量学校教学质量的主要标准，只要该学校的升学率高，就被认为是好学校。同时，认为学生在学校的时间多、作业多就意味着学校管得严、教学质量好。许多家长盲目地认为“一小”、“一初中”就是重点学校，托关系将孩子送到这些学校来上学，致使这些学校大班额现象十分严重。

随着外出务工人口的增多以及人们对教育的日益重视，一些农村家长不放心将孩子留给老人，开始将年幼的孩子托付给城区的全托型辅导班，使得原本只能在农村上学的孩子得以在城区小学或初中上学。城区的辅导班办得十分红火，据一位老师说该校有将近30%的学生都食宿在辅导班。一些辅导班的规模甚至可比一个小型学校，有100多名学生。这一做法虽然为务工家长减少许多麻烦，但在很大程度上使得孩子在较小的年纪就不得不远离家人的呵护，同时在一定程度上降低了孩子受到良好家庭教育的可能性，有可能会造成孩子闭塞、孤僻的性格。一般来说，学生的学习成绩也并不十分优异，没有达到家长所期待的提高孩子学习成绩的目的。

一些做生意的或者外出打工的父母，由于没有时间照顾孩子饮食起居，为了减少接送的麻烦，会把孩子送到全寄宿制学校，导致寄宿学校班级人数增多。

（三）择校竞争加剧了城乡学校的差距

在邓州市城区，小学与初中的招生政策都是按片区招生。为了保证学生数的均衡，政府划定了各个小学与初中的生源范围。然而，生源范围的划定却存在不合理性，甚至无据可考，种种的走后门、做假证现象便应运而生。与此同时，由

于没有坚决有效的监管措施去保证各学校按照政策进行招生，同时没有很好的措施去防范假证现象，使得邓州市划片区入学政策无法得以有效实施，越来越多的农村学生以这样的方式流入县镇学校。

调查发现，那些“重点”初中采取考试方式对学生进行选拔，本辖区内未通过的学生被要求继续读小学6年级，非辖区内学生未通过考试的被要求回到其所在辖区入学。通过选拔考试，使得优质学校与普通学校间的差距越来越大，导致教育发展不平衡。

寄宿制学校跨学区招收优秀学生，致使大班额现象在这些寄宿制学校也十分常见。寄宿制学校每学期可收取1800多元的寄宿费，因而资金更为充裕。每到招生季节，多所寄宿制学校会派校车去别的县镇拉学生，遇到优秀的学生更是不惜一切代价，免住宿费、补贴生活费等方式，将这些学生吸引到其学校中去。越来越多的农村孩子来到这些寄宿制学校，加剧了这些学校的大班额现象。笔者调查发现，学生宿舍有的床位住两名学生，学生抱怨休息不好。还有的学生反映班里人多，感觉乱糟糟的，不能安心上课。

（四）城乡学校的教育质量差距日益拉大

调查发现，邓州市城乡教育的不平衡发展，不完全是政府对城乡教育投入有所倾斜造成的；生源和教师的差别成为导致城乡学校教育差距的主要原因。

在邓州市农村，青壮年外出打工的比例非常高，有的村高达80%，这些打工者的子女要么随父母一起流动，要么留给家中老人照看，而老人往往难以帮助、指导孩子学习。而县镇中青壮年外出打工的比例相对较低，父母受教育的水平相对于农村的较高，对教育的重视程度也较高，因而对子女教育方面的付出相对于农村的父母来说较多。在访谈中，一些县镇的家长表示每天都会辅导孩子学习，监督孩子完成作业。家庭教育的反差，造成城乡学生各方面素质的差异，这又会直接对学校的教学成果、教学评比产生影响。因此，县镇教育水平高于农村教育水平在某种程度上与学生所接受的家庭教育有关。

被分配到农村教学的教师，从一开始就有一种被剥夺感、失落感。在访谈中，有农村教师说道：“现在农村老师算是社会最底层的人，工资低不说，还没人尊重你。要是咱有个别的去处，一定不在这儿当老师。”而学生家长对农村教师的评价也不高。有学生家长说道：“农村教师就是不负责，过一天是一天，只

想把娃儿们圈起来，念念课本，这一天就算过去了。考试也是老师自己出出题，然后把答案抄到黑板上，娃儿们一抄就算考试结束了。”

由于农村学校学生少，开设年级多，农村教师经常一人兼多课，处于超负荷的疲劳状态，这也消减着农村教师的工作热情。例如笔者走访的何营小学，该校有3个年级，共有学生45人，教师4名。如果每个年级开全小学的语文、数学、品德、科学等课程，就意味着每个教师必须承担多门学科的教学任务，有的教师一天要上6门课，工作量非常大。

教师的积极性在很大程度上与教师评比相关。由于农村学校的学生数量少，学生素质相对较低，农村教师在教师评比中不占优势，一位村小的校长说："心里最觉得委屈的就是，无论怎么努力，在评比上永远比不过县里的学校。本来县里娃儿们素质就比咱们这边好，它又择优录取。教育的事儿，光凭我们老师也是不够的，学生不努力，家里也没人管，你老师使多大劲也没用。现在农村教师越干越没劲，也干不出啥成绩来。”

工资水平也是影响农村教师积极性的原因之一。虽说农村教师的基本工资与县镇教师差距不大，但由于在教师评比中不占优势，很难取得额外的奖金，农村教师的实际收入低于县镇教师。在访谈中，一位农村教师说："像我1996年上班的，工资现在就1600多，工资涨不起来。”有农村教师告诉笔者："有些经济比较发达的地方，教师休闲时间可以干个别的。你像这在农村能干个啥？也有些个别年轻的，利用星期天去建筑工地干苦力。”因此，许多农村教师对教学都采取敷衍的态度，家长与学生都看在眼里，致使学生进一步流向县镇，造成县镇的大班额与农村的“空校”现象。

三　农村教育凋敝的深层原因

笔者在调查中深刻地感受到，近年来在我国城市化的进程中，由于城乡差距加大，越来越多的农村人对土地的眷恋、对乡村的传统感情逐渐下降。村里的青壮年要么选择外出打工，寄居于城市中，要么选择在县镇买房，成家立业。在他们心里农村就是落后，农村的生活就是枯燥无味，对农村没有认同感与归属感，抛弃甚至是厌恶农村，只留下孩子与老人。农村成为他们一个歇脚的驿站，每年只在夏收、秋收和过年的时候才会回去待几天。

与此相伴的现实是越来越多的村庄失去活力与生机，村庄正在衰老，甚至走向死亡。正是这种农村被抛弃的现实，使得农村人对自我身份不再认同，他们将孩子送入县镇上学，就是期望县镇的教育可以帮助孩子摆脱农民的身份。

在农村成长的孩子，从小被灌输“农村代表着落后”的观念，许多农村家长常常告诉孩子：“你要好好学习，以后去城里生活，别跟我们一样这么没出息，就会在家里种个地。”笔者在石堰小学给孩子们讲课的时候，孩子问道：“城里的学校有滑梯吗?”“城里是不是有好多小轿车?”还有的孩子说：“要好好学习，考到县里去上学，以后在城里过好的生活。”这些孩子的愿望是非常天真的，但也反映出农村生活与城镇生活的严重反差，深化了这些孩子内心对农村的不认可，以及他们对生活在农村的自卑感。

此外，越来越多的年轻教师也不愿意回到农村教书。这些教师虽然有的可能生在农村，长在农村，但是多年在外学习、生活，让他们不愿意再回到农村。在访谈中，一个偏远小学的校长自嘲道：“现在要是有年轻老师下来教书，要么是品德非常高尚的，要么就是脑子有病。”这也说明了整个社会对农村生活的抛弃，无论是家长、学生，还是教师，只要有机会离开农村，就不想再重新回去。

所以笔者以为，造成邓州市大班额的深层原因在于乡镇间的巨大差异，是整个社会对城镇的倾斜，社会大环境对农村生活的摒弃。不仅居住在城镇的人对于农村人有一种优越感，在农村生活的人也自认为不如城镇人，有很强的自卑感。正是这种强烈的自卑感驱使农村人，包括家长、学生、教师越来越多地流入县镇。因此，我们需要深思，农村还需要教育吗?农村教育的出路究竟在哪里?

A Survey of Current Conditions of Large-number Classes in the Primary and Secondary Schools in Dengzhou City, Henan Province

Teng Man　Liang Hong

Abstract: The survey has found that there are very serious problems of large-number classes in Dengzhou city Henan province. That phenomenon is representative in

central regions of China. In the primary and secondary schools of Dengzhou city, class size of 70 −80 students is very common, even existing "great class size" with more than 100 students, and the average class sizes of a key primary school is up to 133 students. Such phenomenon of large class sizes is mainly due to the rapid growth of population in counties and towns, increasingly strong motivation for school choice of parents, and the widening gap between urban and rural schools. The deeper reason is depressed rural education.

Key Words: Compulsory education; Large-number class; Rural education; Balance of education

教育新观察

New Observations in Education

B.16 北京市“小升初”择校热调查

21 世纪教育研究院课题组*

摘　要：本调查显示了北京市“小升初”的政策演变及各种乱象，深入分析了择校背后的原因，据此提出了治理择校的政策建议。北京“小升初”乱象能否得到有效治理，关键在于政府是否有决心、有魄力，严格依法行政、依法治教。我们提出“规范办学行为、调整‘小升初’政策、缩小学校差距、改革办学体制、社会监督、教育问责”，“六管齐下”的治理思路。

关键词：小升初　择校　政策建议

2011 年 3 月，北京市发布了《北京市中长期教育改革与发展规划纲要》，提

* 本文节选自 21 世纪教育研究院同名课题研究报告。课题组负责人为杨东平，21 世纪教育研究院院长、北京理工大学教授；核心成员为杨旻，北京工商大学教师；刘靖，日本名古屋大学在读博士；肖翀，21 世纪教育研究院研究人员；王帅，北京理工大学在读博士；张苏阳，北京理工大学在读博士；周娟，北京师范大学在读硕士；薛文俊，21 世纪教育研究院研究人员；李新玲，《中国青年报》记者；杜珂，《中国改革》记者；樊未晨，《中国青年报》记者。

出“到2020年实现教育现代化，建成公平、优质、创新、开放的首都教育和先进的学习型城市”的目标。同时，教育部与北京市政府签订了《义务教育均衡发展备忘录》，承诺到2015年明显缓解义务教育择校现象，基本实现义务教育均衡发展。2011年7月，北京市与所属16区县正式签订了区县推进义务教育均衡发展责任书，落实区县推进义务教育均衡发展的主要责任。

与此同时，一年一度的“小升初”大战如火如荼，众多家长和学生为获得名校的教育机会全家总动员，夜以继日，忧心如焚。持续多年的择校热、考证热、奥数热，巨额的择校费、沉重的学业负担，成为北京市基础教育久治不愈的痼疾，也是公众反映最为强烈的社会问题。

2011年4~8月，21世纪教育研究院通过与中小学校校长、教师、学生家长、教育行政领导、媒体的合作参与，开展深度访谈、调查研究、理论研讨，以及网上线下的问卷调查，撰写本研究报告，试图对此作出一些揭示和回答。同时，就治理“小升初”择校竞争提出具体的政策建议，供公众讨论和北京市主管部门参考。

一　北京市“小升初”政策的演变

回顾从1993年到2011年间北京市“小升初”政策的演变可见，在这十几年间，北京市的“小升初”政策从《义务教育法》的立场逐渐退步，免试就近入学的原则被逐渐模糊。隐性和变相的考试已经压倒了免试入学，以权择校、以钱择校、以优择校成为正式制度。北京“小升初”政策的发展和演变可大略分成以下四个阶段。

（一）统一与特殊的并生（1993~1997年）

从1993年到1997年，北京市“小升初”政策的最大特点，是以减轻学生负担为目的，取消统一的小学毕业考试，强调各种竞赛成绩与升学脱钩，以及逐步缩小择优比例，最终实现免试就近入学的目标。同时，开放了择校的口子，但是政府严格控制择校的比例。可以说，统一与特殊并存的“小升初”政策初露端倪。

（二）特殊性和多样性的扩大（1998～2002年）

伴随中小学办学体制改革，出现了公办初中招收“择校生”，高额收取“择校费”，写条子“择校”，一些民办学校与公立学校（尤其是一些所谓的名校）合作招生形成“校中校”等破坏教育公平和免试就近入学的现象。由于高中实行“三限”的择校政策，初中“改制学校”允许择校，公办学校“以钱择校”得以合法化，渠道洞开。此举既在一定程度上满足了公众的选择性需求，同时极大地释放、刺激了家长的择校需求，大规模的择校竞争由此开始。

（三）政策软性和螺旋式循环（2003～2007年）

从2003年到2007年，北京市“小升初”逐渐形成包括划片就近入学、回户口所在地入学、进入寄宿校（班）、特色实验学校（班）入学、进入办学体制改革试点校和民办学校、特长生入学、特殊教育入学、企事业子弟学校入学、共建生入学以及流动人口子女入学等十余种方式。其中，特长生的比例为3%左右，比2001年的1%以内有所提高。

（四）放权与不公平的延展（2008～2011年）

为贯彻义务教育管理“以县为主”的规定，北京市“小升初”政策制定和实施权下放到了区县，加剧了“小升初”政策的复杂化。虽然北京市教委出台的政策只有就近入学和特长生两种基本方式，但各个城区出台了多种入学方式。以2010年北京市8个城区“小升初”入学方式为例，可分为十多种（见表1）。

随着择校途径的增多，参与电脑派位的人群日益减少，已经从起初的80%以上，降至不足50%。

二　北京市“小升初”择校乱象

（一）几种主要的“小升初”渠道

1. “占坑班”

“占坑班”起源于1998年，由于当时“小升初”由统一考试改为“电脑派

表1　2010年北京市8城区“小升初”入学方式一览

入学方式	东城区	西城区	海淀区	崇文区	宣武区	朝阳区	丰台区（2011）	石景山区
1. 计算机派位	●	●	●			●	●	
2. 对口入学				●	●		●	●
3. 推荐生	●	●	●	●		●	●	●
4. 特长生	●	●	●	●	●	●	●	●
5. 寄宿学校	●	●	●	●	●	●	●	●
6. 民办学校	●	●	●			●	●	●
7. 特色学校	●	●		●	●			●
8. 双向选择		●			●		●	
9. 共建生	●	●	●	●	●	●	●	●
10. 企事业举办学校子弟入学		●	●					●
11. 直升	●	●	●		●		●	
12. 回户口所在地	●	●	●	●	●	●	●	●
13. 外地来京借读	●	●		●	●	●	●	●
14. 特殊教育	●	●				●		●
15. 人工调剂分配					●			

资料来源：根据2010年北京市8城区“小升初”入学政策总结而成，其中部分数据参照北京小升初网站。丰台区教委网上信息没有说明具体入学方式，参照2011年4月底在一个家长会上所得信息总结而成。

位”。一些家长不愿意孩子进入薄弱学校就读，而重点学校为争优秀生源也不愿意接收“电脑派位生”，于是出现以“奥数”培训为主的培训学校充当起替重点中学选拔学生的功能。目前，各个名校都有自己对口的培训学校，是为“占坑班”。

“占坑班”已经形成服务于北京市“小升初”的庞大市场，被家长们分成了“金坑”、“银坑”、“土坑”和“粪坑”等不同类型。所谓“金坑”，是与最顶尖的中学关联性最大的培训班，不上该培训班就不可能通过“点招”被录取。“银坑”学校的知名度、录取力度次之。为了扩大被重点中学录取的几率，往往要让孩子同时占好几个坑。很多学生从小学三年级起就经考试进入培训学校，此后数年，不断考试、筛选、排位，只有在六年级时排名最前的一部分学生才能进入重点中学。为了不被淘汰，小学生往往需要参加更多的培训班。激

烈的考试竞争、沉重的学习压力、高额的培训费用使得学生和家长苦不堪言。据估算，多数学生的课外培训费用达年3万~5万元，多的达6万~8万元。从三年级进入“坑班”至六年级，一些家长四年的实际花费可达10万元甚至十几万元。90%以上访谈的家长们认为“占坑班”是北京市“小升初”的“头号天敌”。

从“占坑班”的“点招”规模来看，全市点招人数1700~1800人。以海淀区为例，2010年海淀区的七大名校对应的“坑班”有106个，按每班50人计，总人数达5000多人，在“占坑班”学习的总人次约55000。“点招”人数共计560人，约10%。这就是说，约90%的孩子在投入了大量的时间和金钱之后，并不能如愿。2010年北京市部分重点中学“坑班”和“点招”人数的具体情况见表2。

表2　2010年北京市部分重点中学“坑班”和“点招”人数

学校名称	参考人数	“坑班”人数	“点招”人数
人大附中(含早培班、本部、分校)	≈6000	≈1000	≈330
清华附中(含清华实验学校)	≈1600	≈1000	≈200
北师大附属实验中学	≈3000	≈1500	≈160~200
首师大附中	≈1500	≈600	≈80
101中学	≈1800	≈750	≈100
北京八中	≈1200	≈550	≈150

资料来源：调查所得，部分数据来自金恒瑞老师博客。

2. 推优

推优又叫做推荐派位，是各区县确认的重大入学政策，类似于保送制度，各区县推优生的标准大同小异。“小升初”推优一般是在一定学区内进行的，但部分重点中学不受学区约束，可在全区范围内招收推优学生，使得部分学生能够跨学区、跨区县择校。近年来各区县“小升初”政策都在扩大推优的比例，如东城区推优比例由2010年的15%上升为2011年的20%，西城区为30%，海淀区为13%。

按规定，推优未能完成的名额由电脑派位来补充，但实际并非如此。据知情人透露，东城区、西城区、海淀区推优名额中约30%是被“占坑”、“点招”等择校形式占据的。

3. 特长生

特长生是北京市“小升初”最“名正言顺”的择校渠道。特长生包括体育特长、艺术特长、科技特长三类。2011 年，海淀区特长生招生计划共计 2147 人，占总数 1.9 万人的 11%。[①] 2011 年，西城区特长生招生计划共计 916 人，约占总数 8000 人的 12%。[②] 2011 年，东城区南北两片通过特长生方式入学的学生约占学生总数的 10%。[③]

各区都规定了数十种特长生的标准，让人看得眼花缭乱。这一政策掀起了家长为升学而“造就”特长的风气。为了获得这些证书，许多学生从三四岁就开始进行各类的训练，不断参加各种比赛。特长生测试时，通常某个学校只招 20 人，报名者却高达数百人，极低的录取率挫伤了学生的自信心和对艺术、体育本身的兴趣，有违少年儿童个性发展的正常规律。

4. 共建生

“共建”是具有北京特色的“小升初”政策，国家机关、大型企事业单位与重点学校通过“合作共建”，满足本部门职工子女享受“优质教育资源”的需求，是典型的“以权择校”。由于共建生的隐秘性很强，信息完全不透明。据了解，海淀区、西城区、东城区和朝阳区等均有“共建生”政策，但是招生比例从未对外公布过。据我们的走访和调查，以北京八中为例，共建生占录取学生比例的 17%。许多优质中学的共建单位多达十几个。

5. “条子生”

“条子生”也就是后门生，一些家长通过特殊社会关系，使自己的孩子获得重点学校的入学机会。“条子生”是“小升初”过程中最为不公平的入学方式，严重扰乱了义务教育的正常秩序。“条子生”大部分是由市、区领导直接安排的，各区每年都会在几所“重点学校”给“条子生”预留名额。“条子生”家长部分来自有影响的要害部门，如工商、税务、规划、纪检等；还有一些是国家机关的官员。据调查，重点学校的“条子生”一般占当年招生人数的 8% ~ 10%。

---

① 海淀区招生考试中心，http://www.hdks.gov.cn/chuzhongruxue/。

② 王晟：《全市小升初特长生今起测试》，2011 年 5 月 21 日《法制晚报》。

③ 李莉：《东城小升初扩大推优比例》，2011 年 4 月 25 日《北京晚报》。

6. 电脑派位

电脑派位通过学区划片、以电脑随机摇号的方法分配学位，是实现义务教育免试就近入学最基本的入学方式。从1998年开始，北京市取消了“小升初”的考试，进行“电脑派位”。经过大约三年的“蜜月期”后，电脑派位的效果受到了质疑。由于学校差距过大，又广开各种择校渠道，许多重点名校明确拒绝接收电脑派位生，致使这一政策日渐萎缩。

普通学校承担了大部分派位的学生，学校越好，派位的比例越小。2010年，北京市“小升初”的新政之一，是取消重点学校不接收电脑派位生的“特权”，并且强调“名校招收的派位生必须平均分班，不能单独编班”。但是北京市各区并没有公开这一比例，且海淀区人大附中仍不接收电脑派位生。据我们的调查和了解，2010年东城区二中分校、五中分校的派位生比例为6%，171中学和东直门中学为30%，55中和166中学的比例为50%。2011年，往年不收派位生的西城区7所名校首次招收10%左右的派位生。据各种数据估算，目前，通过大派位方式入学的学生比例，东城区约为44%、西城区约为33%、海淀约为40%，均不足半数。

（二）校外培训和奥数热

校外培训和奥数竞赛成为北京“小升初”政策的“衍生品”。名校“坑班”对奥数成绩的重视，推优生对某些竞赛的要求和认可、特长生对特长的认定等等，都使得校外培训市场红红火火，奥数杯赛屡禁不止。据2011年5月的抽样调查显示，小学三至六年级的学生中有87%的学生上过课外辅导班，其中四年级和五年级的学生中有92%的学生参加过各类辅导班。

（三）从择校到择班

在“小升初”揭晓后，即使“择”到了重点中学，家长和学生也不能松口气，转入入学分班考试的战场。初中名校都会提前举行分班考试，最早的在每年的7月10日左右，在开学之前就分出实验班和普通班，以便对尖子学生进行特殊培养。

表3是北京市几所重点学校2010年招收的班额和分班情况。以2010年清华附中为例，在初一14个班中，按照分数类型，分为1个优才班（最拔尖学生）、4个龙班、2个虎班、6个普通班，此外，还有1个艺术特长班。

表3　几所重点中学的招生班额及类型

单位：个

学校名称	初一招生班额	电脑派位	实验班	其他班型	普通班
人大附中	16	0	5	2个竞赛班	9
北京四中	8	3	0	0	5
北京十一学校	18	1	2	7个寄宿班	8
清华附中	14	0	7	1个特长班	7
北京101中学	10	1	0	1个特长班	8

资料来源：http：//www. xdf. cn/201103/722029. html。

初中名校举办考试和分班的做法，明确违背了《义务教育法》关于“不得将学校分为重点学校和非重点学校；学校不得分设重点班和非重点班”的规定，为培养一部分尖子生而牺牲了其他学生的合法权利。

（四）“小升初”恶性择校竞争的危害

1. “小升初”成为北京市民很不满意的教育问题

义务教育阶段的择校竞争在大城市具有共性，但情况仍有很大差别。据我们所做的2010年度我国35个主要城市公众教育满意度调查，关于中小学择校热的状况，公众认为“非常严重”、“比较严重”超过八成的城市，包括西安、武汉、沈阳、北京、南京、郑州、南昌、石家庄、银川、太原等。关于“小升初”教育机会平等状况的评价，北京市列倒数第二名，在直辖市中，不仅远远低于上海，也低于天津和重庆（见图1）。

2011年7～8月，21世纪教育研究院组织的“小升初”状况网络调查中，针对“您认为目前本市‘小升初’的情况是否严重”这一问题，62%的受访者表示“非常严重”，而北京的受访者认为“非常严重”的比例则高达85.3%，高于全国平均值。

2. 多元择校、考试入学颠覆义务教育价值

北京市“小升初”政策的循环、反复，彰显了政策实施的软弱性，其背后是政策价值的游移和模糊。“采取多种方式、提供扩大进入优质教育资源的机会”的多元化择校政策，淡化了义务教育阶段免费教育的价值，架空了《义务教育法》确定的免试就近入学的原则。

一些早在1995年、1998年就被废止的入学方式和入学标准重新抬头，成为

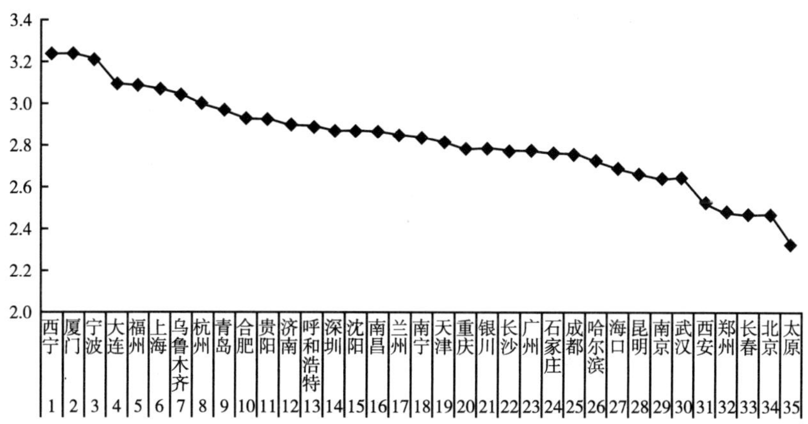

图 1　2010 年 35 个城市“小升初”入学机会平等状况的评价

资料来源：《中国教育发展报告（2011）》，社会科学文献出版社，2011。

正式政策，如保送/推荐生政策变身为“推优”的方式重新回归。各区县有关特长生的评价，将奥赛成绩和各种竞赛证书作为参考条件，也与北京市关于各种竞赛结果不得与学生升学挂钩的规定相悖。“五年级统测”，在很大程度上已经演变为提前进行的“选拔性小学毕业考试”，推优、特长生等方式所隐含的考试入学模式压倒了免试入学的原则。在政策之外的“占坑班”考试、实验班考试等更是屡屡挑战“免试”的底线。本应以改善促进教育公平为旨要的义务教育，蜕变为凝固和强化阶层差距的工具，损害了教育公平。

3. 严重影响学生身心健康

畸形的择校竞争，最大的受害者是小学生。课程多、教材深，作业量大、考试频繁，课外辅导、能力证书，孩子学习时间过长，甚至连双休日和寒暑假休息的权利也难以保障。北京市的调查显示，近一半的学生每天的睡眠时间在 7～8 小时之间，四分之一以上的学生少于 7 小时，从中学开始睡眠时间小于 7 小时的学生比例明显增加。① 2008 年，相关数据显示北京市学生视力不良检出率小学为 68.75%，初中 72.94%，高中 80.28%，视力下降从 9 岁开始明显增加，学生平均戴眼镜年龄为 11 岁。② 调查认为导致学生身体素质下降和肥胖检出率持续上升，其直接原因是学生升学压力过大、课业负担过重并缺乏体育锻炼。

① 摘自甘北林（北京市教委体美处处长）《在 2007 年北京市区县体育卫生工作会议上的讲话》。

② 中国学生体质与健康调研组：《2005 年中国学生体质与健康研究报告》，高等教育出版社，2008。

用“推优”、“特长”等方式的“选优入学”，与义务教育“为每一个学龄儿童提供平等的受教育机会”的理念背道而驰。这一做法人为地把学生分成三六九等，给学生“贴标签”，极易造成学生自我认知的混乱。由于“班干部”、“三好生”与推优资格直接挂钩，使得推荐和评选过程功利化，甚至出现拉选票、小帮派、诋毁对手、贿赂老师和学生等行为。

4. 扭曲学校行为，败坏教师职业道德

择校热与应试教育是互为支撑、水涨船高的连体怪胎。择校竞争必须增加区分度、不断下放和加深学科难度，使学科教育日益成为解题技巧和考试技能的严酷训练，将应试教育推向“竞技教育”的新阶段，奥数教育最为典型。

恶性的生源竞争和提前“掐尖”，强行将学校和学生分层，赋予义务教育学校本不应具有的选拔性、淘汰性。由于好生源就是升学率，“生源决定论”成为名校竞争的不二法门，“掐尖”成为重点学校的核心竞争力，从而严重扭曲了学校的办学行为，降低了学校的内在品质。

公办义务教育的经费理应由政府财政承担，将以钱择校合法化，助长了学校热衷于创收、唯利是图的行为，名校的教育腐败案件频发。据西城区检察院2011年6月公布的调研报告显示，教育系统的职务犯罪近几年呈上升趋势，多集中在中小学校长身上，利用负责招生的权力，私自招收编外学生，侵吞单位账外款。据海淀区检察院统计，从2006年至2010年10月底，共受理涉及中小学在职人员的举报线索32件32人，其中，涉及违法违纪的线索17件，涉及职务犯罪线索15件。据了解，举报线索主要发生在招生等领域，且被举报人多为“一把手”，校长、书记有11人，约占35%。①

5. 家庭教育功能的异化

为了让孩子能够进入“优质学校”，择校成为整个家庭人力、物力和各种社会关系的总动员。有权势的家长们通过各种途径递条子、拉拢与学校的关系，普通家长则不惜抛重金带着孩子奔波在“金坑”、“银坑”之间，不惜牺牲孩子的身心健康。全家人的生活都围绕着孩子的考试、获奖、评优，耳提面命地训诫孩子，误导他们形成分数至上、名校至上的功利主义价值观。家庭教育被绑架，家庭成为学校和培训班课堂的延伸，沦为应试教育的帮凶。

---

① 付中：《中小学腐败案逐年增多 某小学账外资金过亿》，2010年11月24日《法制晚报》。

三　北京市“小升初”择校热的原因分析

导致北京市“小升初”乱象的原因是多方面的。社会经济文化的发展和社会转型、精英主义和名校情结的价值观，北京市特殊的社会结构等，形成公众对优质教育和名校的强大需求。这一刚性需求与义务教育阶段巨大的校际差距，形成家长不得不择校的倒逼机制。名校竞争导致的不断提前掐尖、校外培训市场推波助澜，造成社会性的恐慌情绪和秩序混乱。

在“小升初”择校竞争中，政府、学校—市场、家长和学生是三个主要的利益相关方。一方面主张义务教育均衡发展的国家意志、法律规定非常明确，另一方面市场推动和家长的择校需求十分强劲；在这一过程中，真正软弱被动的是政府管理，出现了在公共管理领域的“政府失灵”现象。

需要认识的是，在“小升初”择校热中已经形成稳固的、明确的利益格局、权力寻租和利益交换。政府在很大程度上是在维护重点学校和特殊利益集团的利益，造就居高不下的择校收费市场并分享收费；重点学校则与培训机构结盟，规避风险，制造课外培训的巨大商机并分享利润。

在“小升初”择校过程中，尽管存在家长的盲目性、非理性、从众心埋和虚荣心，但在教育市场中家长是信息严重不对称、受制于重点学校的被动者和弱者。教育培训机构为经济利益驱使而推波助澜，是一种无可厚非的市场行为。重点学校是政府举办的，其行为理应受到政府监管；“小升初”政策也是由政府制定和实施的。本次21世纪教育研究院与新浪教育联合进行的网络调查显示，公众的认识非常明确：造成“小升初”乱象的主要责任不是学校和校长、不是培训机构、更不是学生和家长，而是政府治理。九成网友认为政府是义务教育发展不均衡和择校热的主要问责对象。

四　治理北京市“小升初”择校竞争的政策建议

北京“小升初”乱象能否得到有效治理，关键在于政府是否有决心、有魄力，严格依法行政、依法治教。公众认为治理“小升初”择校热需要多项措施合力解决（见表4）。2011年6月《中国青年报》社会调查中心与搜狐新闻中心进行的调查结果相似，91.6%的人认为义务教育阶段必须消除校际差别，才能杜绝“考爹”、“择校”的怪现象。①

表4　公众对治理“小升初”问题的各项措施的选择

单位：%

排序	措　施	比例
1	均衡教育资源,有效缩小学校差距	79.8
2	全面公开的阳光录取招生程序	42.5
3	恢复“小升初”统一考试	40.2
4	实施校长、教师交换流动政策	37.3
5	严格定义就近入学的原则,并且严格履行此原则	36.0
6	取消义务教育阶段收取“捐资助学费”的政策	31.2
7	规范培训市场,禁止培训机构与“重点学校”勾结	30.7
8	调整学区划片,扩大优质学校招收片内生的比例	23.6
9	禁止优质高中举办初中,重点高中与初中脱钩	23.0
10	逐步取消共建生、条子生	21.5
11	加大推优入学的比例	9.5
12	加大特长生入学的比例	6.3

治理北京市“小升初”择校热、促进义务教育均衡发展的举措，需要标本兼治，疏导结合，多管齐下，既要旗帜鲜明，态度坚决，目标明确，规范行为；又需要从当前学校存在巨大差距的现实出发，有一个渐进的过程，分步骤实行，防止因条件不具备强制推行而造成的反复，将政策改善建立在理性、建设性的基础上。

为此，我们提出“规范办学行为、调整‘小升初’政策、缩小学校差距、改革办学体制、社会监督、教育问责”，“六管齐下”的治理思路。其中，规范办学行为和调整“小升初”政策，是维护义务教育正常秩序的政府行为；缩小学校差距和改革办学体制是釜底抽薪的治本的措施；而建立社会参与、监督的机制和教育问责制度，则是重要的保障措施，也是重要的制度创新。

——规范办学行为，维护义务教育的基本秩序，需要严格执行国家、教育部和北京市关于促进义务教育均衡发展的各项法律法规、政策规定和有关禁令，做到依法行政、依法治教、令行禁止，规范政府的教育行为和学校的办学行为。

① 肖舒楠、蒙茜：《91.6%的人认为消除校际差别才能杜绝“考爹”和“择校”》，2011年6月21日《中国青年报》。

——“小升初”入学制度改革的基本方向，是整顿和改变以钱择校、以权择校和以优择校的方式，坚持免试、就近入学的规定，取消“占坑班”、共建生、“条子生”、推优生、特长生。

——取消重点学校，切实缩小学校差距，其基本措施是取消小学和初中变相的重点学校，改革中考制度，实行示范性高中名额下放；实施校长、教师流动制度，学校合理布局均衡配置资源。

——改革办学体制，促进学校的多样化和特色发展，还需要有采取满足多元利益和多元需求的制度设计，实现政府、市场、学生和家长三者之间利益的平衡，更新和重建政府与公办学校的关系。

——有效地治理“小升初”择校热，需要公众参与和社会监督，建立在市场条件下政府、社会组织、市场、公民个人参与的新的教育公共治理机制，通过多元主体参与、对话、谈判、协商等集体选择行动，共同参与公共教育事务管理，从而形成以学生发展为本、面向学校实际、积极回应内外环境变化、促使教育健康发展的新型公共教育服务体系。

——建立对政府的评价、考核和问责制度。北京市和各区的人大、政协应当切实担负检查、督促和评价地方政府教育行为的职能。

建议北京市实施“三年行动计划”，以2015年实现均衡发展为目标，确立和分解各项措施，确立路线图和时间表，分期实现各项目标，如表5所示。

表5　以2015年实现均衡发展为目标的“三年行动计划”

措施	2011年	2012年	2013年	2014年	2015年
1　取消赞助费、择校费	▲	★			
2　取消“占坑班”	▲	●	★		
3　调整划片，扩大就近入学	▲	●	★		
4　取消共建生、“条子生”、推优生	▲	●	★		
5　取消初中阶段的重点学校	▲	●	●	●	★
6　实行示范性高中名额下放	▲	●	●	●	★
7　实施教师流动制度	▲	●	●	●	★
8　学校合理布局均衡配置资源	●	●	●	●	★
9　促进办学体制多样化的改革	●	●	●	●	●
10　加强社会监督，实行教育问责	▲	●	●	●	●

图示说明：▲为酝酿筹备，●为实施，★为完成。

A Survey of Zealous Efforts Spent on School Choice Related to the Transition of Primary School Graduates to Junior High Schools in Beijing

21st Century Education Research Institute

Abstract: This survey indicates the policy evolution and confusions of the transition of primary school graduates to junior high schools in Beijing. According to the thorough analysis of reasons behind school choice, a series of policy suggestions are put forward for improving the zealous efforts spent on school choices. Whether this problem can be effectively tackled depends on the issue whether the government has the strong will and resolution to strictly administrate by law and administer education according to law. The governance idea of "six-pronged" approach is recommended: regulating school-running behavior, adjusting related policy, narrowing the gap between schools, reforming school-running system, strengthening social supervision and education accountability.

Key Words: Transition of primary school graduates to junior high schools; School choice; Policy suggestions

B.17

我国部分城市“高中国际班”调查

莫丽娟*

摘　要： 近年来，我国各类出国留学规模不断扩大，留学生低龄化特征日益明显。高中阶段国际班的规模不断扩大。究其原因，包括社会经济发展带来国际人才的需求和家庭教育成本支付能力的提升，回避高考压力和发达国家开放国际教育市场的拉力等等。在推动普通高中多样化的同时，高中国际班也引发了对教育公平的质疑，亟须通过法律和相关制度的完善对之进行规范管理。

关键词： 高中国际班　普通高中　留学

“高中国际班”是指在普通高中兴办的以将学生送到国外升学为目的的教育类型，有的称为“国际部”、“国际学校”。它不同于在普通学校设置的以招收外国学生为主的国际学校。近年来，我国各类出国留学规模不断扩大，留学生低龄化特征日益明显。高中国际班的规模在不断扩大。

一　高中国际班基本情况

（一）高中国际班的规模逐渐扩大

从1978年到2010年底，我国各类出国留学人员总数达190.54万人，2010年度我国出国留学人员总数达28.47万人，2010年度各类留学回国人员总数达13.48万人。①

* 莫丽娟，扬州大学教育科学院讲师，主要研究领域为教育基本理论、教育政策、职业教育。

① 赵晓霞：《我国各类出国留学总人数达190.54万人》，2011年3月4日《人民日报》（海外版）。

根据教育部数据显示，中国自费留学人数始终占各类留学生总数的90%左右，2005年为89.9%，[①] 2010年自费出国留学人数占当年出国留学总人数的93%，[②] 自费留学逐渐取代公费留学成为主流。有课题组对从1981年至1996年间四次出国留学高潮进行研究发现，伴随自费留学上升趋势，自费出国留学的结构发生变化，年龄逐渐下降，[③] 留学生低龄化特征日益明显。

《教育规划纲要》提出，鼓励各级各类学校开展多种形式的国际交流与合作，加强中小学对外交流与合作，提高我国教育国际化水平，培养大批国际化人才。在此政策导向的推动下，各省级政府纷纷出台地方中长期教育改革与发展纲要，落实国家《教育规划纲要》的政策精神。除部分省份（贵州、青海、宁夏、西藏等）外，全国绝大部分省、自治区、直辖市明确提出要以教育国际化为未来十年发展战略。部分省份明确支持推进高中国际化发展。北京市提出依法支持首都高中与国际知名学校通过多种方式合作办学；上海市强调增强普通高中教育的开放性和选择性，扩大高中学生国际交流的规模和渠道，试点开设高中国际课程；黑龙江省鼓励具备条件的高中开展国际课程试点，积极支持中小学开设俄语课程；湖北省明确提出“扩大高中阶段中外合作办学”，促进1000所左右中小学与国（境）外学校建立稳定的交流合作关系；江苏省提出探索高中阶段中外合作办学，建设一批高度整合的国际化课程；山东省则鼓励有条件的中小学协助外国中小学开设孔子课堂。

地方政府的支持为高中阶段出国预备教育机构的规模发展提供了政策空间，高中国际班的规模在不断扩大。

一是办班规模扩大。2009年，一项对北京、上海等11省市中外合作办学的747个机构和项目的调查表明，有62个涉及高中层次，包括中等专业学校、高级中学和职业高级中学，占8%。[④] 在2010年上海市教委教育事业统计中，51所

---

① 刘国福：《近三十年中国出国留学政策的理性回顾与法律思考》，《浙江大学学报》（人文社会科学版）2009年第6期。

② 叶紫：《中国在外留学生127万人 成世界最大生源国》，2011年4月18日《人民日报》（海外版）。

③ 姜海山、张沧海、吕志清、谢仁业、张秋萍：《自费出国留学及低龄化发展趋势研究》，《教育发展研究》2000年第2期。

④ 李盛兵、王志强：《中外合作办学30年——基于11省市中外合作办学分析》，《华南师范大学学报》（社会科学版）2009年第2期。

示范性中学有24所开办了高中国际班。[①] 据不完全统计，2011年北京16所中学开办了高中阶段国际班。[②] 广州六大名校每年约有300名学生出国留学，全市高中生（或以下）出国人数以每年10%速度增长。据统计，目前广州共有20多所高中（预科中心）相继推出了国际班，在读的学生多达数千人。[③]

二是从一线城市向二、三线城市扩展。留学教育需求的不断上升，促使开班地区从北京、上海、广州等一线城市向二、三线城市和从城市向县域扩展。一些经济不发达地区，也在开始寻求突破：贵州贵阳一中、新疆乌鲁木齐八一中学、宁夏银川二中、河北省衡水中学、云南曲靖一中等近年来相继开设高中国际班。办学热潮从城市向县域拓展：在江苏泰州市下属的几个县级市5所高中、[④] 四川双流棠湖中学、郫县四中、重庆巴县中学等县级普通高中也在近年相继开办高中国际班。河南郑州2003年只有2所学校开设国际班，到2010年已有9所学校开办了16个国际班，再到2011年秋季有13所学校推出24个国际班，合作的国家也拓展到美国、加拿大、英国、澳大利亚等。[⑤]

三是入学人数不断增加。随着办学规模的不断扩大，黑龙江、成都、南京、合肥等一些地方为了便于管理，将高中国际班招生纳入招生计划。2010年南京市普通高中录取31230人，[⑥] 同年市教育局将高中国际班招生纳入招生计划，按市招办负责人的说法，“每年有2000到3000学生上这类班”，[⑦] 意味着国际班占据了普通高中招生人数的近百分之十。现在每年深圳市申请出国留学的高中生已达到2000人，而且还以每年10%的比例增加。[⑧]

（二）高中国际班课程设置多样化

由于普通高中仍是属于基础教育阶段，仍要遵循我国教育方针中提出的培养

---

① 根据《上海市教育事业统计资料汇编（2010年度）》整理，http://www.shmec.gov.cn/html/xxgk/201103/303082011007.php。

② 《北京部分国际高中或国际班》，2011年5月9日《新京报》。

③ 项仙娥、廖泽恩：《普高纷开“国际班”“双高”门槛拦不住出国热情》，2011年7月8日《信息时报》。

④ 李新玲：《公办高中办国际班成潮流被指挤占了公共资源》，2011年2月18日《中国青年报》。

⑤ 张军：《留学低龄化成普遍现象 国际高中绕过高考不轻松》，2011年10月12日《北京日报》。

⑥ 王琦：《2010年南京职校招生人数首次超普高》，2010年9月13日《江南时报》。

⑦ 钱红艳：《打破自主招生惯例 南京高中中外合作办学班统招》，2010年4月22日《南京日报》。

⑧ 周倩：《中学争办“国际班”出国留学“发高烧”》，2011年5月16日《深圳晚报》。

社会主义建设者和接班人的目标，因此，尽管一些地方政府明确提出不鼓励高中阶段出国预备教育机构的学生既参加国内高考，又准备留学考试，增加学生负担，但是绝大多数国际班课程体系基本由中方课程、语言课程及外方课程三部分组成。在中方课程设置上，各国际高中做法不同。一些国际高中会弱化中方课程，如不开设中文、中国历史等科目。学校主要从师资和学生需求的角度来考虑，一方面增加中方课程会增加办学成本，而对于不参加国内高考的国际班学生来说，学校的这部分投入将难以看到明显回报；另一方面，学生学业负担加重，不愿意学习中方课程。但也有些学校为了增加中国学生的竞争力，加重中国课程的份额。学校从长远发展的角度考虑，认为仅强调外方课程对于定位于出国留学的学生来说，当他们到国外学习时，缺乏中国知识基础，与国外学生相比难以凸显自身的竞争力。同时，对一些定位于留学回国就业的学生来说，如果缺乏中方课程基础和对中国的了解，难以适应国内就业市场的需求。另外，学校与不同国家、同一国家不同地区、针对不同大学录取要求所开设的课程均各有不同，带来了课程设置的多样化。

（三）家庭教育经费支出上升

高中国际班收费与普通高中班不同。学费收取依据主要受办学成本制约，而不同的地区由于经济发展水平不同，高中国际班的生均培养成本也不一样。学费标准一般要经教育部门、物价部门等相关部门审核后，方可获批准。西安高中国际班学费高一为 3 万元，高二、高三为 3.5 万元；[①] 新疆乌鲁木齐八一中学高中国际合作班学费标准为生均每学年 46000 元；[②] 而在上海，一些高中办“1+2”的新式出国班，在国内读一年高中，后两年直接在国外读，而所需费用最高达 70 万元。[③] 从留学生的家庭背景来看，前些年，留学生中来自普通家庭的只占 2%，从目前即将或有意出国留学的学生中，家庭年均收入在 30 万元以下的占被调查人群的 52.28%。[④] 普通家庭对留学热的追逐，从另一个侧面反映出留学教

① 谢瑾：《西安高中国际班学费至少需要 3 万元》，2011 年 7 月 19 日《西安日报》。

② 《新疆维吾尔自治区发展和改革委员会关于乌鲁木齐八一中学高中国际合作班学费标准的批复》（新发改收费〔2009〕1932 号），2009 年 8 月 12 日。

③ 王婧：《上海多所中学争办高一出国班 3 年学费最贵 70 万》，2011 年 11 月 4 日《新闻晨报》。

④ 启德教育集团“国际教育研究院”：《2011 年中国学生留学意向调查报告》，http://www.eic.org.cn/Edushow/2011diaocha/。

育支出正开始成为家庭越来越沉重的经济负担。一些家长虽然曾有意想让孩子出国留学，但是一核算下来，国内三年高中 15 万加上国外四年本科 60 万元的学费，只能望洋兴叹。①

二　高中国际班的发展动因

（一）社会改革开放和教育国际化的推动

早在 1981 年 1 月 14 日，国务院批转教育部等七个单位《关于自费出国留学的请示》和《关于自费出国留学的暂行规定》中，就将自费出国留学确定为培养人才的一条渠道，② 高中毕业生出国留学读本科和大学本科毕业生出国留学读硕士可申请自费出国留学。1984 年国务院《关于自费出国留学的暂行规定》出台，打开自费留学之门，自费留学生规模逐渐超过国家公派留学人员，成为留学队伍的新生力量。从留学意向来看，2011 年有调查显示，本科阶段希望留学的占 55% 以上，高中生出国增长强劲，③ 自费留学成为高中生升学出口的又一个新选择。

2011 年，天津市滨海新区实施海外引智工程，通过建立海外人才招聘网站、组织开展海外招聘及推介等活动进一步拓宽海外引才渠道，目前约有 2100 余名海外人才在滨海新区工作。海外人才的引进，在促进滨海新区国际经贸往来的同时，也进一步推动了中外合作办学的开展，包括开设留学预备的高中阶段出国预备教育机构（以中国学生为主，也包括少量国际交换学生）和专为外国学生举办国际学校（只招收外国学生）。后一类学校例如天津泰达国际学校，其高中部为天津市教委唯一批准开办的国际学校中澳双学历高中，只招收在开发区及周边的外籍人员的子女。滨海新区政府对高中阶段出国预备教育机构采取大力支持的态度。从 2011 年开始，滨海新区逐步推行多项高中学校国际化建设项目，与海

① 强薇：《普通高中办国际班一年学费五万元》，2011 年 5 月 6 日《新安晚报》。

② 《教育 50 年大事记（1980 ~ 1989）》，http：//www. moe. edu. cn/publicfiles/business/htmlfiles/moe/moe_163/200408/3452. html。

③ 启德教育集团“国际教育研究院”：《2011 年中国学生留学意向调查报告》，http：//www. eic. org. cn/Edushow/2011diaocha/。

外高中学校建立合作关系，组织外国留学生到新区学校进行交流，培养国际化高中学生，并逐步实现80%高中与海外高中学校建立友好合作关系。

北京、上海等地在高中教育国际化过程中处于领先地位，并力图扩大对周边地区的辐射作用；《河北省中长期教育改革与发展纲要（2010～2020年）》重点围绕推进京津冀区域经济一体化，深化与京津地区的教育合作；广东毗邻香港、福建靠近台湾，与港澳台经济与教育交流成为广东教育对外开放的重点之一；《南京市“十一五”教育规划纲要》通过引进10个以上国际高水平教育机构、非教育机构合作办学，提升南京教育的国际影响力。

（二）回避高考压力

我国高等教育毛入学率从1978年的1.55%上升到2002年的15.3%，高等教育从精英教育阶段进入大众化阶段，2011年高等教育毛入学率达到26.5%。一些地区已经提前进入到高等教育普及化阶段，升入大学甚至是重点院校的几率上升。另外，民众对高等教育需求层次和类型也在不断提升，留学教育成为个人在升学取向中的又一选择，并通过区域优势，对全国范围内高中阶段出国预备教育机构教育选择产生影响。

1. 绕开国内高考

教育数据调查机构麦可思联合教育部留学服务中心发表了一组数据表明，在有出国意向的高中生中，有近三成想在高中阶段就出国。在选择出国的理由中，排在首位的留学理由是“接受更好的教育”（67%），其次是“增强职业竞争力”（38%）。另外的理由为“逃离国内升学压力”的比例为19%，且多存在于计划出国读高中的以及成绩在班级排名较低的高中生群体。① 高中阶段出国预备教育机构多引进国外学生评价方式，强调过程评价而非仅看中结果评价（考试分数），对于部分在国内教育评价体系中被贴上“差生”标签的学生来说，有了获得肯定的空间。按现行高中阶段学业水平评价来看，这些学生难以通过国内高考考上理想的大学，选择出国留学则可以缓解回避国内优质高等教育的激烈竞争。而对于一些学生和家长来说，想绕开国内高考，并不一定是因为考不上国内知名大学，而是倾向于肯定国外高等教育质量和教育制度，认为对孩子的发展更有

① 杨春华：《忽如一夜“西风”来，昆明处处“国际班”》，2011年5月9日《云南信息报》。

利。美国国际教育协会发布了《2010 门户开放》调查报告显示，从 2009 年到 2010 年，约有 2.6 万名中国学生到美国接受大学本科教育，而在 5 年前，中国只有 8000 名学生赴美攻读学士学位。① 教育部公布的数据显示，2010 年高考弃考人数接近 100 万人。其中，因出国留学而选择弃考者的比例达到 21.1%。② 放弃国内高考而选择“洋高考”，随着普通高中国际班规模的逐渐扩大，这部分“弃考生”将会成为高中分流的新趋势。

2. 回避异地高考户籍限制

在北京新英才学校剑桥国际中心，外地户籍学生达到了三至四成，包括在京学习的外地户籍学生和专门赴京国际学校就读的外地学生。③ 一些国际班看到了户籍政策背后的商机，打出“无借读费、无学籍困扰、无高考教材烦恼，非京籍考生的第一选择”的招生广告。④ 在北京、上海、广州这样的一线城市，更多的发展机会吸引了国内外精英阶层向这些地区聚集，而带来的另外一个问题就是这些阶层家庭子女的教育问题。一些家长未能得到当地户籍，又希望将孩子带在身边，并享受到当地的优质教育资源，于是通过采取借读的方式。然而高考户籍限制则意味着孩子必须回到户籍所在地参加高考，而所学内容与生活均面临重新适应的压力。一些家长在无奈之下选择将孩子送入国际班，戏称孩子是“被出国”。⑤

（三）家庭的选择性需求

1. 家庭经济能力提升拉动留学需求

经济发展提升了家庭教育支付能力。2011 年上半年，直辖市城镇居民可支配收入与上年同期相比增幅在 10.1% ~14.3%，上海城市居民人均可支配收入 18382 元，位居前列。⑥ 另外，2005 年中国人民银行宣布我国实行人民币浮动汇率制度，人民币汇率上升在一定程度上降低了留学成本。家庭可支配收入的增加和留学成本的相对下降，提高了家庭对高中阶段出国预备教育机构教育投入的可支付能力。

---

① 董洪亮、董雅婷：《高中国际班能否成为教改的“鲇鱼”》，2011 年 5 月 27 日《人民日报》。
② 王慧华：《高中国际班升温百万考生放弃高考原因揭秘》，2010 年 11 月 8 日《钱江晚报》。
③ 周逸梅：《三类学生热报国际高中》，2011 年 7 月 19 日《京华时报》。
④ 《高中国际班受家长热捧参加高考学生逐年减少》，2011 年 6 月 27 日《新京报》。
⑤ 张晓鸽：《异地高考民间方案建议“取消高考户籍限制”引热议》，2011 年 11 月 8 日《京华时报》。
⑥ 《我国上半年各省 GDP 总和超全国 2 万多亿元》，中国经济网，2011 年 7 月 29 日。

2. 便于家长看护孩子

高中阶段的孩子年龄多在 16 ~ 18 岁之间，属于未成年人，家长负有监护孩子的法律责任。目前就读普通高中的孩子多属于“90 后”，这些孩子绝大部分是独生子女，在家里备受呵护。对于既希望把孩子送出国留学，又无法随行监护的家长来说，选择高中阶段出国预备教育机构更有利于家长履行监护责任。另外，家长从孩子适应能力考虑，希望通过国际班给孩子一个过渡期，慢慢帮助孩子适应在国外独立生活和学习。

（四）重点高中自我发展的需求

1. “精英化”的品牌追求

国际班一般是在优质普通高中举办，甚至从某种程度来说，国际班还成为学校办学能力的一种“标志”。在一所省级示范性重点高中，校长一直坚持精英办学的理念，严格控制学校规模，不扩招，保障生源质量。在校长看来，开设国际班是为了满足那些有留学需求的本校学生，并不是为学校招揽生源的做法，学校也不会因此而扩大招生规模。所以，学校并没有为此专门配置师资，相关课程由感兴趣的学生自主选择，通过教育市场上提供的留学培训服务来满足学生的留学需求。“国际班”可令优质学校“锦上添花”，而其以“培养具有国际视野、超强竞争力及交际能力的高中毕业生，使之未来成为通晓国际规则、能够参与国际事务和国际竞争的国际化人才”① 的培养目标，对学生和家长更具吸引力。

2. 弥补办学经费不足

高中阶段教育属于非义务教育阶段，需要缴纳一定金额的学费，而生源情况则成为影响学校办学经费的重要因素。在 2006 年上海高中生人均支出中，财政拨款占 63.74%，有 36.26% 的经费需要高中学校自筹，也就是靠学费。② 通过开设国际班盘活教师和其他教育资源，也是高中变相“挖生源”的一种手段。③ 尽管国际班多在示范性普通高中开设，这些学校在教育资源配置中占有优先地位，然而“示范性高中”在“盛名”之下，存在着办学经费不足的隐忧。优质普通

① 《大连理工大学附属高中国际课程班》，http：//fg. dlut. edu. cn/enroll% 20new% 20students/zimulu/guojiban. htm，2011 年 11 月 15 日。

② 李芃：《“国际班”准公共品疑问》，2010 年 5 月 13 日《21 世纪经济报道》。

③ 彭薇、李爱铭：《高中国际课程班：留学“中转站”?》，2010 年 6 月 17 日《解放日报》。

高中往往办学条件相对较好，而日常开支及维护设备的费用也相对上升。有校长坦言，学校开门一天，就要支出1万余元。而学校为了吸引和留住优质师资，还需要提高教师福利，这些费用靠政府财政拨款根本难以支撑。2010年，陕西省西安市教育局公布公办高中收费标准，省级标准化高中每学期每生800元，择校费最高标准每生3年不得超过2万元，而高中阶段出国预备教育机构的学费标准则为高一每生每学期3万元，高二高三每学期3.5万元，[①] 国际班收费标准与普通高中班相差近40倍。

3. 创建特色

高中国际班在培养目标、课程设置、教学模式、评价机制等方面均与普通高中存在较大差异，国际班成为学校办学特色之一。2011年，南京市作为国家教育体制改革普通高中多样化办学改革试点地区，明确提出将国际高中作为普通高中发展的一种特色类型加以打造。[②] 在哈尔滨市七十三中学，国际部是学校五个办学特色之一，并同该校其他特色教育结合起来，国际部与特长部开设国际音乐课程，与维也纳音乐学院开展合作办学项目，通过该学院相关考试的学生可以升入该校。

（五）发达国家发展留学产业吸引中国学生

20世纪80年代中后期，财政紧缩政策使欧洲各国纷纷削减高等教育的经费拨款、减少财政压力，1989年关贸总协定秘书处将教育服务列为十四个国际服务贸易之一。一方面，作为主要形式，可以通过学费和生活费等带来直接收入。据加拿大《星岛日报》报道，由于教育经费短缺，招募国际学生成为加拿大卑诗省各学区拓展财源的主要渠道之一。[③] 美国商务部指出，国际学生人数的增长对美国经济影响显著。国际学生的学费和生活费支出，对美国经济的贡献超过210亿美元，[④] 每年中国留学生可以为美国政府创造65亿美元的经济收入。[⑤] 另一方面，可以通过人才政策吸引留学生在教育输出国工作进一步创造财富。[⑥] 美

---

① 刘振：《2010年公办高中收费标准公布》，2010年6月21日《人民日报》。

② 沈大雷：《南京重点打造四类特色普通高中》，2011年7月11日《中国教育报》。

③ 中新：《加拿大卑诗省力招留学生将中国列为最大潜在市场》，2011年12月9日《大连晚报》。

④ 《中国在美留学生人数破15万居各国留学生首位》，中国新闻网，2011年12月2日。

⑤ 夏嘉：《美国社区学院热盼中国留学生源缓解紧张资金》，中国新闻网，2011年12月9日。

⑥ 刘可可：《留学经济，一个日渐升温的新热点》，《高教与经济》2001年第4期。

国“十万强”计划（100，000 Strong Initiative）鼓励包括高中生在内的学生来华留学，被视为是白宫向美国学术界发出对华经济政治人才迫切需求的信号。① 吸引国际学生到本国接受高等教育，不仅通过人才政策和就业市场将优秀人才留在本国，以国际教育为纽带吸纳各国精英，而且还为政府节约了人才在基础教育阶段的培养成本。

三　反思和讨论

（一）对普通高中多样化的促进

高中国际班从课程设置、教学模式、学生评价等诸多方面对满足学生多样化、选择性的教育需求起到了推动作用，成为促进普通高中多样化发展的一股重要力量。目前国内高中国际班开设的国际课程琳琅满目，例如 AP 课程（Advanced Placement，大学先修课程）、IB 课程（International Baccalaureate，国际文凭课程）、A-Level 课程（General Certificate of Education Advanced Level，英国普通教育证书高级水平课程）、PGA 课程（Project of Global Access，国际通用证书项目课程）、SDP 课程（Skills Development Program，剑桥大学国际技能拓展课程）等。一些学校通过引入国际课程满足学生留学需求，而另一些学校则吸收了国际课程的核心理念，推动中国特色的学校课程现代体系构建。上海大同中学引入了 IB 课程的核心课程之一 TOK（Theory of Knowledge，知识论），以推进学生综合运用知识和质疑能力的培育。②

高中国际班在学生评价上与国外高中接轨，更为重视过程评价而非结果评价，评价主体更加多元化。国外高中学生评价主体一般包括校长、教师、学生、家长、社区人员及知情人等，评价内容包括学生的学习动机、学术潜能、创造性、领导力、社会交往能力等诸多方面，涉及学生学术素质和非学术素质，评价方法包括考试性评价和描述性评价。以天津枫叶国际学校为例，学生期中考试成绩评定由这样几个部分组成：出勤 10%、表现 10%、作业 20%、期中考试

① 《“十万强计划”搭建美中交流新桥梁》，2011 年 6 月 21 日《人民日报》。

② 唐盛昌、李英：《高中国际课程的实践与研究（总论卷）》，上海教育出版社，2011。

60%，在此基础上提出学生的综合成绩，另外，还有学习技能评估和评语共同构成学生期中成绩评定。学生评价的主要目的是为了帮助学生发展，让学生了解自己的优点和弱点，以确定学生未来的发展方向，包括选择适合自身发展的国家、国外高校及专业。

（二）高中国际班对教育公平的影响

由于在引入国际教材、师资及相关配套设施等方面的高要求，高中国际班办学成本上升，学校收取了高于普通高中的学费，家庭要为择校承担高额的教育成本。然而，学校优质教育资源向国际班聚集，客观上挤占了公办资源。课程设置和培养目标及出口的不同则使得国际班师资难以与普通高中班共享，而国际班师资仍然要挤占教师编制，这些编制是按照普通高中在校生规模予以配置的，并未将国际班的特殊情况纳入考虑。在生均占地面积、生均建筑面积、生均预算内教育事业费支出等方面也存在挤占公办普通高中教育资源的情况。一方面，尽管高中国际班的规模不断扩大，留学需求日益上升，然而与普通高中生相比，国际班学生毕竟是少数；另一方面，学校通过提高收费以补偿国际班高昂的办学成本，而合理补偿与营利之间的界限却缺乏法律依据与有效监管。其结果是在公立示范性高中内，不仅优质教育资源向少数人集中，而且还难以避免利用公办学校教育资源为少数人举办营利性教育。如果说家庭背景，特别是家庭经济状况在很大程度上造成了国际班入学机会不平等的客观事实，那么如何将之控制在合理的范围之内，以保障教育的公益性、维护教育公平则是国际班不得不面对的问题。

（三）高中国际班的法律基础

高中国际班在实践的过程中遇到种种问题：学校对中方课程“设”而不“施”或刻意淡化；一些高中国际班从优质普通高中分离出去成为民办学校，但实际上主要目的是为原附属优质普通高中缓解办学经费不足，收取费用并未完全用于国际班办学，在一定程度上侵犯了学生和家长的教育权益；国际班教育质量缺乏有效监管等。尽管我国在20世纪80年代就已经开始出现高中阶段出国预备教育机构，但实际上，国家对这一教育类型的管理存在一定范围的政策盲区。高中阶段教育没有专门立法，高中国际班办学缺乏法律基础。在我国教育法律体系中，《教育法》明确规定该法适用于各级各类教育，关于教育对外交流与合作主要是一些原则性的规定，对于具体不同学段的中外合作办学具有导向性而非针对性。《中外合作办学条例》中规定，“国家鼓励在高等教育、职业教育领域开展中外合作办学”，“中外合作办学者可以合作举办各级各类教育机构。但是，不得举办实施义务教育和实施军事、警察、政治等特殊性质教育的机构”，对于大力鼓励和不得举办的领域均有明确规定，而高中阶段出国预备教育机构却恰好处于政策的盲区，既未明确支持，也没有明令禁止。部分地方出台地方政策规范高中阶段出国预备教育机构办学行为，例如黑龙江省教育厅《关于加强普通高中国际班管理的意见》、安徽省教育厅发布《关于加强安徽省普通高中阶段出国预备教育机构管理工作的通知》等，不过仍属少数。在高中国际班发展规模不断扩大的趋势下，国家层面对此加以规范管理显得越来越迫切。

A Survey of “Senior High School International Classes” Existing in Some Cities in China

Mo Lijuan

Abstract: In recent years the total number of students and scholars studying abroad has increased and the trend of younger age people has become increasingly manifest. Faced with the expansion of international classes in senior high school, reasons can be attributed to the needs of international talent by socio-economic development, the raising payment capacities of family education, avoiding the pressure of college entrance examination, and the attractions of developed countries to open the international education market, and so on. When promoting diversity of general high school, “senior high school international classes” has also been questioned for education equity. It is urgently needed to regulate the “senior high school international classes” by law and improvement of related institutions.

Key Words: Senior high school international classes; General high school; Study abroad

B.18 大学生源下降背景下的高等教育结构调整

王伯庆　门 垚　骆利娟　王梦萍*

摘　要： 受出生率下降的影响，我国高等教育进入了生源下降的时代。在这一背景之下，本文通过分析，建议高校缩减招生，调整专业结构，突出办学特色，并且调整新生培养方式，加强其对大学的适应性。对于受生源下降影响较大的三本院校和部分高职高专院校，建议其扩大生源的年龄层，加强社会培训的质量，从而弥补生源下降所带来的缺口。

关键词： 生源下降　高等教育　结构调整

一　我国大学的生源快速下降

1990 年，我国新生婴儿约为 2354 万人，[①] 而到 2004 年新生婴儿则下降到约 1593 万人。[②] 我国新生婴儿数量的下降导致学校生源数量的相应下降，最先受到生源数量下降影响的小学已经从 1992 年的 71.3 万所[③]下降到 2009 年的 28.0 万所，[④] 减少了 43.3 万所。高等教育当然也会受到影响。随着新生婴儿数量的下降，在 2008 年达到历史最高 1050 万人的高考生源，从 2009 年开始呈现下降的

* 王伯庆，麦可思数据有限公司首席专家，西南财经大学特聘教授；门垚、骆利娟、王梦萍均为麦可思数据有限公司研究人员。

① 《中华人民共和国国家统计局关于 1990 年人口普查主要数据的公报》，《中国统计》1991 年第 2 期。

② 《中华人民共和国 2004 年国民经济和社会发展统计公报》，《中国统计》2005 年第 3 期。

③ 《1992 年全国教育事业发展统计公报》，中国教育和科研计算机网。

④ 《2009 年全国教育事业发展统计公报》，教育部网站，2010 年 8 月 3 日。

趋势，到2011年参加高考的人数只有933万人，比2008年下降了11%（见图1），并且这种下降态势将会延续下去。

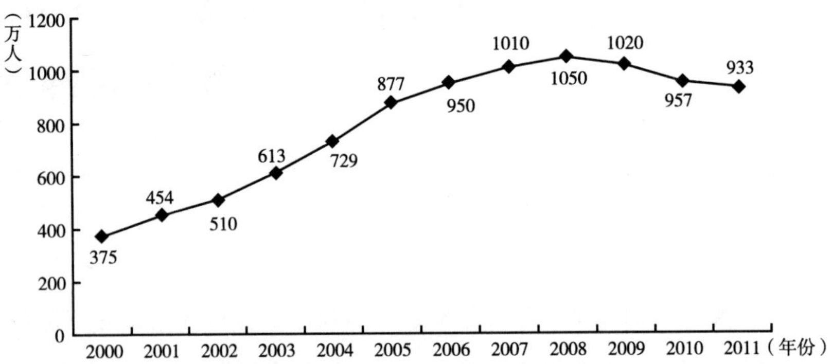

图1　2000～2011年我国参加高考的人数趋势变化

资料来源：人民网教育频道。

除了由于计划生育导致的人口数量下降之外，考生放弃报名或考试、放弃志愿填报和放弃报到与出国留学人员数量的不断增长，进一步加剧了高考报名人数的下降。数据显示，2010年度中国出国留学人员总数达28.47万人，比2009年增加了5.54万人。① 由于国内经济的不断发展，使得部分家庭有条件把子女送到发达国家接受本科教育，因此部分高中毕业生放弃了国内的高考，而选择去国外留学。这是中国日益增长的教育购买力和优质高等教育资源缺乏矛盾下的选择。相比而言，国外一些高校在培养质量和机制方面具有更多的优势。新生人口数量和参加高考人数的双重下降，表明我国高等教育已经进入生源快速下降的时代。

二　生源下降背景下高等教育面临的主要问题

随着新生人口和参加高考人数的下降，生源数量的下降已经成为我国高等教育面临的主要问题之一，这对我国高等教育产生的主要直接影响就是一些高等院校招不到足够的生源。生源下降会对某些高校的生存带来威胁，如果这些高校不

① 李莉：《中国2010年28.47万人出国留学 比09年增长5.54万》，2011年3月15日《北京晚报》。

提高自身办学质量，不按照社会需求来培养人才，学生将会“用脚投票”，这些学校今后可能因招生不足而面临倒闭。

生源下降首先对办学实力相对较弱的三本院校和高职高专院校产生影响，其中，对民办院校的影响可能最大。以山东省为例，山东省2011年本科二志愿投出后，文理科共有5000多个计划等待调剂，比2010年明显增加。在一些地理位置欠佳或是名不见经传的院校，投档情况更加不乐观，甚至有一批院校专业出现了“零投档”。青岛一些民办本科高校，在征集志愿阶段也没有报满，个别学校1300多个征集志愿，只报了80多人。在山东省高职高专院校录取时，更可感受“寒冬”的来临。在高职高专二批录取中，一志愿投档结束后，竟然有501所文科院校、572所理科院校生源不满，其中民办高校占据了相当大的比例。①

在我国高等教育生源下降的同时，高考的平均录取率却在不断上升，从2007年的56%到2011年的72%，上升了16个百分点（见图2）。例如，山东省2011年高考录取率达到约87%；② 北京市2011年高考录取率达到86%；③ 浙江省2011年高考录取率为85.3%；④ 云南省2011年高考录取率超过80%。⑤ 高考录取率的不断上升导致大学的门槛越来越低。例如，2011年北京市的专科录取分数线仅为150分，而在这个分数线以下的学生仅有500名；⑥ 福建省2011年首次试行“注册入学”，只要理工类在140分以上，文史类在245分以上均可报名；⑦ 山东省2011年普通高校专科（高职）二批填报志愿资格线，文理科均为180分。⑧ 高考录取分数的不断下降，导致我国高等教育的门槛降低，高校生源的构成产生变化，高校原有的学生培养方式已经不再适应这种变化后的生源。因此，如果不加以调整，学生的培养质量将得不到保证。

---

① 张静：《生源减少致高职院校招录难高质量就业或可破题》，2011年8月23日《青岛日报》。

② 杨凡、黄羽萱、戚海龙：《山东高考录取率达87% 考上本科的首超专科的》，2011年8月20日《齐鲁晚报》。

③ 贾晓燕：《本市2011年高考录取率再创新高 达到86%》，2011年8月18日《北京日报》。

④ 鲍夏超：《浙江高考录取全部结束 今年录取率85.3%》，2011年8月26日《浙江日报》。

⑤ 杨理锐：《2011年云南高考录取率超过80%》，昆明信息港，2011年8月21日。

⑥ 李莉：《北京高考录取率创新高达到86%》，2011年8月17日《北京晚报》。

⑦《高招进入“低分时代”每门19分就可能上大学》，2011年8月19日《厦门日报》。

⑧ 宋晓晖：《山东专科二批资格线文理均180分 对口高职不设线》，2011年8月4日《济南日报》。

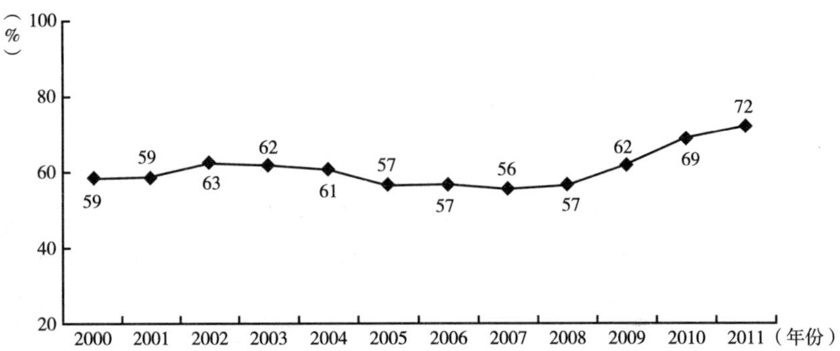

图2　2000～2011年我国高考平均录取率变化趋势

资料来源：人民网教育频道，http：//edu. people. com. cn/GB/116076/10996530. html。

三　生源下降背景下调整高等教育布局的建议

（一）缩减招生，突出办学特色，提高办学质量

1999年我国高校开始扩招。1998年全国普通高校的招生人数为108万人，[①] 1999年全国普通高校的招生人数为160万人。[②] 到了2010年，全国普通高校招生人数已达到662万人。[③] 在高校扩招的同时，高等教育的生源在不断地减少，这一正一反两个因素导致高校生源不足。生源紧缺可能让一些我国高校面临艰难处境，倒逼高校由规模扩张向内涵发展转型。这种状况是教育发展的一个必经过程，也是我国高等教育结构资源整合的一次良机。

一些高校的人才培养不能很好地适应社会需求，包括学科专业结构不适应经济社会发展需求、师资队伍和教学条件差、教育教学质量低、毕业生能力不被用人单位认可等，这部分学校将首先受到生源下降的冲击。生源不足，将来甚至会

① 《中华人民共和国1998年国民经济和社会发展统计公报》，国家统计局，1999年2月26日。

② 《中华人民共和国1999年国民经济和社会发展统计公报》，国家统计局，2000年2月28日。

③ 《中华人民共和国2010年国民经济和社会发展统计公报》，国家统计局，2011年2月28日。

波及一般的本科院校，带来高等教育的洗牌。根据麦可思调查数据显示，2010届就业最差的25%的本科高校的毕业生半年后就业率为83.1%，毕业半年后月收入为2436元；而其他本科院校半年后就业率为92.6%，半年后月收入为2988元。生源下降将首先会对一些就业质量较差的高校产生影响。在这种情况下，我国的高等教育将面临资源的整合。一些办学条件较好的公办高校可利用国家投入的加大控制招生量，吸收和整合一些办学相对较弱高校中的相对优势的专业，同时，加大高校自身的内涵建设，调整学校自身的专业结构，提高自身办学质量，培养符合社会需求的毕业生。

目前，我国高校培养的毕业生还不能完全符合社会的需求。根据麦可思调查显示，近几届毕业半年的大学毕业生中，只有约六成的毕业生从事的工作与所学专业相关，而约四成的毕业生在从事与所学专业不相关的工作。[①] 学生在大学学习三到四年，而毕业后从事的工作却用不到自己在校期间所学的专业能力和知识。一方面，可能是由于学生所学专业的教学质量比较差，达不到专业对口岗位的要求，所以不被专业对口的岗位所雇用，只能从事与专业不相关的工作；另一方面，可能是由于劳动市场上某些专业岗位数量较少，而这些专业的毕业生供过于求，导致部分毕业生找不到专业对口的岗位。对于第一种情况，学校可加强专业教育，进行相应的课程改革，从而使得学生所学的能力和知识能够用到今后的工作上；第二种情况则是供需结构失衡，可对这些专业的招生进行控制，以适应社会的需求。

同时，从2008届到2010届，本科与高职高专毕业生毕业时对基本工作能力[②]掌握的水平均低于工作岗位要求的水平（见图3至图5），[③] 2010届本科与高职高专毕业生毕业时掌握的基本工作能力水平分别为53%和50%，而工作岗位

① 麦可思研究院编著《2011年中国大学生就业报告》，社会科学文献出版社，2011，第106页。

② 工作能力：从事某项职业工作必须具备的能力，分为职业工作能力和基本工作能力。职业工作能力是从事某一职业特殊需要的能力，基本工作能力是所有工作都必须具备的能力，基本工作能力分为35项。根据麦可思的工作能力分类，中国大学生可以从事的职业共721个，对应的职业能力一共近万条。

③ 工作岗位要求的工作能力水平：用于定义毕业半年后正在工作的大学生所理解的工作对35项基本工作能力的要求级别，从低到高分为一级到七级，一级代表该能力的最低水平，取值1/7，七级代表该能力的最高水平，取值1，最高水平是初级和中级职业人员达不到的。以上取值均折算为百分比。为了帮助答题人自评级别，问卷在一到七级中分别举了3个例子，以帮助答题人理解能力差别。

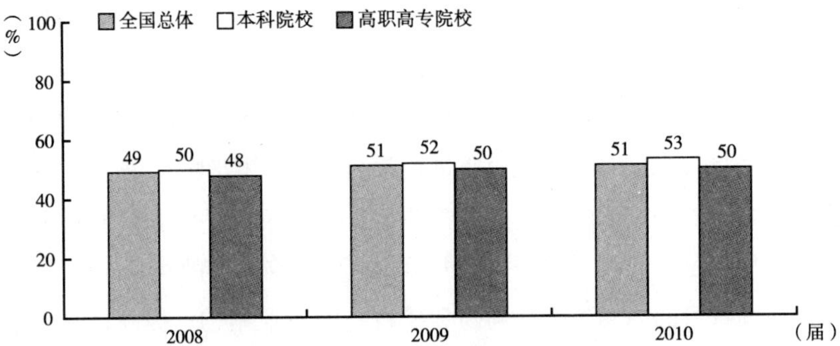

图 3　2008～2010 届大学毕业生毕业时掌握的基本工作能力水平

资料来源：《2011 年中国大学生就业报告》。

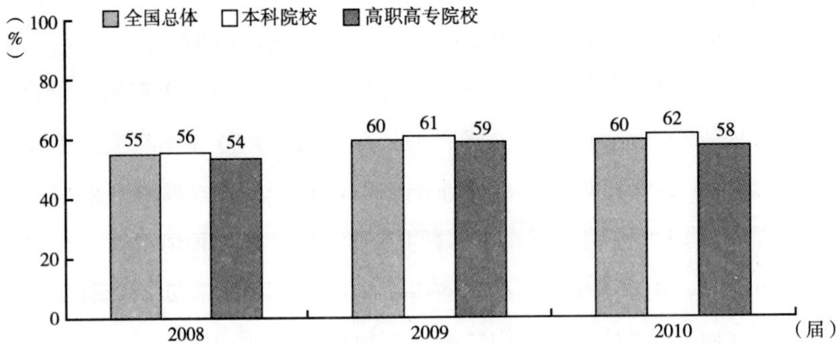

图 4　2008～2010 届大学毕业生在工作岗位上要求达到的基本工作能力水平

资料来源：《2011 年中国大学生就业报告》。

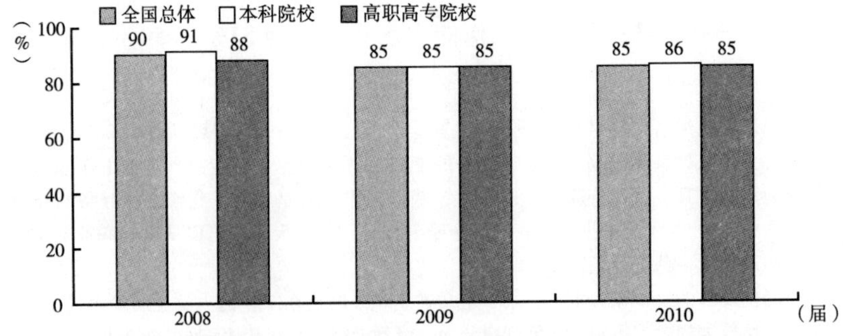

图 5　2008～2010 届大学毕业生的基本工作能力满足度

资料来源：《2011 年中国大学生就业报告》。

要求的相应水平分别为62%和58%。2010届本科毕业生的能力满足度①和高职高专基本持平，分别为86%和85%，均低于2008届本科和高职高专毕业生的基本工作能力满足度。②可见，高校对学生的培养还无法完全满足社会对大学毕业生的要求，这一方面导致部分毕业生无法找到工作，而另一方面部分用人单位也无法找到满足自己需求的毕业生。所以，高校需要根据社会的需求，不断完善自己的课程建设，使学生毕业后能够达到用人单位的要求。

在生源下降的背景之下，高校除了提高学生的培养质量之外，还需要考虑缩减部分专业，突出自身的办学特色。目前，国内的高校存在专业设置雷同、培养模式单一、学生解决问题能力差、创新能力不足和学校竞争力不强等弊端。生源持续下降，将使国内高等教育由卖方市场转向买方市场。据麦可思发布的调查数据③显示，2008～2010届毕业半年后失业人数最多的前10个本科专业中，有7个专业重合，依次为：英语、法学、国际经济与贸易、计算机科学与技术、会计学、工商管理、电子信息工程；2008～2010届毕业半年后失业人数最多的前10个高职高专专业中，有9个专业重合，依次为：机电一体化技术、计算机应用技术、物流管理、数控技术、会计、会计电算化、计算机网络技术、商务应用、电子商务。这些热门专业毕业半年后失业的人数众多，供应过剩。偏偏这些热门专业又是我国高校在综合化发展过程中普遍设置的专业，其趋同性都很高。一些特色型院校也普遍过于热衷设置自己特色学科领域之外的热门专业，导致教育资源的紧张，抑制了特色型院校传统专业的正常发展。所以，高校应该利用生源下降的机会，重新调整专业结构，突出自身办学特色。

（二）加强新生的适应性教育

高考录取分数不断下降，高考录取率连年攀升，导致高等教育的门槛越来越

① 工作能力的满足度：离校时掌握的水平达到社会初始岗位的工作要求水平的百分比。

② 麦可思研究院编著《2011年中国大学生就业报告》，社会科学文献出版社，2011，第125～126页。

③ 麦可思研究院编著《2011年中国大学生就业报告》，社会科学文献出版社，2011，第82、109、113～114页。

低，从而使高等教育生源的背景也将与之前有所不同。而这种不同可能导致原有教学方式、学工方式不再适应，在教学中学生的参与度下降，新生心理问题增多，从而直接影响培养质量结果。

这种情况并不是中国特有的，在美国也曾经出现过类似的情况。在美国高等教育普及化的情况下，大学的生源和组织结构变得更加复杂。例如，家庭“第一代大学生”（First Generation Student）在学术和思想上并未做好充分准备，新生在进入大学后开始面对诸如选课之类的更多复杂抉择。① 因此，高校必须为这个群体做一些特殊的安排和课程结构的调整，帮助他们很好地适应大学的环境。美国高等教育“新生体验计划”的发展最初是为了解决高校日益下降的新生保留率。表面上来看，如果只是为了留住学生，高校只要放低对学生的要求就可以了。但事情并非如此简单。美国多份教育报告达成共识：大学第一年是为学生投入高等教育学习打下基础的一年，新生的学习体验是确保大学学习质量的基础，因此新生入学第一年的教育也是确保高等教育质量提升的基础工作。②

对于国内院校来说，一方面可以在新生刚入学时开展新生对大学的期待调查，了解新生对大学期间的各种学习和生活的期待，同时在新生入学后半年或一年后开展新生适应性调查，从多方面了解新生个人家庭背景，以及在学习、生活、经济、人际交往等方面遇到的主要问题，并且特别关注那些出现诸如学习压力大、不适应集体生活、经常失眠或生病、沉迷于某种娱乐（如游戏、网聊）等问题的“高危”人群，对这类学生的培养作出相应调整和改进，以提升毕业生在校体验，从而提高培养质量。同时，也可以效仿美国社区学院的做法，在新生入学前先进行一次摸底考试。基础薄弱，未达到本校课程基准的学生无法通过考试，需要先单独接受相应的培训和辅导。等到他们和大多数学生站在同一起跑线上后，再开始大学的课程学习。在已经获得大学准入证的前提

① Nunez A. & Cuccaro-Alamin S.，“First-Generation Students：Undergraduates Whose Parents Never Enrolled in Postsecondary Education，U. S. Department of Education.” *National Center for Education Statistics Report*（*NCES 98－082*），（Washington DC：U. S. Government Printing Office，1998）.

② King M. C. & Kerr T. J.，“Academic Advising.” *Challenging and Supporting the First-year Student：A Handbook for Improving the First Year of College*；ed. M. L. Upcraft，J. N. Gardner & B. O. Barefoot，（San Francisco：Jossey-Bass，2005），320－338.

下，先衡量学生已经掌握知识的水平，以便制订更合适的教学方案。这样的摸底测试使得考试能够回归检测手段的本质，也使得大学教育更能达到学习的最终目的。

（三）拓展生源空间，加大社会培训

2010 年，台湾地区的教育部门开放大陆学生到台湾就读，原因之一就是台湾人口出生率很低，而高校甚多，特别是私立高校更多，生源枯竭。面对国内的生源下降，顺应发达地区生源减少的趋势，理应调整各地生源指标，促进高等教育录取指标均衡。

因此，受高等教育生源下降影响较大的三本院校和部分高职高专院校，更应该主动去寻找生源。在目前生源下降的形势下，高校可尝试向社会开放，承办各种技能考证培训课程和提升职业能力的长短期培训课程，积极吸纳社会成人和在职人员以弥补生源下降所带来的缺口。根据麦可思调查数据显示，2007 届大学毕业生三年内有 27% 接受过自费的培训（见图 6）。2007 届大学毕业生主动接受自费培训的原因是为了提升个人综合素质的需要，在现有工作单位做好工作或晋

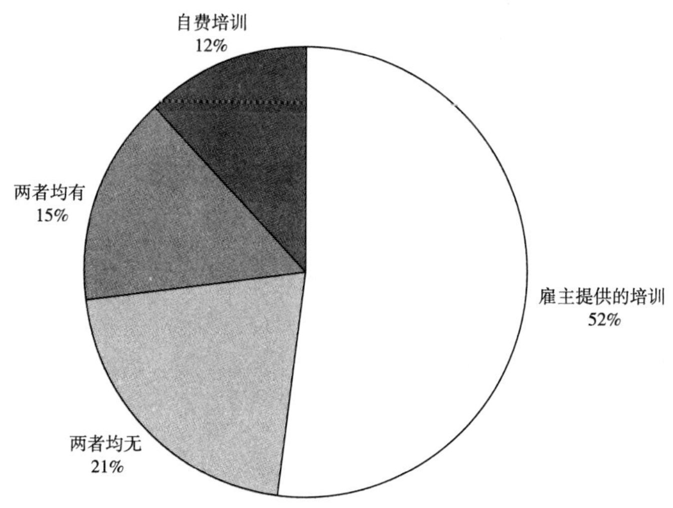

图 6　2007 届大学毕业生三年内接受培训类型的分布比例

资料来源：参见麦可思《中国 2007 届大学毕业生三年后职业发展调查》。

升，为转换职业和行业做准备（见图7）。可见，即使是大学生，在毕业后仍然有培训的需求，对于那些没有大学文凭的社会劳动者来说，其培训需求可能更大。如果高校能充分利用这些社会人员的需求，开发相应的培训内容，充分吸收社会生源，可以弥补生源下降所带来的影响。

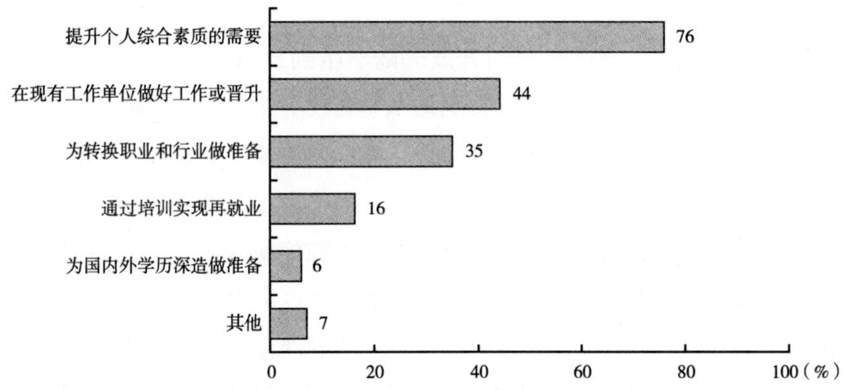

图7　2007届大学毕业生三年内接受自费培训的原因（多选）

资料来源：参见麦可思《中国2007届大学毕业生三年后职业发展调查》。

四　基本结论

本文主要分析了我国高校在生源下降背景之下的高等教育结构的调整。由于计划生育政策的影响，新增人口数量在不断地下降。同时，部分高中毕业生选择放弃国内高考，出国留学，然而高校的扩招仍在继续。这些因素综合产生的结果就是我国高等教育的生源在下降，高等教育已进入了生源下降的时代。在这种情况下，建议高校应该利用生源下降的机会，对自身的结构进行调整，缩减招生，优化专业结构，从原有的规模扩大转向自身内涵的建设。同时，由于高考录取率的不断上升，高等教育的入学门槛在下降。在这种情况下，高校的生源结构将会变化，原有的培养方式已经不再适应。高校须根据生源的特点，相应地调整学校的培养方式，从而保证人才培养质量。最后，受生源下降影响较大的三本院校和部分高职高专院校应该主动去寻找生源，尝试向社会开放，承办各种技能考证培训课程和提升职业能力的长短期培训课程，积极吸纳社会成人和在职人员以弥补生源下降所带来的缺口。

On the Restructuring of Higher Education Induced by Declining Student Pool

Wang Boqing　Men Yao　Luo Lijuan　Wang Mengping

Abstract: Being influenced by the prevalence of lower birth rates, the sources of potential HEI applicants are entering a new era of reduction. With this context in mind, it is imperative that HEIs should reduce the number of new entrants and try to adjust the educational programs (specialties) offered, and try to develop their own unique features in education, and to adjust the manner of instruction for new students, so as to enable them to adapt to college study better. Significantly affected by the declining student pool, the third rank universities and part of vocational colleges are proposed to extend age range of student pool and enhance the quality of social training so as to cover the shortfall of declining student pool.

Key Words: Declining student pool; Higher education; Adjustment of structure

B.19

大学生视角下影响创业因素的调查

——以北京林业大学为例

孙大伟　董倩倩　王安然*

摘　要：本文通过对北京林业大学部分在校生及毕业生的问卷调查，对有过创业经历或正在创业的大学生的访谈，了解了大学生对于创业政策、创业实践、创业者和创业教育的真实看法，研究影响大学生创业的主要因素。调查显示：多数大学生比较认同创业者及创业实践活动，但缺乏创业的勇气。本文分析了出现这种现象的主要原因，并在此基础上提出了相关建议。

关键词：大学生视角　大学生创业　影响因素

一　大学生创业的现状

（一）扶持大学生创业的政策体系基本建立

2002年3月，国务院办公厅转发教育部等部门《关于进一步深化普通高等学校毕业生就业制度改革有关问题意见的通知》，首次提出要鼓励和支持高校毕业生自主创业。自此，大学生就业创业问题得到了各级政府部门的高度重视。十年来，中共中央办公厅、国务院办公厅、教育部、财政部、国家工商总局、国家发展和改革委员会、人力资源和社会保障部等部门出台了十多项相关的政策规

---

* 孙大伟，中国社会科学院助理研究员，研究方向为人才学与人力资源管理；董倩倩，北京林业大学经济管理学院管理学学士，研究方向为财务管理；王安然，首都经济贸易大学劳动经济学院管理学学士，研究方向为人力资源管理。本文得到“2010年北京市大学生科学研究与创业行动计划”的资助（项目编号：101002215）。

定，在提供创业优惠税收政策、提供创业小额贷款和担保、减免创业行政性收费、加强创业教育和培训、简化创业审批手续、加强创业保障等方面做出了相应的规定，初步建立起了大学生自主创业政策扶持体系。

在这一背景下，各地结合自身实际，开展了形式多样的大学生创业活动。如北京市划拨了2505万元专项资金用于开展4000项大学生科学研究与创业行动计划；① 上海市根据“以创业带动就业，以创业推动创新”的理念，从大学生入学第一天起就开始进行全程的创业教育，推动大学生创业从为了生存的创业走向促进自身发展的创业，通过分类指导提升创业品质；② 重庆市将大学生创业活动纳入“泛海扬帆行动”公益项目，对2011年重庆应届高校毕业生和毕业5年内的在渝大学生提供创业项目启动资金资助，并给予创业培训补贴、小额担保贷款贴息、社会保险补贴、提供场地扶持、税费减免及跟踪指导等帮扶；③ 吉林省加强对大学生创业典型的宣传，举办了“全省高校毕业生十大创业先锋”评选表彰、“吉林省大学生就业创业论坛”等活动，与吉林电视台录制专题片，宣传创业典型，引导毕业生理性就业创业。④

这些创业活动的广泛开展，不仅促进了大学生就业，而且还在社会上形成了一种鼓励大学生创业、推动大学生创业的良好氛围。

（二）大学生创业实践仍处于初级阶段

尽管从中央到地方都高度重视大学生创业，在政策层面提供了优惠条件，但我国大学生创业实践还处于初级阶段，大学生在创业活动中还存在不少问题。

1. 大学生的创业热情尚未被完全激发出来

对大学生创业意愿的调查显示，很多大学生选择创业多为无奈之举或一时冲动。如吉林的一个调查，大学生“创业愿望强烈的占21.6%，愿望适中的占40.9%，愿望较弱的占28%，没有创业愿望的占9.5%”。⑤ 另一个调查中，“确

① 《北京大学生展示科研与创业成果》，2010年5月10日《中国教育报》。

② 《让大学生拥有“第三本教育护照”——全国大学生自主创业工作经验交流会综述》，教育部网站，2011年3月30日。

③ 《重庆：103个大学生创业项目获300万元资助》，新华网，2011年11月6日。

④ 《“大学生青春创业行动”综述》，共青团吉林省委学校部网站，2011年7月31日。

⑤ 刘立立、赵慧君、李妍：《大学生创业问题调查》，《吉林省教育学院学报》2010年第11期。

定创业的大学生占10%，条件具备后再创业的占63%，倾向于就业的占17%，不确定的为10%。”① 福建省厦门市2009年毕业的17214名本科生中，最后选择创业的仅61人，创业比例仅为0.3%。②

2. 自主创新研发型的创业实践较少

大学生创业主要集中在零售业、餐饮行业、网络游戏、服装批发、网店等几大类，这主要是因为这些行业进入门槛低，专业要求不高，比较适合大学生创业。大学教育偏重通识教育，大学生的科研能力和实际动手能力不足，导致大学生创业企业中的自主创新研发型企业较少。

3. 大学生创业成功率较低

据天津市人力资源和社会保障局创业中心不完全统计，包括天津在内的许多城市，创业成功率只占全部创业大学生的1%，但发达国家的大学生创业成功率能达到20%。③ 另有调查显示，目前中国大学生每年选择创业的比例为5%，成功率在2%～3%，浙江大学生创业成功率比较高，在4%左右，创业最成功的领域是网络创业。④

二　大学生关于创业的认知

为调查了解大学生对于创业的认知程度，我们向北京林业大学的学生发放了300份调查问卷，收回有效问卷252份，并约访了其中20位有创业实践或想法的大学生。

（一）大学生对于创业政策的认知

调查结果如图1所示：11%的大学生表示从未听说过国家关于扶持大学生创业方面的政策和规定；85%的大学生听说过有关政策和规定，但不知道具体内容；仅有4%的大学生表示不仅听说过国家关于大学生创业方面的政策和规定，而且熟悉相关政策的具体内容；但没有学生不仅了解有关政策的具体内容，而且

---

① 刘宏波、刘华桢：《大学生创业综合状况调查与思考》，《教育与职业》2010年第13期。

② 沈晓丽、梁静：《大学生创业比例为何仅0.3%?》，中国安徽在线，2010年11月11日。

③ 《大学生创业成功率不足1%》，2010年12月11日《城市快报（天津）》。

④ 《大学生创业成功率仅为4%，网络创业最顺手》，中国网，2011年1月7日。

还去积极研究、学习这些政策。以上数据清楚地表明：大学生对于创业政策的认知程度很低。

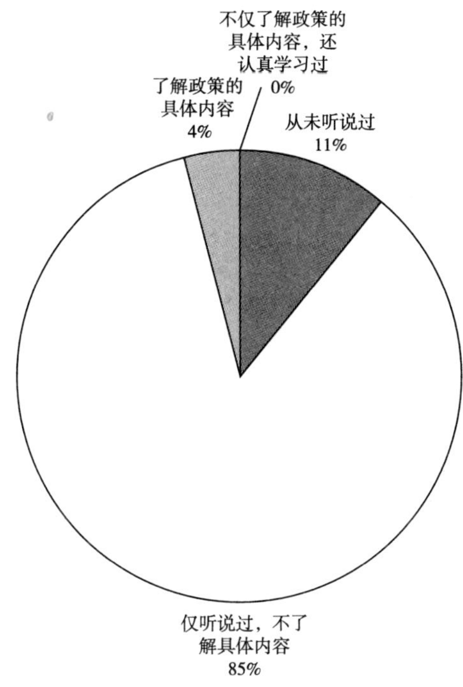

图 1　大学生对创业政策的了解程度

（二）大学生对于创业实践的认知

1. 影响大学生创业的第一重要因素

调查发现，大学生认为影响他们创业的因素有很多，且各类因素的重要程度不相上下。从图 2 可以看出，27% 的大学生认为坚强的毅力和不服输的精神是影响创业的第一重要因素，22% 的大学生认为得到家人和朋友支持的精神鼓励是影响创业的第一要素，19% 的大学生认为广博的人脉是影响创业的第一重要因素，16% 的大学生认为拥有领先的技术或雄厚的资金是影响创业的第一重要因素。

2. 大学生创业的动机及目的

动机和目的往往决定行为的正当性和生命力。创业也是一样，为了生存而创业与为了兴趣而创业，两者导致的创业过程和结果是不一样的。关于大学生创业

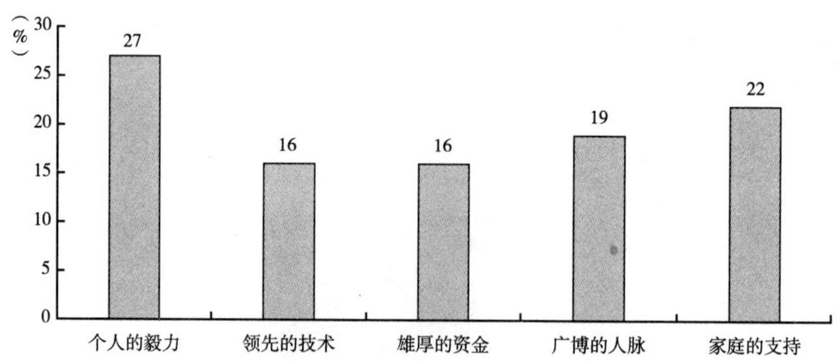

图 2　大学生认为影响创业的第一重要因素

的动机和目的的调查结果如图 3 所示：把创业仅仅作为一种谋生手段，有好的工作就不会创业的大学生占 21%；认为创业就是一时冲动，富人富折腾、穷人穷折腾的占 3%；把创业当成迅速积累财富的投机手段，是一种冒险行为的占 16%；认为创业就是不给别人打工，自由地工作生活的占 22%；因创业是实现人生价值、追求理想的不二法门而创业的占 38%。

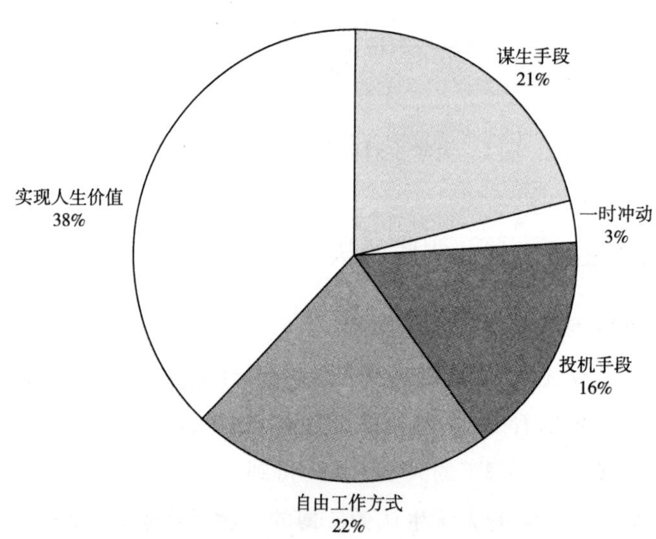

图 3　大学生对创业动机及目的的看法

3. 大学生创业的最佳时机

机遇是成功的催化剂。创业也是一样，创业者善于抓住好的时机则事半功

倍。对于大学生创业的最佳时机，最有发言权的还是大学生自己。调查结果如图 4 所示：认为在校期间就应该创业和认为在校期间应该学习主要创业理论，一毕业就创业的比例相同，均为 13%；认为要毕业一段时间后，积累了资金和工作经验后再创业的占 72%；认为大学生创业都是权宜之计，万不得已才会创业的同学占 2%。

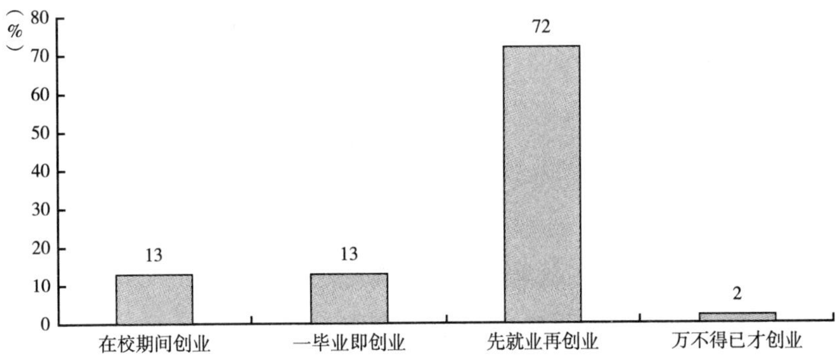

图 4　大学生对创业最佳时机的看法

4. 大学生创业的最优方式

任何只要能创造现金流入大于流出的经营方式，都是创业可以选择的方式，但是这些可以选择的创业方式，哪一种对于大学生创业而言是最优的？调查结果如图 5 所示：24% 的受访者认为借助网络营销、网上开店等方式是大学生创业的最好方式；5% 的人认为先靠贷款或靠父母支持完成创业原始积累的方式是最好的方式；14% 的人认为通过练摊等传统、原始的方式创业是最好的方式；57% 的人认为先通过就业积累资金、经验、人脉等，然后在有创业激情的前提下再去创业是最好的方式。

（三）大学生对于创业者的认知

创业者是创业活动中最活跃的因素，人们对创业者的认识和评价往往可以代表其对创业活动的认识。在大学生看来，毕业后不工作而去创业的同学是什么类型的群体呢？调查结果如图 6 所示：认为创业的大学生多半是成绩差的学生，找不到好工作才去创业的只占 2%；认为创业的大学生多半是成绩好的学生，只有在校成绩好的大学生去创业才有可能成功的占 5%；认为创业的大学生多半是有

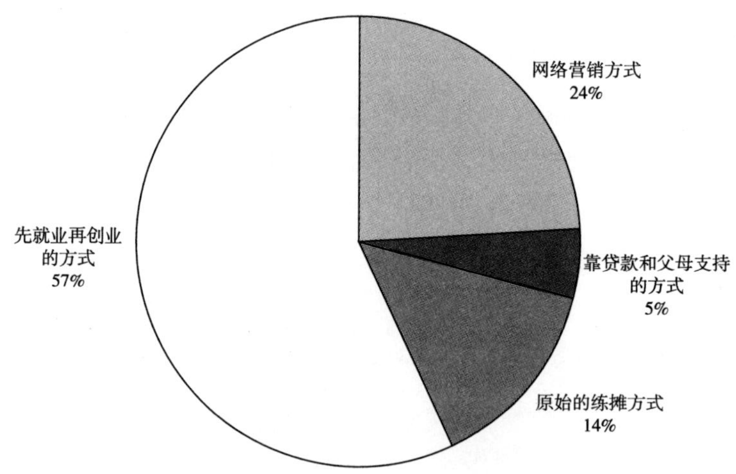

图5　大学生对最好的创业方式的看法

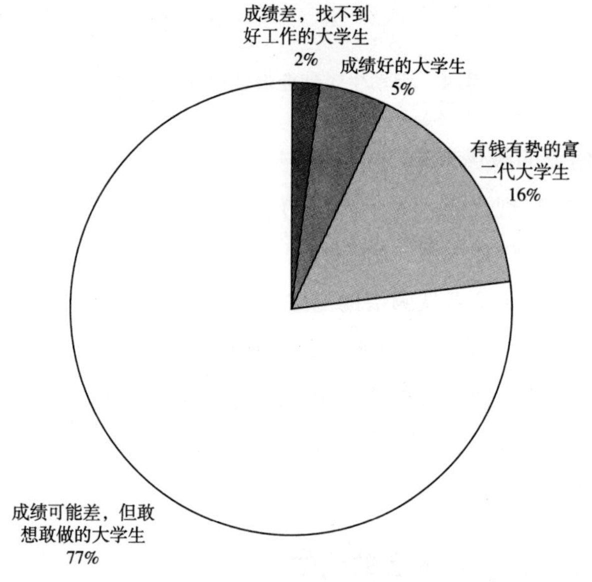

图6　大学生对创业者的看法

钱有势的富二代，贫困大学生不适合创业的占16%；认为创业的大学生可能在校成绩较差，但是敢于创业的大学生多半是有想法、有能力的大学生的占到了77%。

（四）大学生对于创业教育的认知

据了解，目前我国大学生接触创业教育的主要途径是选修创业类课程和参加创业类的学生社团。北京林业大学开设的关于创业方面的课程共有两门，分别是《大学生创业学》和《大学生成功学》，创业类学生社团有成功创业者协会、千陌商社等。大学生对创业课程和社团的了解及参与程度如图 7 所示：有 61% 的学生表示未听说过创业方面的课程或未参加过创业方面的社团；有 20% 的学生听说过也曾选修过创业方面的课程，但是感觉对自己的作用不大，甚至没有作用；仅有 19% 的学生选修过相关课程或参加过相关社团，且认为对自己的作用比较大。

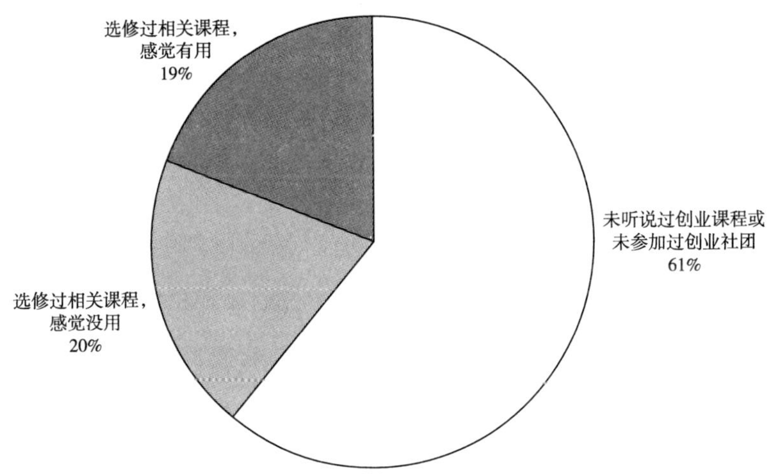

图 7　大学生对创业课程及创业社团的参与及认可程度

三　影响大学生创业的因素分析

通过以上的调研数据可以看出，多数大学生虽然对于创业者和创业实践的评价较为中肯，但对熟悉创业政策、接受创业教育、参加创业类社团活动等并不主动。换言之，多数大学生对于创业者及创业实践活动是比较认同的，但缺乏创业的勇气。之所以会如此，我们认为需要从客体因素、主体因素和环境因素等三个方面进行分析。

（一）客体因素

创业与就业不同，它是一种创新性的活动，要求创业者要么在某一全新的社会经济领域开创事业，要么在常见的社会经济领域进行创新；它也是一项高风险的活动，往往具有不确定性；它还是一项综合性的活动，不仅涉及产品和服务的来源、销路，还涉及产品和服务的管理。显然，创业不是一项低门槛的活动，创业也绝对不是找不到工作的大学生的收容站。恰恰相反，创业对创业者的素质要求很高，它要求大学生首先要具备较多的社会经验，掌握丰富的创业知识，拥有一定的经济基础。而这往往是一般大学生所不具备的。

（二）主体因素

1. 大学生的成长轨迹具有单向性

我国大学生的成长轨迹一般都是从家庭到学校的单向性轨迹，毕业之前还不是一个社会人，充其量是一个“家庭＋学校人”。家庭和学校的共同特点就是为孩子安排好一切，设置了既定的目标和固定的路线，这些孩子只需要按照既定的路线图走下去即可。他们不需要有自己的兴趣，甚至不需要有自己的想法。这些孩子的成长是由考试分数堆砌而成的，而这与社会经验无关，与生活经验无关，甚至与基本的人情世故也无关。

2. 大学生的知识储备褊狭

作为“家庭＋学校人”的大学生缺乏社会经验、生活经验的积累，其知识储备多半来自书本知识，这极大地局限了大学生的视野。而且大学生储备的书本知识也褊狭，本专业之外的知识由于不在考核范围之内而很少主动涉猎。根据我们的访谈和观察，大学生为应付外语四六级考试及计算机等级证书等各类资格考试，耗费了过多的精力，对其专业课的重视和努力程度很低，有的大学生往往是通过考前一周甚至几天的突击复习而勉强通过专业课考试的。

3. 大学生无法独立完成创业资本的原始积累

创业并不总是一项收益活动，这就要求大学生创业者要有一定的资本原始积累，以应对创业风险。但在校大学生作为纯粹的消费者，其经济来源绝大部分来自家庭供给。这使得多数大学生独立完成创业资本原始积累的可能性几乎为零。虽然有的大学生利用课余甚至学习时间从事各种各类的兼职赚钱，但是根据我们

的调研和切身的体会，大学生所做的兼职工作，要么是技术含量很低的发传单、送外卖等体力劳动，要么就是与大学生专业联系不大的中小学家教等脑力活动。大学生通过兼职积累的充其量是零花钱，而不是资本。

可见，大学生特别是在校大学生的主体条件并不能完全适应创业活动的要求，但这显然不能完全归咎于大学生群体不优秀。除了创业活动本身要求比较高之外，我们认为这与我国的社会传统和目前的社会环境有着较为紧密的关系。

（三）环境因素

1. 家庭一般不支持大学生创业

根据我们的约谈以及相关报道，我们发现，家长特别是广大农村贫困地区的家长供养大学生是具备起码的经济理性的，他们希望家庭在孩子读书期间的投入会在其毕业后的较短时间内得到回报。但是，近年来由于大学毕业生就业压力的加大，多数家长也随之降低了心理期望值，他们不再要求孩子毕业后立刻反哺家庭。但是要求家长们在孩子毕业后继续“投资”，而且是投资一个高风险的创业领域，可能性是很小的。我们约谈的家长几乎毫无例外地希望自己的孩子能找到一份稳定的工作，而且越是贫困地区的家长越是希望如此。

2. 高校开展的大学生创业教育流于形式

据我们所知，创业教育的相关课程多数是以选修课的形式出现的，不少大学生上选修课基本就是混学分。有的高校也会举办创业知识讲座，但这种讲座多半沦为低年级学生用来填写“第二素质课堂认证书”的牺牲品，对真正想创业的学生的作用并不大。另外，有的高校还会组织一些创业大赛，但据我们调查，很多大学生参赛的目的并不是因为想要创业，而是想赚取保研、评优的砝码。另有学者指出，目前我国高校创业教育的师资主要以经济和管理类的专业教师和从事学生就业工作的政工干部为主，这些老师因为缺乏创业实践经验，因而难以胜任创业教育的工作，创业教育的效果也大打折扣。①

3. 国家出台的大学生创业政策遭遇梗阻

国家创业政策遭遇梗阻主要是指两个方面：一是大学毕业生往往因看不懂创业经济政策涉及的金融税务等专业术语，或理解不了政策而失去研究政策和利用

① 籍庆利：《浅谈我国大学生创业教育》，《中国科技信息》2010 年第 24 期。

政策的兴趣，转而依靠家庭出资创业。二是国家出台了大量鼓励大学生创业的利好政策，但这些政策的落实缺乏配套措施，或者是有了配套措施但要求苛刻、手续繁琐，影响了政策效果。

四　促进大学生创业的建议

（一）大学生应加强对创业本身以及创业政策的研究

在创业前，大学生应主动接受创业教育，积极参加创业实践活动。接受创业教育可以更全面、更深入地了解创业活动，学习创业知识，熟悉创业政策，发现创业规律，获得创业信息。参加创业实践活动可以检验所学到的创业知识，并在实践当中丰富创业知识，积累创业经验，总结创业技能，结识创业伙伴等。在接受创业教育、参加创业实践活动中，大学生创业者应变被动学习为主动研究，成为了解创业活动和创业政策的行家里手。

大学生在创业时，首先，应谨慎选择创业时间，对于大多数大学生而言，毕业后即创业的风险性太大，相对稳妥的办法是先就业再创业或边就业边创业。其次，应选择熟悉的创业领域和擅长的方式。再次，应利用团队力量创业，发挥集体的力量。最后，应坚持创业梦想，一旦选择创业，就应坚持到底，实现自我价值。

（二）家庭、高校和国家有关部门应营造优良的创业环境

首先，应加强大学生创业活动及政策的宣传。通过对大学生创业活动的宣传，逐渐改变人们特别是大学生家长对于大学生创业的负面看法，争取大学生家长的支持。通过对大学生创业政策的宣传，家长和广大潜在的大学生创业者真正了解创业政策的优惠措施，鼓励更多的大学生积极投入到创业实践中来，在创业中实现人生价值。

其次，应重视大学生创业人才的培养。通过创业教育，向大学生传授其创业真正所需的知识、技能、信息等；创新创业教育方式，突出培养学生的创造性思维和创新能力，以适应创业活动的客观要求；加强实践培养，依托学校的重大科研项目和重大工程、重点学科和重点科研基地、国际学术交流合作项目，建设大

学生创新性创业人才培养基地。

再次，应健全大学生创业的保障措施。我国鼓励大学生创业的优惠政策主要表现在为大学生创业者提供贷款、减免税收等经济政策上，以及提供创业孵化基地、创业项目指导等创业教育政策上。而关于大学生创业者的户口、保险、子女上学等保障性政策则鲜有提及。因此，应尽快健全符合大学生创业者特点的保障措施，以让大学生创业者毫无顾虑地施展才华。

最后，应创新针对大学生创业的管理机制。设立扶持大学生创业的专门机构，统一受理大学生创业的咨询、援助等，改进服务和管理方式，落实国家关于大学生创业的重大政策，推动大学生创业事业的全面发展。

A Survey of Factors Influencing the Starting of New Businesses by College Graduates Viewed from Their Own Perspective

—Based on Findings of the Graduates of Beijing Forestry University

Sun Dawei Dong Qianqian Wang Anran

Abstract: In order to understand real opinions of undergraduates on entrepreneurship policies, entrepreneurial practices, entrepreneurs, and entrepreneurial education, and analyze the main factors influencing entrepreneurship of undergraduates, a survey was made through questionnaire to students and graduates and interviews with those who have entrepreneurial experiences in Beijing Forestry University. The findings suggest majority of university students identify entrepreneurs and entrepreneurial practices, but lack entrepreneurial courage. Several recommendations are proposed based on the analyses of main reasons behind this phenomenon.

Key Words: Perspective of undergraduate; Entrepreneurship of undergraduate; Influence factor

B.20

对6所985高校毕业生就业状况的调查

李春玲*

摘　要： 基于6所985高校毕业生的调查结果显示：应届毕业生中只有大约三分之二的人会在当年进入劳动力市场，另外三分之一的人还将继续接受教育而在随后数年中陆续进入劳动力市场；进入劳动力市场的毕业生中，90%以上都能在一年内就业，处于失业状态的比例并不高；与普通高等院校的毕业生一样，985高校的毕业生也遭遇了"文凭贬值"；毕业生的就业期望与劳动力市场实际状况的差距，加大了大学生找到满意工作的难度；家庭背景和学业成绩对985高校毕业生就业机会的影响不大，但第一份工作的收入水平受到家庭背景的强烈影响。

关键词： 985高校　毕业生特征　就业率　毕业生分流　文凭贬值

自2003年第一届扩招后高校毕业生开始就业以来，大学生就业困难问题愈演愈烈，已成为社会公众广泛关注的一个社会问题。教育部门公布的大学毕业生就业率和失业率遭到公众的普遍质疑，专家学者对大学生就业难问题的分析不能令人满意，大学生及其家长纷纷抱怨政府部门未能采取有效的政策措施缓解大学生的就业压力。同时，已经就业的大学生也十分不满他们目前的就业状态和薪资水平。2010年4～8月，我们对6所985高校毕业生的就业状况进行了调查分析，发现985高校毕业生处于未工作状态的比例高于大学毕业生平均水平，但其中的绝大多数是在为考研、出国、专业资格考试做准备或正在接受

* 李春玲，中国社会科学院研究员，主要研究领域为教育社会学、职业社会学、社会变迁等。

专业技能培训，真正处于失业状态（正在找工作和什么事也不做）的比例并不高，只有5.1%。

一　毕业生的人口特征

作为高校毕业生群体的精英分子，985高校近8年的毕业生具有一些明显的人口特征（见表1）。他们绝大多数是“80后”，接近半数的人是独生子女，其独生子女比例明显高于整个“80后”群体。

表1　985高校毕业生人口特征

单位：%

类　别	“80后”比例	独生子女比例	已婚比例	来自农村的比例	少数民族比例	党员比例
本科毕业生	94.7	46.6	15.4	39.8	7.1	40.8
硕士毕业生	89.4	44.4	36.3	37.5	3.7	69.8
博士毕业生	51.7	29.8	60.9	47.6	4.9	72.4

985高校毕业生中来自农村家庭的比例明显低于“80后”群体中农村人口的比例，并且这一比例在不同年份也有所波动。2003年之前大约有40%的毕业生来自农村，2003届和2004届毕业生中来自农村家庭的比例明显上升（分别为45%和51%），其后比例开始下降，2007～2009届毕业生中来自农村家庭的比例回落到39%～40%。这种变化可能是由于大学扩招的最初几年，农村家庭子女受益于扩招政策，上大学的机会明显上升，但随后出现的大学毕业生就业困难使农村家庭子女上大学的意愿下降。

二　毕业生的就业率及其影响因素

（一）毕业生的就业率

大学毕业生的就业率是一个极具争议性的话题，官方公布的数据始终无法得到公众的认可。导致大学毕业生就业率估计差异的一个重要原因是计算方法不统一，官方的就业率统计常常把继续求学（读研/博或出国读书）的毕业生计算为就业，而公众则把这些人归类为未就业。麦可思教育咨询公司公布的近几年大学毕业生就业率常常为媒体所引用，其采用的统计方法是排除继续求学的学生来计算就业率。它所公布的历年大学生毕业半年后就业率详见表2。

表2　2006～2009届大学生毕业半年后就业率

单位：%

届别	“211”院校	非“211”院校	高职高专院校	总体
2006	90.2	87.3	80.1	—
2007	93.5	90.4	84.1	87.5
2008	90.1	87.3	83.5	85.6
2009	91.2	87.4	85.2	86.6

我们也采用类似方法统计985高校毕业生的就业率和失业率，只在需要就业的人中计算就业率和失业率。总体来看，985高校毕业生有极高的就业率，只有极少数毕业生处于失业状态。把表3数据与表2数据相比较，985高校2009届本科毕业生就业率（92.4%）高于“211”院校91.2%的平均就业率（“211”院校包括了“985”院校），而“211”院校就业率高于普通院校（87.4%）。

表3　985高校历届毕业生目前的就业率和失业率

单位：%

毕业年份	本科毕业生			硕士毕业生		
	当前就业率（有稳定工作）	当前失业率（正在找工作）	从未就业比率	当前就业率（有稳定工作）	当前失业率（正在找工作）	从未就业比率
2009	92.4	7.6	6.0	90.3	9.7	8.1
2008	93.0	7.0	4.1	92.1	7.9	7.8
2007	97.2	2.8	1.5	92.3	7.7	6.3
2006	98.2	1.8	1.2	96.7	3.3	3.4
2005	95.1	4.9	0.6	96.0	4.0	2.9
2004	95.9	4.1	0.0	—	—	—
2003	97.2	2.8	0.0	—	—	—

说明：统计的基数是“有稳定工作”的人数与“正在找工作”的人数之和。

不同学历的毕业生相比较，硕士毕业生的就业率略低于本科毕业生（见表3），而且硕士毕业生需要更长的时间才能实现完全就业。这可能是由于硕士毕业生的专业性较强，就业领域比本科生狭窄，同时硕士生的工作要求也更高，更

不愿意接受不满意的工作。985 高校博士毕业生的就业率高于本科生和硕士生，并且毕业后两年内基本实现就业。调查结束时（2010 年 8 月底），接受调查的 2010 届本科毕业生中，84.2% 已有工作，15.8% 还在找工作；硕士毕业生中 87.5%已有工作，12.5%还在找工作。另据麦可思教育咨询公司对毕业生各月份签约率的调查，2010 届大学毕业生的各月份签约率高于 2009 届毕业生。上述统计显示的大学毕业生就业率——不论是 985 高校还是其他院校，都表明大学毕业生的失业问题并不像人们想象的那么严重。在一些发达国家，高等教育由精英教育（只有少数人能上大学）发展到大众教育（多数人都能上大学）都会引发大学生就业难问题，这是一种可以理解的现象。然而，中国的高等教育规模远未达到大众化的水平，大学毛入学率还未达到 25%，上大学的机会竞争仍然十分激烈，学生和家长投入的教育成本（经济成本、时间成本和努力程度）不断增加，换来的大学文凭竟然不能找到一份满意的工作，这的确让人心理难以平衡。

（二）影响就业率的因素

对于 985 高校的毕业生来说，家庭背景对于获取一份好工作的作用并不太大。据回归分析显示，家庭背景因素（包括父亲的职业地位、父母的文化水平和父母的月收入）对于毕业生第一份工作的就业机会、找到第一份工作的时间以及失业的可能性都没有太大影响。同时，无论是来自城市还是乡村都不会影响第一份工作的就业状况，只不过来自城市的毕业生比来自农村的毕业生进入外资企业的可能性更大（1.4 倍）。

对第一份工作的就业状况有明显影响的因素是性别、党员身份和学历。男性比女性具有明显优势，985 高校男性毕业生就业率是女性毕业生的 1.2 倍。不过男女的失业率没有差异，这表明女毕业生就业率虽低于男生，但并不意味着她们就处于失业状态。男毕业生比女毕业生更有可能进入国有部门，男性进入国有部门的可能性是女性的 1.7 倍，但在进入外资企业机会方面没有男女差异。另外，党员毕业生进入国有部门的可能性高于非党员，他们进入国有部门的几率是非党员的 1.5 倍。

学历对第一份工作的就业状态有明显影响，但并非学历越高就业率就越高，相反，与本科毕业生相比，硕士和博士毕业生处于待业状态的可能性更高，而且找工作的时间更长。不过，硕士和博士毕业生进入国有部门的机会明显高于本科毕业生，硕士毕业生进入国有部门的可能性是本科毕业生的1.4倍，而博士毕业生进入国有部门的可能性是本科毕业生的7.4倍。

毕业生的学业成绩对第一份工作的就业状态具有明显影响，但并非是学业成绩越好的人就业机会就越多。不过，学业成绩对工作单位类型的选择有正面的影响，专业课成绩好的人更有可能进入国有部门，而外语水平高的人更有可能进入外资企业。但有意思的是，学习勤奋的人进入外资企业的可能性低于学习不那么勤奋的人。

三　毕业生分流现象与继续教育

严峻的就业形势迫使相当数量的毕业生采取某些方式来延迟就业，其中的一个主要方式就是继续求学，或者变相地延续学习过程——参加各种专业培训或准备各种资格认证考试等。这导致了许多应届毕业生在毕业后的相当长时间内并未进入劳动力市场。

表4　985高校毕业生的就业状况

单位：%

学历	目前状态	2009届	2008届	2007届	2006届	2005届	2004届	2003届
本科	有工作	56.7	72.9	90.1	85.9	83.1	79.1	90.9
	没有工作	43.3	27.1	9.9	14.1	16.9	20.9	9.1
	其中:正在找工作	4.7	5.5	2.6	1.6	4.2	3.9	1.8
	读研/博或出国学习、复习考研/博或准备出国	33.5	17.4	4.6	8.5	8.6	12.0	4.1
	准备考公务员或其他资格考试、参加专业/职业培训	4.1	2.8	1.3	2.6	2.1	2.5	1.8
	自由职业/自主创业/家族企业	0.5	0.8	0.9	1.2	1.5	1.9	1.1
	什么也不做	0.5	0.6	0.5	0.2	0.5	0.6	0.3
硕士	有工作	68.7	73.5	84.1	89.9	—	—	—
	没有工作	31.3	26.5	15.9	10.1	—	—	—
	其中:正在找工作	7.4	6.3	6.2	3.2	—	—	—
	读研/博或出国学习、复习考研/博或准备出国	19.4	16.7	6.9	5.5	—	—	—
	准备考公务员或其他资格考试、参加专业/职业培训	3.5	2.3	1.8	0.8	—	—	—
	自由职业/自主创业/家族企业	0.2	0.6	0.6	0.5	—	—	—
	什么也不做	0.8	0.6	0.4	0.1	—	—	—

表4数据显示，985高校2009届本科毕业生在毕业一年左右仅有接近三分之二的人（61.9%）进入了劳动力市场，其中，56.7%的人有稳定的工作，4.7%的人正在找工作，0.5%的人从事自由职业和自主创业或为家族企业工作。而略超过三分之一的毕业生（38.1%）并未进入劳动力市场，他们以某种方式继续接受教育，还有极少数人“什么也不做”。与此同时，2009届硕士毕业生中约四分之三的人（76.3%）进入了劳动力市场，另外接近四分之一的毕业生（23.7%）还在继续接受教育。本次调查截止时（2010年8月底），2010届6所985高校本科毕业生进入劳动力市场的比例大约是55%，硕士毕业生的相应比例大约是60%。

大学毕业生面临劳动力市场的就业压力而采取的这种对应策略，使继续教育发挥了就业“蓄水池”的功能。政府部门在制定相关政策时应该考虑这种“蓄水池”的作用，在就业需求减少的年度，增加继续教育机会，而在就业形势良好的年份，适当压缩继续教育的供给量。同时，在估计大学应届毕业生就业需求的数量时，也应注意到有一定数量的毕业生将不在当年就业，而是在随后数年中逐步进入劳动力市场。

四　初职预期月薪与实际月薪及其影响因素

（一）初职月薪及“文凭贬值”现象

当前大学毕业生不仅面临着就业压力，同时也面临着低工资的威胁，毕业生们有时不得不接受一些较低月薪的工作，这使他们感觉到自己努力争取到的大学文凭变得越来越不值钱。表5是麦可思教育咨询公司公布的近几年大学生毕业后

表5　2006～2010届毕业生半年后月薪

单位：元

届　别	“211”院校	非“211”院校	高职高专院校
2006	2086	1807	—
2007	2949	2282	1735
2008	2549	2030	1647
2009	2756	2241	1890
2010（截至2010年6月底）	2314		2155

半年的平均月薪，从各年数据比较来看，虽然毕业生的平均月薪有所波动，但未显示出明显的上升或下降趋势。不过，由于全国及城镇就业人员的平均收入一直逐年增长，而大学毕业生的初职月薪却有所下降，“大学文凭贬值”现象的确出现了。

985 高校毕业生是否也面临着“大学文凭贬值”？图 1 显示的毕业生初职月薪与城镇单位就业人员月平均工资和城镇家庭人均可支配月收入的比例变化明显地体现了“文凭贬值”。2005 年，985 高校本科毕业生的初职月薪是城镇家庭人均可支配月收入的 3.32 倍，是城镇单位就业人员月平均工资的 1.92 倍；而到 2009 年，这两个数据分别下降为 2.06 倍和 1.08 倍。2005 年，博士毕业生的初职月薪是城镇家庭人均可支配月收入的 3.66 倍，是城镇单位就业人员月平均工资的 2.11 倍；到 2009 年，这两个数据分别下降为 2.21 倍和 1.16 倍。与城镇其他人员相比，985 高校硕士毕业生的收入优势还在保持，但这种优势有所下滑，表明硕士文凭也在贬值，只是贬值程度相对较小。

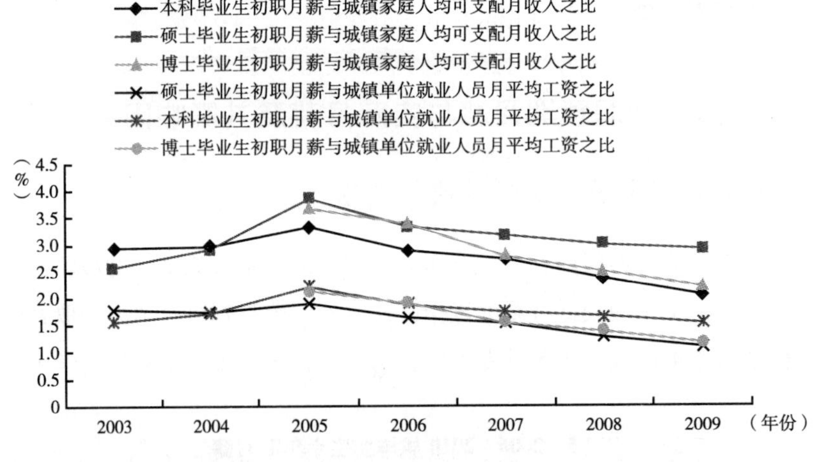

图 1　985 高校毕业生初职月薪与城镇家庭收入及就业人员工资之比

（二）预期月薪与实际月薪

一些调查数据显示，大学生对月薪的要求明显高于他们实际可获得的月薪水平。985 高校毕业生也存在同样的问题。表 6 列出了 985 高校在校生所期望的初

职月薪和近三届毕业生实际获得的初职月薪，这些数据反映出不论是本科生还是硕士生、博士生，他们在毕业前对初职月薪的期望值都高于毕业后他们能获得的实际月薪水平。

表 6　985 高校在校生期望初职月薪与近三届大学毕业生初职月薪比较

单位：元

类别	在校生期望初职月薪	2009 届毕业生初职月薪	2008 届毕业生初职月薪	2007 届毕业生初职月薪
本科	3329	2945	3116	3126
硕士	4442	4166	3963	3622
博士	6393	3170	3306	3185

（三）初职月薪的影响因素

虽然家庭背景因素对 985 高校毕业生的就业机会影响不明显，但对其收入水平影响很大。第一份工作的月收入高低受到家庭背景的强烈影响，父母的文化水平越高，以及父母的月收入越高，毕业生第一份工作的月收入也越高。但令人比较吃惊的是，管理人员和专业人员的子女的收入要低于其他阶层的子女。另外，来自城市的毕业生的收入略低于来自农村的毕业生。性别和党员身份对第一份工作的收入水平影响不大。在学历差异上，硕士毕业生的初职月收入明显高于本科毕业生和博士毕业生。学业成绩对收入水平的影响也十分明显，专业课成绩越好的人以及外语水平越高的人，第一份工作的月收入越高，但是学习勤奋者的月收入却略低于学习不那么勤奋的人。

五　工作单位选择与实际就业单位分布

大学毕业生就业期望与实际就业状况的差距不仅体现在工资收入方面，同时也反映在他们对工作单位类型的选择上。图 2 展示了 985 高校在校生所期望的工作单位类型与 2009 届毕业生初职工作单位类型。绝大多数的 985 高校在校生都期望能在国有单位或外资企业找到工作，而较少愿意去民营企业工作。但毕业生实际就业于民营企业的比例远高于他们的期望值，985 高校本科在校生中只有5.64%的人选择去民营企业，而本科毕业生中有25.87%的人就业于民营企业。本科生最想去的工作单位是外资企业（29.19%）以及政府机构和科研事业单位（22.64%），但本科毕业生进入这两个领域就业的比例明显低于他们的期望值（分别为22.12%和13.67%）。硕士在校生最希望去的是科研事业单位（26.52%）和国有企业（22.21%），实际就业情况与其期望值较为接近（分别为25.03%和21.04%），但就业于政府机构的比例（13.58%）则明显低于他们的期望值（18.32%）。大多数的博士在校生希望去科研事业单位工作（63.39%），他们基本上都能如愿（70.4%），但10.85%想去政府机构的博士生则只有4.2%的博士毕业生能在这一部门工作。

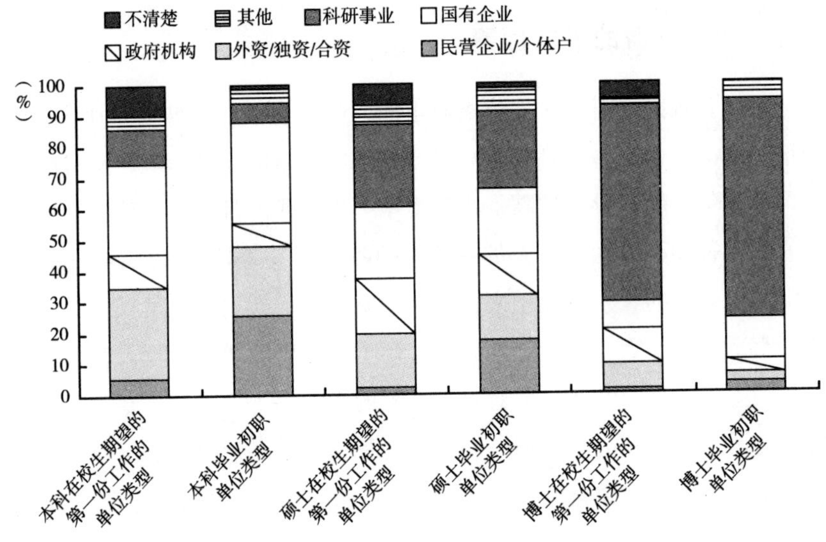

图2　985高校在校生期望工作单位类型与2009届毕业生初职单位类型

大学毕业生的工作单位选择与劳动力市场的工作岗位分布存在着差距，这也是导致大学生就业难的原因之一。目前，中小民营企业是吸纳劳动力最多的经济部门，但大多数毕业生——尤其是985高校的毕业生，不愿意去这类企业工作，这导致了一个矛盾现象：中小企业的老板抱怨招聘不到合适的大学毕业生，而大学毕业生则抱怨他们找不到满意的工作。

A Survey of the Conditions of Employment of Graduates of Six 985 HEIs

Li Chunling

Abstract: The findings of a survey of the conditions of employment of graduates of six 985 HEIs indicate that two third graduates enter into labor market in the graduation year, and the others will keep on receiving education with continuously entering labor market in subsequent years. Among the group into labor market, more than 90% of graduates could get a job and there is low proportion of unemployment. As the same as the graduates from non-985 HEIs, graduates of 985 HEIs suffer from "Devaluation of Diploma". The gap between the career expectation of graduates and the reality of labor market strengthens the difficulty of satisfactory job seeking. Although the influences of family background and scholastic attainment are not obvious to job opportunities of 985 HEIs graduates, income level of the first job is strongly affected by the family background.

Key Words: 985 HEIs; Characteristic of graduates; Rate of employment; Streamlining of graduates; Devaluation of diploma

B.21

我国“在家上学”的实践与探索

王玉国*

摘　要：“在家上学”作为一种独特的教育方式，于20世纪80年代在欧美等发达国家兴起，如今正以一种迅速发展的态势影响着我国的基础教育。目前我国涌现出了许多“在家上学”的案例和模式，“在家上学”在我国有着比较大的生存空间与发展可能。未来要加强家庭教育立法，完善社区教育环境，建立完善定期交流制度，开发“在家上学”课程，探索推动“在家上学”的发展。

关键词：在家上学　家庭教育　学校教育

学校的组织化和仪式化，使学校不能有效地履行其教育职能，而且妨碍了真正的学习与教育。学校把儿童与生活的日常世界隔离了，把他们置入于原始的、离奇的学校环境之中，在那里生活世界被悬置了，教育好像是一个神奇的子宫，儿童在其中一学日一学年的成熟，直到有一天突然被置入成人的世界中。强迫性学校的存在，把社会和生活一分为二，某些时间、某些过程、某些职业是学术的和教学的，而另外的则不是，学校把社会实在给分裂了。教育成为超世界的学校的特权，而世界却是非教育性的。

〔美〕伊凡·伊里奇（Ivan Illich）

2011年8月，来自北京、浙江、广州、云南等地“在家上学”的举办者、研究者、家长和学生等在云南大理欢聚一堂，切磋交流，参加由21世纪教育研究院主办、苍山学堂承办的“在家上学”项目启动研讨会。《中国青年报》刊登

* 王玉国，北京师范大学教育学部博士研究生。

了李新玲的文章《“在家上学”逃离批量生产》。随后，各大新闻媒体又进行了跟踪报道，引起了社会对“在家上学”的广泛关注。“在家上学”关注热的持续上升，反映出广大家长、教育工作者对学校教育的不满甚至失望，同时也反映出“在家上学”的生命力与合理性。

在国际上，“在家上学”有一个通用英文词“home-schooling”，又称为在家教育、家庭学校教育，是美国19世纪末开始萌芽的一种独特的教育方式。一些拥有较好经济实力和较高文化素质的中产阶级家庭，由于认清了学校教育的程序化、机械化等弊端，同时出于宗教、安全等方面的考虑，不愿再将孩子送入学校，从而选择自己在家教育孩子的方式。

一　我国“在家上学”实践扫描

（一）“在家上学”案例扫描

童话大王郑渊洁的事例是我国实行“在家上学”最著名的案例。由于厌恶学校的“应试教育”对孩子的打击，早在20世纪90年代，他就让生于1983年的儿子郑亚旗“在家上学”，自己教育儿子，给孩子自编教材。比如他把中国《刑法》的419项罪名编成了419个童话故事。郑亚旗3年就学完了中学六年的课程，从这所特殊的“学校”毕业。如今郑亚旗也是成功人士，开书店，办杂志，设讲堂，创立摄影工作室，做了北京一家文化公司的董事总经理。郑亚旗被北京史家小学聘为全校学生的“成长导师”。

袁小逸，女，1999年7月出生，5岁时便被媒体追捧为“神童”。迄今为止已在中央电视台做过3套专题节目，并被《人民日报》等几十家媒体广为报道，称她为“9岁小师爷”，11岁时出版了自己的著作《私塾女孩袁小逸》，在社会上引起了强烈反响。袁小逸曾两度上学，但对学校生活严重不适应，从而走上了“在家上学”的道路。袁小逸的成就与其父亲袁鸿林密切相关。作为北大硕士、南开博士的袁父，潜心研究和实践早期教育，探索现代私塾，倡导个性化超前教育。他提出了“袁小逸模式”，10年完成基础教育，14岁就能上大学。袁鸿林被媒体称为“现代私塾第一人”，成为媒体和公众长期关注的争议性人物。

梧桐山村，坐落在深圳海拔最高的梧桐山脚下。这个一向安谧的小村落正悄悄地变成一个远近闻名的"私塾村"。梧桐山村的私塾，包括挂牌的鹿鸣学堂、梧桐书院等七八家，还有在家自行教育孩子的六七家。这里最大的一家私塾——鹿鸣学堂，学生人数已超过百人。最初是几个志同道合的朋友想把自己的孩子培养成境界高尚的学问家，于是联手办私塾，共同教育孩子，后来孩子越来越多，规模也逐渐变大。这些私塾按照现行法律取得合法身份还存在很大困难，于是有的挂靠一些培训机构，有的依仗地方政府对国学传统教育的重视。深圳之所以出现了"私塾村"，是因为"深圳教育主管部门比较开明和宽容"。①

2002 年"全国第一家全日制私塾"——"孟母堂"落户上海松江，在上海乃至全国都引起了不小的轰动，一时"在家上学"成为一件具有轰动效应的社会事件。"孟母堂"以《论语》、《孟子》等经书为学习的主要内容，背诵经典成为学生的头等功课。有学者指出："由于不堪应试教育的重负，放弃全日制教育，进入以诵读国学与西学经典为主的'孟母堂'，在某种意义上，他们的选择有些无奈。"② "孟母堂"的出现对于一些"另类"、有个性的孩子来说却是福音，他们不用"一想到还要上十多年的学，就背上冒冷汗"，也不会让家长感觉到"我的孩子好像被抛弃了，或越来越和我没感情了"。在"孟母堂"里，孩子们适应很快，个人品性与修养都有不小的提升，有的家长甚至发出了"我的孩子只能去'孟母堂'的感慨"。然而，2006 年 8 月，松江区教育局认为："'孟母堂'目前的教育方式，已经超出普通家长对于子女的'家庭式'教育的范畴，有违我国《义务教育法》规定，也不具备社会力量办学的资格，以目前的形式并不合法"，责令其停止招生、授课。然而"孟母堂"并没有因此而销声匿迹。③

"在家上学"是对公立教育单一教育模式的丰富和补充，可以增加教育的多样性、选择性，从而为因材施教，培养个性化、创新性人才打下基础。据报道，越来越多的中国家长尤其是城市中的家长，对中小学教育越来越不满，选择了让孩子"在家上学"。

据悉，一些不满应试教育的国学人士早把专门读中国《四书》、《五经》的"孟母堂"扎根在北京、上海、广州、深圳等城市，仿效欧美"home-schooling"

---

① 这是梧桐山私塾教育者们的一致看法。

② 曹筠武：《"孟母堂"及其引发的风波》，《基础教育月刊》2006 年第 8 期。

③ 《上海"孟母堂"换址重开 学费一个月 5000 元》，参见 http://www.gaofen.com/article/132134-2.htm. 2011-9-7。

的“私塾”、“学堂”等“在家上学”形式教育在中国城乡各地不断涌现。有报道称，一义乌商人创建在家上学联盟10个月后，网站会员超过1800人，成立了上海、广东、北京、成都、南昌、深圳、浙江等分联盟。① 而据《中国青年报》的报道，目前许多家长对中小学教育有诸多不满，在北京、上海、广东等地存在大量学生“在家上学”的案例，涵盖幼儿园至高中的各个阶段。② “在家上学”存在形式呈多样化：父母在家教孩子、亲朋把孩子集中在一起学习、小规模的私塾学堂等，其中有些已初具“微型学校”规模。③ 如北京的日日新学堂，无论在教育理念、招生规模还是在课程教学上都初具规模，在北京地区有一定的影响力。但总体而言，我国“在家上学”一般作为个案出现，难以进行数据统计，年龄大概集中在1.5~16岁之间。④ 图1是研究者根据“在家上学”QQ群资料与访谈、聊天记录整理所得。从中可以看出，“在家上学”主要出现在北京、广州、上海、深圳等一些发达地区的大城市和浙江、江苏、山东等经济发达地区。

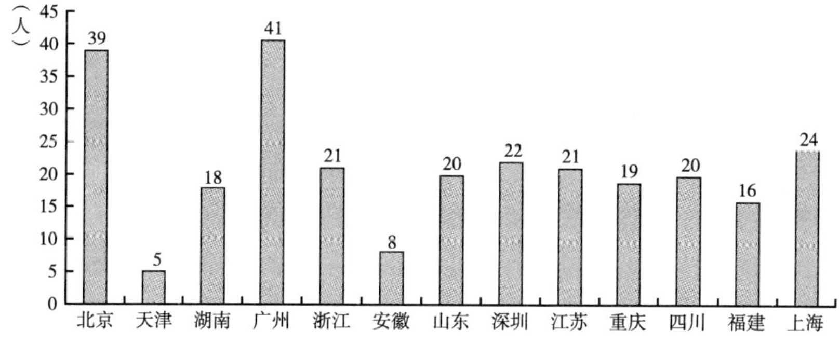

图1　网络调查“在家上学”践行者主要集中地

说明：该数据来源于QQ群统计，QQ群总数为500人。

---

① 《义乌商人创建在家上学联盟不到一年吸引1800多会员》，见http：//news. ifeng. com/gundong/detail_ 2011_ 09/23/9413795_ 0. shtml。

② 《越来越多的家长开始用行动表达对现实教育的不满：“在家上学”逃离批量生产》，2011年9月5日《中国青年报》。

③ 微型学校一般指的是学生数不超过350人（小学）或500人（中学），并且建立了一种更亲密和个性化的学习空间，教师之间形成了很好的凝聚力的学校。但也有学者将在校生不足50人的学校定义为“微型学校”。具体参见牛利华《适宜规模办学：教育发展的理性抉择，来自美国微型学校的启示》，《外国教育研究》2006年第3期。

④ 资料来源于http：//web18342. vhost056. cn/index. php。

（二）“在家上学”模式扫描

目前，我国在“在家上学”实践中处于一种尴尬境遇。“在家上学”者往往事先递交申请，通过“走后门”保留学生学籍。由于我国法律的空白，政府和学校在“关系到位”时，也会默许其可以“在家上学”。但对其教育进度、质量、课程设置等没有相应的监管措施，也没有完备的考核措施与指标。“在家上学”实践者往往是倡导一种别出心裁的教育理念，如袁鸿林①的“袁小逸模式”、陈阵②的自由学习教育模式等。陈阵旗帜鲜明地表示：“我们拒绝将来参加高考的孩子来此”，学堂所做的就是要让孩子们享受快乐自由的学习和生活。目前我国“在家上学”个案中课程教学上主要有以下几种模式。

1. 抛弃国家教学大纲，自选教材，注重国学经典教育

如“袁小逸模式”以“让孩子高效而快乐地学习”为教育目的。学校从早上8点到晚上8点，中午安排午休时间。9岁以下的孩子是没有作业的，但4岁起，就要开始学习国学经典、《新概念英语》1～2册。学校是24小时全寄宿式，而且没有寒暑假。低龄孩子一两个月至少要跟家长见一次面。袁鸿林表示，会给低龄孩子一对一配保姆，还赠送第一年的保险。课本引用国内外经典的书籍。如语文就采用《古文观止》，英语则使用《新概念英语》。文科都由袁鸿林教授，数理化则专门请了老师，袁小逸也会偶尔“客串”教学。

2. 课程设置丰富新颖，注重学生自主建构学习

“在家上学”实践者王先生认为：“现行教育无法满足一个人、一个孩子成长的要素。现代教育只注重片面地知识学习，把孩子仅仅当做一个工具，缺乏对孩子文化的熏陶”。因此，他的学堂以中国传统文化为基础，意欲借鉴西方和现代一些教育模式、教育理念来进行教学。在课程设置上，也比较丰富和新颖（见表1）。

---

① 袁鸿林，被媒体誉为中国“现代私塾第一人”，倡导个性化的超前教育模式，10年完成基础教育教学任务，14岁就能上大学。他用自己女儿的名字把该模式命名为“袁小逸模式”。

② 陈阵，云南大理苍山学堂负责人。

表1　北京某学堂课程设置

领域	人文教育	科学教育	艺术教育	体育教育	综合实践
科目	经典阅读	思维训练	美　术	武　术	手工制作
	儿童文学赏读	数　学	诗与音乐	游　泳	劳　动
	文学赏读	博物通史	书　法	乒乓球	参　观
	文字汇解	生态教育	舞　蹈	远　足	旅　游
	写作		围　棋	学校体育	
	情景剧				
	口语交际				
	演讲				
	生命教育				
	公民教育				
	英语				

说明：在课程设置上不同的年级不同，课时也存在差异，参见 http：//www. ririxin. org/。

在国学经典教学上分三个系列：只读，不讲，不做。王先生介绍道：“第一就是只读，仅仅是诵读；第二不讲，我们不讲这些经典它真正的含义；还有一个就是不做，我不要求按照经典或者类似《弟子规》倡导的价值理念来作为孩子们的行为规范。只读，不讲，不做。仅仅是读完了之后，我希望他们印在孩子们的心里面。等今后随着他人生成长，人生经历来进行一个他自己的判断，一个反刍，一个理解或者他自己的感悟。”除了国学经典教学有特色外，该学堂在教学理念上认为：教学是附属于学习的。教师的教授其实是一个让学生主动学习的过程。教师是学生背后的激发者、辅助者、引导者，学生是学习的真正主体，主张自主性学习、对话式学习、实践式学习。

3. 走进孩子生活，用环境熏陶育人

如果孩子学的知识、课程脱离孩子的日常生活实践，孩子就会觉得枯燥，甚至反感，教育效果自然很差。因此，“在家上学”实践者特别注重环境育人的功能。如云南大理的苍山学堂在美丽的苍山山腰，在学堂就可以俯瞰美丽的洱海，大理古城也尽收眼底。孩子们生活在一个童话般的教育环境里，远离了无休无止的作业，远离了都市的喧嚣，让孩子们回归自然，让教育返璞归真（见图2）。设立于北京的日日升学堂也特别注重将教育方式、教育内容与孩子建立联系。

图 2　大理苍山学堂田园般教育环境

二　美国“在家上学”的发展历程

（一）“在家上学”的由来

关于“在家上学”的定义，在国际上也没有一个统一的概念，它主要指的是对学校教育体系不满的家长可以通过向地方政府申请，不将孩子送到学校，而由自己（或家长联盟或聘请教师）为孩子设计课程，在家（或成立小型联盟教育机构或利用社区教育资源）对孩子进行教育。

作为一种教育形式，“在家上学”是家庭教育代替学校教育的一种尝试。自学校教育产生以来，它已逐渐发展成为对年轻一代实施教育的主要场所乃至唯一场所。然而，对学校教育的批评之声也一直不绝于耳。学校教育制度有着自身的缺陷不足，尤其是学校内部普遍实施的班级授课制更难以保证每个学生的成功。美国自由主义教育改革者约翰·霍特对公立学校中学生的批判性思维、智力发展进行了质疑；著名的批判教育家、社会批评家伊里奇指出，学校没有实现他们一直所宣称的教育公平，学习已经发生了异化。人们学习的目的是为了取得特定的证书，造成证书与能力等同的假象。由于教育工作者执意把套装式的教学同文凭捆绑在一起，因此学校教育既不能促进学生学习，也不能维护社会正义。学习与社会角色分配已经被融入到学校教育中。学校更深层的社会功能是坚定地维护社会现状，制造并维护着社会新的不公平。既然学校教育不能保证每个人有成功的机会、实现教育公平和社会公平，那就应该从制度上保证每一个人对教育的选择，即应该允许学生选择“在家上学”以保证某些个体的充分发展。

（二）美国“在家上学”的发展历程

1. “在家上学”儿童数量发展状况

20世纪60年代，美国反对资本主义社会教育体制运动兴起，对公立学校教育的功能和教育目标质疑。于是，包括“在家上学”在内的一系列新型教育形式的学校产生了，如自由学校、非正式学校、马路学校、特许学校等。“在家上学”经历了一个从无到有，由小到大的一个发展历程。在美国，调查统计显示，“在家上学”儿童比例增长很快，已经成为美国数量增长最快的一种教育模式。到2007年，“在家上学”的孩子已经达到150万人，占整个学龄儿童比例的2.9%，到2010年，“在家上学”儿童已超过200万人，占整个学龄儿童的比例大概为4%（见图3）。研究表明，“在家上学”以每年7%的速度递增，已经成为增长速度最快的一种教育形式。① 其中一个重要原因就是学习效果明显。“在家上学”的孩子虽然拿不到正规学校的文凭，但可以凭借SAT② 成绩获得大多数高等学校的承认。

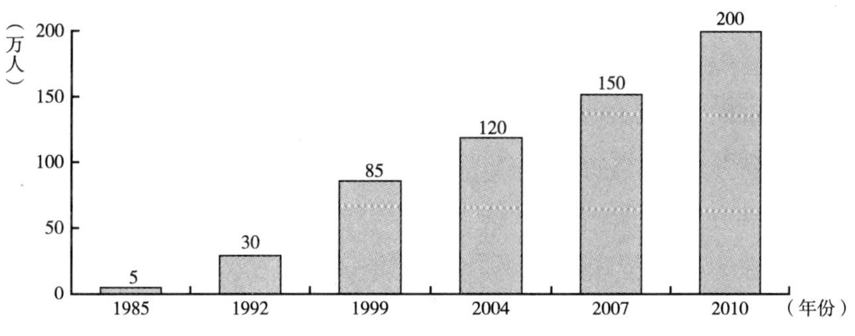

图3　美国“在家上学”学生数量变化

2. “在家上学”合法化历程③

20世纪70年代以前，“在家上学”在美国大多数州被认为是一件违法的事

① Brain D. Ray, *2.04Million Homeschool Students in the USA in 2010* (National Home Education Research Institute, 2011).

② 全称Scholastic Assessment Test，中文名称为学术能力评估测试。由美国大学委员会（College Board）主办，SAT成绩是世界各国高中生申请美国名校学习及奖学金的重要参考。

③ 本文限于篇幅仅对“在家上学”合法性历程中的重要事件进行了梳理。如要了解美国各州详细的合法化演变历程，可参考http：//www.hslda.org/laws/。本文亦参考引用了网站部分内容。

情，一直受到公共管理机构的“围剿”。家长为了实施“在家上学”的方案，唯一的途径就是东躲西藏。“在家上学”作为一件违法的事情，通常的惩罚是罚款、关进监狱，直到把他们的小孩送到学校上学。

1893 年，马萨诸塞州最高法院在审理“联邦诉罗伯特案”（Commonwealth v. Robert）中，由于没有现成的法律，马萨诸塞州最高法院法官根据美国宪法和案件本身做出的判例解释认为：所有儿童都应该受教育，但不是说都应该按照一种方式受教育。教育的方式上可以多样化，从而在一定程度上默认了“在家上学”的合法。

1904 年，印第安纳州法院在“州诉彼得森案”（State v. Peternson）中裁定认为，所有儿童都应该接受教育，但不是指定他们必须用某种特定的方式接受教育。只要能达到同样的教育目的，达到一定教育质量标准，不论采用何种教育方式、教育形式都是可以的。

1907 年，俄克拉荷马州立法会议上同意 8～16 岁的儿童或青少年可以以其他方式接受教育，并且保护家长选择学校教育的权利。这次会议后，俄克拉荷马州实际上承认了“在家上学”作为一种择校形式的合法性。

1950 年，伊利诺伊州最高法院在“勒维斯案”（People v. Levisen）时裁定，受教育学生数量的多寡不能作为能否成为一所学校的刚性标准。美国普及义务教育的责任应该由公立学校和私立学校共同承担，其中也应该包括“在家上学”的微型学校。①《普及义务教育法》强调“强制入学”，实质是为了保证家长让适龄儿童都接受教育，与美国经济、社会发展相适应。但家长有权选择与决定孩子的上学地点。

1954 年，弗吉尼亚州出于宗教信仰的考虑，允许责任心强的具备一定教育资格证书的父母在家教育孩子。对于那些和家长在一起接受宗教培训或有某种宗教信仰的学生，学校董事会在认真研究后，允许其不必来校上学，可“在家上学”。②

1967 年，新泽西州法院裁决：学生数量多寡不能决定是否称其为一所学校，所有儿童必须接受教育，但儿童不必以某种特定的方式接受同等的教育。

① 彭红斌：《美国儿童在家上学合法化演变历程与现状》，《外国中小学教育》2009 年第 1 期。

② 对父母的教育资格弗吉尼亚州要求比较宽泛，而且州也不应该干涉父母对教育内容的选择，对于有宗教信仰的家庭更是可以获得豁免，详见 http：//www.hslda.org/laws/analysis/Virginia.pdf。

1970 年，新泽西州进一步规定，家长有权利选择适合自己孩子的教育方式与类型。①

1982～1991 年，是最为密集的时期，允许在家上学法令在各州通过。

表 2　1982～1991 年美国各州通过法律允许“在家上学”

年份	州
1982	亚利桑那　密西西比
1983	威斯康星　蒙塔纳
1984	佐治亚　路易斯安那　罗得岛　弗吉尼亚
1985	堪萨斯　佛罗里达　新墨西哥　俄勒冈　田纳西　华盛顿　怀俄明
1986	密苏里
1987	马里兰　明尼苏达　佛蒙特　西弗吉尼亚
1988	卡罗纳多　纽约　南卡罗来纳　北卡罗来纳　宾夕法尼亚
1989	北达科他　夏威夷　缅因　俄亥俄
1990	新汉普希尔
1991	爱荷华

资料来源：Scott W. Somerville , Esq. The Politics of Survival: Home Schools and the Law. http://www. hslda. org/docs/nche /000010/politicsofsurvival. asp, 2007－1－10/2007－12－7。

1993 年，美国最后一个州密歇根州承认儿童“在家上学”合法地位。儿童在家要由他或她的家长作为法定监护人组织实施阅读、拼写、数学、科学、历史、公民、英语语法等科目的教育。同时密歇根州也废除了“在家上学”家长或监护人通知教育行政部门、提供儿童学习成绩的有关规定。②

三　探索我国“在家上学”之路

《国家中长期教育改革和发展规划纲要（2010～2020 年）》指出，要关心每个学生，促进每个学生主动地、生动活泼地发展，尊重教育规律和学生身心发展规律，为每个学生提供适合的教育。学生个性化成长的需要与以班级授课制为基本组织形式的、不能因材施教的现代教育制度形成了矛盾。只有适合的教育才是

① http://www. hslda. org/laws/analysis/New_ Jersey. pdf.

② http://www. hslda. org/laws/analysis/Michigan. pdf.

最好的教育。“在家上学”作为一种教育形式，可以在一定程度上满足某些孩子个性化成长的需要，是一种值得借鉴的教育形式。

苏霍姆林斯基说：“只有当孩子每天能按自己的愿望随意使用不少于5～7个小时的空余时间，才有可能培养出聪明的、全面发展的人。离开这一点去谈论全面发展，谈论培养素质、爱好和天赋才能，只不过是一些空话而已。”而学校教育显然达不到此种要求，孩子全面发展仅仅停留在教育形式与口号上，难有实质性的进展。随着我国经济、社会的发展，以及人们教育观念的改变，“在家上学”必然会出现并得到进一步发展。可见，“在家上学”在我国有着比较大的生存空间与发展可能。

（一）家庭教育立法

美国“在家上学”经历了一个长时期的合法化的过程。目前，无论从教资质还是教授内容都有严格的规范体系和监督机制。以美国为鉴，我国必须尽快研究制定家庭教育立法，让“在家上学”走向“名正言顺”的合法化道路。从国家的层面上说，当务之急是要尽快启动家庭教育立法项目，规范“在家上学”，使其有法可依，并纳入国家监管之中；从家庭层面来说，关键是要权衡利弊，根据孩子的受教规律和成长规律去选择“在家上学”还是学校教育，且不可为了追求时尚，盲目跟风。我国“在家上学”争取合法化的过程中首先要让社会更加了解“在家上学”，让更多的家长与孩子参与到“在家上学”项目中，亲自去感受、去体验，根据孩子的实际需要和感受以及家长的能力来考虑是否选择“在家上学”。

（二）完善社区教育环境

“在家上学”无论在美国还是在中国，都面临着社会融入的疑虑。社会普遍认为，“在家上学”无法培养出现代社会所需要的人才。因此，必须完善社区的育人功能，让社区参与到“在家上学”教育的全过程中，发挥社区的资源优势，集中社区力量给“在家上学”的孩子提供各方面实践、锻炼的机会。“在家上学”并不是逃离社会，而是更好地适应社会，发挥自身优势，实现个人与社会的“双赢”。

（三）建立完善定期交流制度

目前，“在家上学”实践者有“在家上学联盟”网站、微博、QQ 群等交流方式，他们可以互通有无，交流孩子在成长、学习中的困惑，并能形成教育的信心。但网络媒体的交流大都限于成人间的交流，而且交流内容、主题不定，比较零散，无法形成系统的思想与实践思路。因此，需要建立定期的“访学”机制，让孩子参与到不同的“在家上学”教育中，去感受不同的教育形式，去接受丰富多彩的教育熏陶。

（四）开发“在家上学”课程

目前，“在家上学”多以国学经典为主要的授课内容，在教学方法上也多以孩子不求甚解的朗读为主。这成为除了合法性之外，社会普遍质疑和关注的焦点。国学经典教育能否符合现代中国人的发展要求，不求甚解的读经科学性在哪里，难道孩子也具“文化反刍”的功能？这其实指向了一个核心问题——“在家上学”缺乏独立的课程。因此，必须联合广大教育研究者、“在家上学”实践者等有识之士，共同开发“在家上学”课程，完善教学计划，让“在家上学”走向规范化道路。

Practices of and Explorations into “Home Schooling” in China

Wang Yuguo

Abstract: As one unique educational style, “home schooling” has grown up in western countries since 1980s, and now is influencing basic education of China with a rapid expansion tendency. Emerging explorations into “home schooling” are underway, and they do have possible space for development. It is recommended to reinforce legislation of home education, improve community education environment, establish the system of regular exchange, exploit courses of “home schooling”, and promote exploration of “home schooling” development in the future.

Key Words: Home schooling; Home education; School education

B.22
2010年政府教育投入分析*

周 玲**

摘　要： 2010年我国教育经费总量继续保持增长，增幅也较上一年有所上升。总体而言，全国各地义务教育和高等教育投入的增长速度减缓，教育投入省际差异加大。全国大部分地区达到了《教育法》规定的教育投入增长要求。

关键词： 政府教育投入

据教育部公布的《2010年全国教育经费执行情况统计公告》，2010年我国教育经费总量继续保持增长，达到19561.85亿元，比上年增长18.54%（见图1）。国家财政性教育经费（包括公共财政预算教育经费、各级政府征收用于教育的税费、企业办学中的企业拨款以及校办产业和社会服务收入用于教育的经费等项）14670.07亿元，国家财政性教育经费和公共财政预算教育拨款（不包括教育费附加）的总量和增幅都较上年度有所增加。2006年以来，国家财政性教育经费和公共财政预算教育拨款占全国教育经费的比例总体呈不断增长的趋势，但2010年公共财政预算教育拨款占全国教育经费的比例却略有下降（见图2）。

一　义务教育投入增长速度继续下降，区域差异加大

（一）普通小学生均公共财政预算教育支出的总量变化

2010年全国普通小学生均公共财政预算教育事业费为4012.51元，全国各

* 本文选取部分反映政府教育投入状况的指标进行分析，以反映中央和地方政府教育投入的努力程度和年度改进状况。鉴于数据的可获得性，所选指标主要来源于国家教育部历年的《全国教育经费执行情况统计公告》。

** 周玲，北京理工大学教育研究院教师，主要研究方向为教育经济学、教育管理。

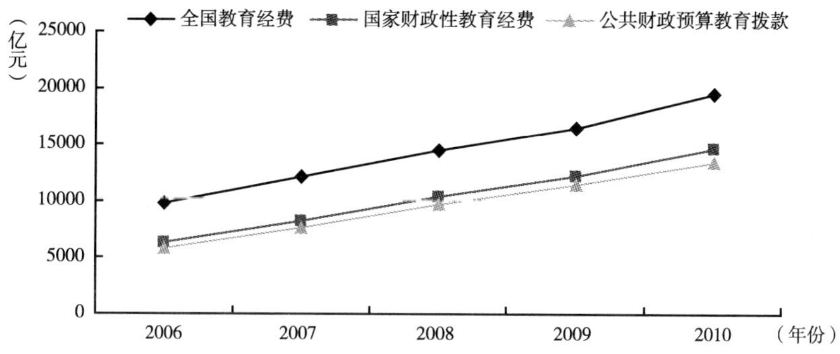

图 1　2006 ~ 2010 年我国教育经费投入总量情况

资料来源：根据《2010 年全国教育经费执行情况统计公告》、《中国教育经费统计年鉴（2007 ~ 2010 年）》整理。

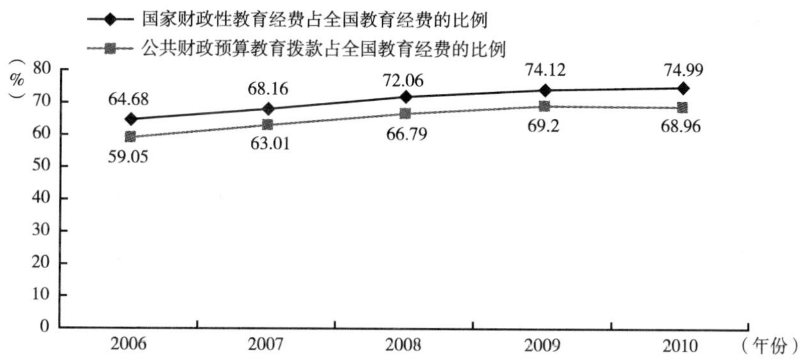

图 2　2006 ~ 2010 年我国教育经费投入比例情况

资料来源：根据《2010 年全国教育经费执行情况统计公告》、《中国教育经费统计年鉴》（2007 ~ 2010 年）整理。

省份小学生均公共财政预算教育事业费均比上年有所增加，但河北、安徽、江西等 15 个省份普通小学生均公共财政预算教育事业费依然如同 2009 年低于全国总体水平。2010 年全国普通小学生均公共财政预算公用经费为 929. 89 元。除陕西省外，其余省份小学生均公共财政预算公用经费均比上年有所增加，但河北、江苏、浙江等全国一半的省份普通小学生均公共财政预算公用经费低于全国总体水平。

2010 年全国普通小学生均公共财政预算教育事业费比上年增长 19. 49%，但增幅小于上年的 21. 77%。除了北京、河北、辽宁等 12 个省份的增幅较上年有所上升，其余省份的增幅均有所下降。2010 年全国普通小学生均公共财政预算公用经费比上年增长 25.04%，增幅高于上一年度的 20.68%。除了北京、天津、河北等 16 个省份的增幅较上年有所上升，其余省份的增幅均有所下降。

值得注意的是，安徽、山东、广东、广西、重庆、贵州、宁夏等 7 个省份普通小学生均公共财政预算教育事业费增幅虽然高于全国总体水平，但绝对值却低于全国总体水平，呈现出低水平高增长的特点。而北京、天津、内蒙古、吉林、江苏、浙江、海南、西藏、青海、新疆等 10 个省份则呈现出高水平高增长的特点，绝对值和增幅都高于全国总体水平。河北、安徽、山东、广西、贵州、云南等六省份普通小学生均公共财政预算公用经费增幅虽然高于全国总体水平，但绝对值低于全国总体水平，呈现出低水平高增长的特点。

（二）普通小学生均公共财政预算教育支出的区域差异

2010 年，全国普通小学生均公共财政预算教育事业费支出最高的省份是上海市，达到 16143.85 元，最低的河南省为 2186.14 元，前者是后者的 7.38 倍。2010 年全国普通小学生均公共财政预算公用经费最高的北京市达到 5836.99 元，最低的贵州省仅为 579.26 元，前者是后者的 10.08 倍。自 2006 年以来，无论是生均公共财政预算教育事业费，还是生均公共财政预算公用经费，最高的省份与最低的省份之间的相对差距都在不断减小。

但是，无论是生均公共财政预算教育事业费，还是生均公共财政预算公用经费，2010 年的省际差异都大于 2009 年的省际差异。如图 3 所示，横轴代表了我国 31 个省份普通小学生均公共财政预算教育支出由低到高的排序，“1” 为最低的省份，“31” 为最高的省份，纵轴代表了生均教育支出的数量，曲线越陡，说明省际差异越大。从图 3 可知，2010 年各地普通小学生均公共财政预算教育事业费的省际差异要大于生均公共财政预算公用经费的省际差异。

（三）普通初中生均公共财政预算教育支出的总量变化

2010 年，全国普通初中生均公共财政预算教育事业费为 5213.91 元，全国各省份普通初中生均公共财政预算教育事业费均比上年度有所增加，但山西、安徽、江西等 13 个省份普通初中生均公共财政预算教育事业费低于全国总体水平。2010 年全国普通初中生均公共财政预算公用经费为 1414.33 元，除江西、西藏、

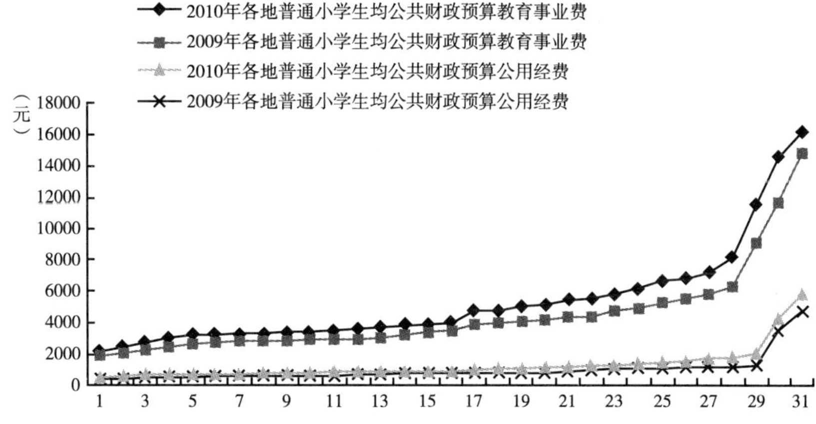

图 3　各地普通小学生均公共财政预算教育支出情况

说明：2010 年普通小学生均公共财政预算教育事业费全国由低到高的省份：河南－江西－贵州－湖南－安徽－湖北－云南－甘肃－广西－四川－广东－重庆－河北－宁夏－山东－山西－陕西－福建－青海－辽宁－黑龙江－海南－新疆－吉林－内蒙古－浙江－江苏－西藏－天津－北京－上海。

2010 年普通小学生均公共财政预算公用经费全国由低到高的省份：贵州－广西－江西－河南－湖北－广东－四川－云南－甘肃－江苏－浙江－河北－山东－安徽－湖南－山西－黑龙江－福建－陕西－新疆－重庆－辽宁－宁夏－海南－吉林－内蒙古－天津－青海－西藏－上海－北京。

陕西、新疆四省份外，其余省份普通初中生均公共财政预算公用经费均比上年有所增加，河北、江苏、浙江等 13 个省份普通初中生均公共财政预算公用经费低于全国总体水平。

2010 年，全国普通初中生均公共财政预算教育事业费比上年增长 20.37%，增幅小于上年的22.25%。除了北京、河北、辽宁等14 个省份的增幅较上年有所上升外，其余省份的增幅均有所下降。2010 年全国普通初中生均公共财政预算公用经费比上年增长 21.72%，增幅小于上年的 24.09%，北京、辽宁、福建等 21 个省份的增幅较上年有所上升。

值得注意的是，安徽、广西、重庆等三个省份普通初中生均公共财政预算教育事业费增幅虽然高于全国总体水平，但绝对值低于全国总体水平，呈现出低水平高增长的特点。同时，河北、江苏、安徽、河南、广西、贵州等 6 个省份的普通初中生均公共财政预算公用经费也呈现出低水平高增长的特点，增幅高于全国总体水平，绝对值低于全国总体水平。

（四）普通初中生均公共财政预算教育支出的区域差异

2010 年，全国普通初中生均公共财政预算教育事业费支出最高的北京市达到 20023.04 元，最低的贵州省为 3204.20 元，前者是后者的 6.25 倍。2010 年全国普通初中生均公共财政预算公用经费支出最高的北京市达到 8247.66 元，最低的贵州省为 827.24 元，前者是后者的 9.97 倍。无论是生均公共财政预算教育事业费，还是生均公共财政预算公用经费，最高的省份与最低的省份之间的相对差距都较上年有所减小。

但是，无论是生均公共财政预算教育事业费，还是生均公共财政预算公用经费，2010 年的省际差异都大于 2009 年的省际差异。如图 4 所示，横轴代表了我国 31 个省份普通初中生均公共财政预算教育支出由低到高的排序，“1”为最低的省份，“31”为最高的省份，纵轴代表了生均教育支出的数量，曲线越陡，说明省际差异越大。从图 4 可知，2010 年各地普通初中生均公共财政预算教育事业费的省际差异要大于生均公共财政预算公用经费的省际差异。

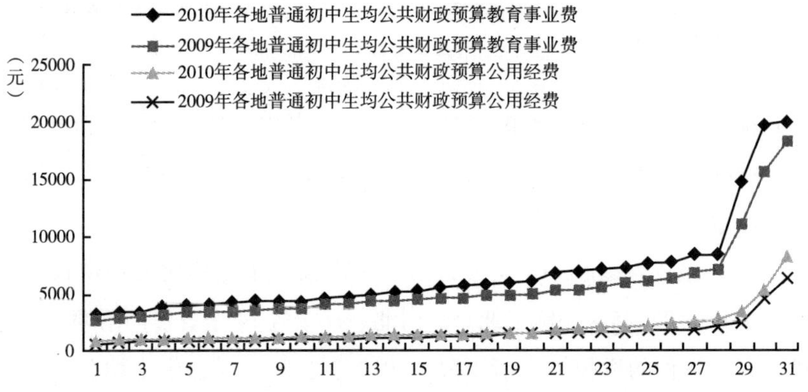

图 4　各地普通初中生均公共财政预算教育支出情况

说明：2010 年普通初中生均公共财政预算教育事业费全国由低到高的省份：贵州－江西－河南－广东－安徽－四川－甘肃－重庆－广西－云南－湖北－山西－湖南－河北－陕西－黑龙江－福建－海南－宁夏－山东－吉林－辽宁－西藏－青海－内蒙古－新疆－浙江－江苏－天津－上海－北京。

2010 年普通初中生均公共财政预算公用经费全国由低到高的省份：贵州－广东－四川－江西－江苏－广西－湖北－云南－河南－浙江－甘肃－河北－安徽－山西－黑龙江－西藏－福建－陕西－湖南－重庆－山东－吉林－海南－辽宁－内蒙古－新疆－天津－宁夏－青海－上海－北京。

二 高等教育投入增速减缓，省际差异依然较大

（一）普通高等学校生均公共财政预算教育支出的总量变化

2010年，全国普通高等学校生均公共财政预算教育事业费为9589.73元。除云南省外，其余省份普通高校生均公共财政预算教育事业费均比上年有所增加，河北、河南、湖南等19个省份普通高等学校生均公共财政预算教育事业费低于全国总体水平。2010年全国普通高等学校生均公共财政预算公用经费为4362.73元，除福建、河南、云南、宁夏4省份外，其余省份普通高校生均公共财政预算公用经费均比上年有所增加，河北、江西、安徽等20个省份普通高等学校生均公共财政预算公用经费低于全国总体水平。

2010年，全国普通高等学校生均公共财政预算教育事业费比上年增长12.26%，增幅小于上年的12.73%。2010年，全国普通高等学校生均公共财政预算公用经费比上年增长14.73%，增幅小于上年的17.51%。可见，普通高校生均公共财政预算教育支出增幅下滑。

值得注意的是，普通高等学校生均公共财政预算教育事业费最低的河南省年度增幅仅有1.42%，而新疆通过84.03%的巨大增幅（2010年最高增幅）生均公共财政预算教育事业费一跃进入万元行列，同时新疆还通过138.54%的巨大增幅（2010年最高增幅）生均公共财政预算公用经费从2009年低于全国总体水平一跃排名全国第三。此外，普通高等学校生均公共财政预算公用经费最高省份与最低省份相对差距的缩小主要得益于最高的北京市的年度增幅仅有0.34%。

（二）普通高等学校生均公共财政预算教育支出的区域差异

2010年，全国普通高校生均公共财政预算教育事业费最高的北京市达到34546.43元，最低的河南省为4276.64元，前者是后者的8.08倍，与上年相比，相对差距有所加大。2010年全国普通高校生均公共财政预算公用经费最高的北京市达到19896.42元，最低的河南省仅为1441.28元，前者是后者的13.8倍，与上年相比，差距有所减小。

但是，无论是生均公共财政预算教育事业费，还是生均公共财政预算公用经费，2010 年的省际差异都大于 2009 年的省际差异。如图 5 所示，横轴代表了我国 31 个省份普通高校生均公共财政预算教育支出由低到高的排序，“1”为最低的省份，“31”为最高的省份，纵轴代表了生均教育支出的数量，曲线越陡，说明省际差异越大。从图 5 可知，2010 年各地普通高校生均公共财政预算教育事业费的省际差异要大于生均公共财政预算公用经费的省际差异。

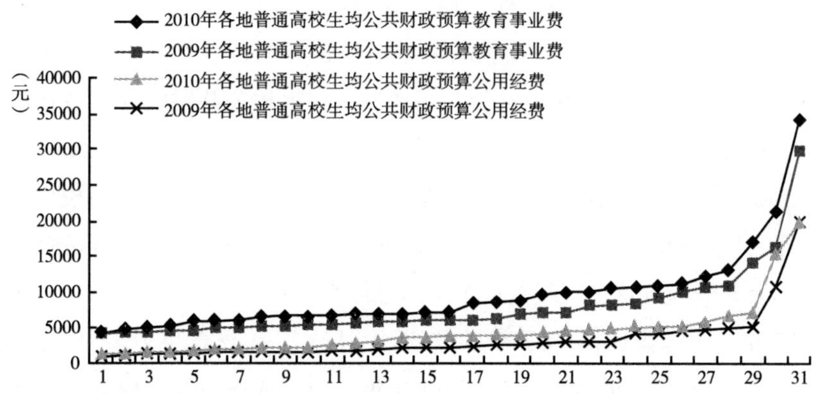

图 5　各地普通高校生均公共财政预算教育支出情况

说明：2010 年普通高校生均公共财政预算教育事业费全国由低到高的省份：河南－安徽－湖南－河北－辽宁－湖北－江西－四川－福建－山西－黑龙江－甘肃－广西－山东－陕西－重庆－云南－贵州－海南－吉林－江苏－内蒙古－浙江－宁夏－青海－广东－天津－新疆－西藏－上海－北京。

2010 年普通高校生均公共财政预算公用经费全国由低到高的省份：河南－湖南－河北－安徽－山西－江西－黑龙江－湖北－山东－辽宁－广西－甘肃－福建－青海－海南－陕西－浙江－四川－贵州－宁夏－云南－重庆－吉林－内蒙古－江苏－天津－广东－西藏－新疆－上海－北京。

三　公共财政预算教育拨款增速高于财政经常性收入增长，但低于财政支出增长

（一）全国 3/4 的省份公共财政预算教育拨款的增速高于同级财政经常性收入的增长

2010 年，中央财政教育支出 2547.34 亿元，按同口径比较，比上年增长 28.60%，中央财政经常性收入比上年增长约 9.90%，前者高出后者近 19 个百分点。

各地公共财政预算教育拨款 2010 年均比上年有明显增长，增幅最大的是青海省，达到 34.49%，最小的是陕西省，为 8.21%，各地平均水平达到 18.74%。2010 年内蒙古、海南、青海 3 个省份公共财政预算教育拨款的增幅高于中央 28.60% 的水平。

2010 年，除了河北、辽宁、湖南、海南、四川、云南、陕西、宁夏 8 个省份，其他省份公共财政预算教育拨款的增长都高于本级财政经常性收入的增长。其中海南和宁夏 2010 年公共财政预算教育拨款的增长都高于 20%，但依然没有赶上本级财政经常性收入的增长。而辽宁省则连续两年公共财政预算教育拨款的增长都低于本级财政经常性收入的增长。

（二）全国 70% 的省份公共财政预算教育经费占公共财政支出的比例比上年低

2010 年，全国公共财政预算教育经费（包含教育费附加）14163.90 亿元，比上年增长 18.28%。各地公共财政预算教育经费都实现了增长，但北京、山西、辽宁、吉林、黑龙江、上海、浙江、江西、河南、湖北、湖南、广东、四川、贵州、西藏、陕西、甘肃等 17 个省份的增长比例低于全国总体水平。增幅最大的是青海省，增长了 34.60%，增幅最小的是山西省，增长了 8.90%。

2010 年，全国公共财政预算教育经费占公共财政支出的比例为 15.76%，比上年增加 0.07 个百分点。内蒙古、辽宁、吉林、黑龙江、上海、湖北、四川、西藏、青海、宁夏等 10 个省份公共财政预算教育经费占公共财政支出的比例低于全国总体水平。

与 2009 年各地公共财政预算教育经费占公共财政支出的比例普遍比 2008 年减少的状况相比，2010 年的状况有所改善。全国 30% 的省份，包括北京、天津、内蒙古、上海、江苏、安徽、广西、海南、云南等 9 个省份公共财政预算教育经费占公共财政支出的比例都比上年有所增加，而重庆、四川两省份的该比例却由增转减。

四　总结与展望

综合以上分析可见，2010 年中央和各地方政府的教育投入总量均继续增加，各级教育生均公共财政预算教育支出也都普遍呈现增加的趋势，但增加的势头也继续减弱。可喜的是，2010 年大部分省份达到了《教育法》规定的教育投入增长要求。

（一）各地不同级别公共财政预算教育投入增速继续减缓

2010 年，除了普通小学生均公共财政预算公用经费的增幅有所上升外，普通小学生均公共财政预算教育事业费、普通初中生均公共财政预算教育事业费、普通初中生均公共财政预算公用经费、普通高校生均公共财政预算教育事业费、普通高校生均公共财政预算公用经费的增幅都在下降。

就不同省份而言，中西部的部分省份指标增幅的年度差异比较大。2009 年增幅比较大的省份，2010 年的增幅就会非常小，反之亦然。例如，宁夏 2009 年普通小学生均公共财政预算公用经费的增幅为 -32.1%，2010 年的增幅则为 67.8%；江西 2009 年普通初中生均公共财政预算教育事业费的增幅为 23.89%，2011 年的增幅仅为 8.4%。

（二）各地不同级别公共财政预算教育投入的区域差距不断加大

就各级教育生均公共财政预算教育事业费和公用经费的绝对值而言，北京、上海仍然高居全国榜首，而河南、贵州等中西部省份依然处于扫尾的位置。2010 年，除了普通高校生均公共财政预算教育事业费这一指标外，其余指标生均经费最高省份和最低省份之间的相对差距都比上年有所减小。

2010 年各项指标的省际差异不断加大。总体而言，各级教育生均公共财政预算教育事业费的省际差异都要普遍大于各级教育生均公共财政预算公用经费的省际差异。

（三）大部分地区实现“三个增长”，小部分地区“两个提高”达标

1995 年颁布的《教育法》第 55 条规定：各级政府教育财政拨款的增长应高于财政经常性收入的增长，并按在校学生人数平均的教育费用逐步增长，保证教师工资和学生平均公用经费逐步增长。这就是通常所说的“三个增长”。2010 年出台的《教育规划纲要》中也明确提出，各级政府要把教育作为财政支出重点领域予以优先保障，保证教育投入实现“三个增长”。从所获得的 2010 年的数

据来看，全国31个省份中，包括山西、江苏、重庆等省份在内的约3/4的省份都实现了“三个增长”。

同时，《教育法》第54条规定：国家财政性教育经费支出占国民生产总值的比例应当随着国民经济的发展和财政收入的增长逐步提高，全国各级财政支出总额中教育经费所占比例应当随着国民经济的发展逐步提高。这就是所谓的“两个提高”。从所获得的2010年的数据来看，包括北京、天津、内蒙古在内的全国约30%的省份实现了第二个“提高”，这种状况比2009年有了改善。

（四）2012年实现4%的政策目标仍留悬念

《教育规划纲要》明确提出，提高国家财政性教育经费支出占国内生产总值的比例，2012年达到4%；温总理在2011年政府工作报告中也承诺“明年一定把这个账还上”。2010年国家财政性教育经费占国内生产总值的比例为3.66%，仅比上年增加0.07个百分点。根据当前经济社会发展状况，假设按照2011年GDP增幅按同比增长9%、2012年GDP增幅按同比增长8.7%，[①] 2011年物价指数5.4%[②]、2012年物价指数4.6%[③]来测算，到2012年，我国GDP总量将达524073亿元左右。如果2012年实现4%的政策目标，2012年国家财政性教育经费应达到20963亿元左右，比2010年增加6293亿元左右，年均需比上年新增财政性经费3147亿元左右。

2011年财政部相关负责人在解读教育投入占GDP 4%目标如何实现时[④]谈到，进一步加大公共财政对教育的投入，是实现4%目标的关键。为落实《教育规划纲要》要求，国务院印发了《关于进一步加大财政教育投入的意见》，拓宽财政性教育经费的来源渠道。2010年下半年以来，国务院先后出台了统一内外资企业和个人教育费附加、全面开征地方教育附加、从土地出让收益中按比例计提教育资金等加大教育投入的政策。同时，从财政教育支出增幅、财政教育支出比例、教育附加征收率和土地出让收益教育资金计提率四方面，对各地2011年

---

① 美林银行和凯捷咨询公司联合发布：2011年度《亚太区财富报告》，2011年10月13日。

② 见中华人民共和国国家统计局网站 http://www.stats.gov.cn/tjfx/jdfx/t20120112_402778645.htm。

③ 陈佳贵、李扬主编《2012年中国经济形势分析与预测》，社会科学文献出版社，2011。

④ 《教育投入，4%目标如何实现》，2011年8月12日《人民日报》。

和2012年的财政教育投入状况进行动态监测和评价分析。从2011年初的预算安排来看，全国财政教育支出比2010年预算执行数增长14.6%，其中，中央财政教育支出增幅达16.3%，高于中央公共财政支出增幅3.8个百分点。[①] 经过这一番努力，可以预见，2011年国家财政性教育经费占国内生产总值的比例，将比上年有较明显的增长。然而，围绕4%的目标，中央财政与地方财政的关系、增加税收与扩大支出的关系、项目性增长与建立持续增长机制的关系等问题仍然有待进一步破解，为2012年能否足额达到4%留下了悬念。

An Analysis of Public Expenditures on Education by the Government in 2010

Zhou Ling

Abstract: In the year of 2010 educational expenditures of Chinese center and local governments have increased with a down of growth rate comparing to last year. There exists a huge gap in educational expenditures between different provinces due to a great diversity of economic development. In general educational expenditures in basic education and higher education continue to increase with an eased growth rate. Most of the provinces have realized the input growth requirements regulated in the Education Law in 2009.

Key Words: Educational expenditure

---

① 《国务院关于实施〈国家中长期教育改革和发展规划纲要（2010－2020年）〉工作情况的报告》，教育部网站，2011年12月29日。

B.23

中国教育上市公司现状分析及研究

成刚　孙晓梁*

摘　要： 以在美国上市的八家上市教育公司为例，从其发展历程、上市融资和财务情况、主要业务及发展情况等三方面介绍行业发展状况，笔者认为教育上市公司存在融资之后资金无法有效使用、融资后扩张过快对企业发展产生消极影响等问题，建议细分公益性与营利性民办教育主体，规范民办培训机构的登记注册管理，明确其企业属性。

关键词： 教育　上市公司　投资

自2006年新东方在纽约证券交易所挂牌以来，中国教育培训机构掀开了赴美上市之路，至今共有11家中国教育公司在美国上市。

表1　中国教育上市公司业绩概况

股票代码	股票名称	当前价（美元）	52周股价幅度（%）	市值（万美元）	市盈率	主要业务
EDU	新东方	27.1	20.61～34.77	429200	32.34	英语培训
GEDU	环球天下	3.4	2.96～10.55	8944	7.08	英语培训、留学中介
XUE	学大教育	3.09	2.41～12.88	21400	12.88	中小学课外辅导
XRS	学而思	10	8.41～17.92	76300	29.41	中小学课外辅导
NED	诺亚舟	1.55	1.00～2.78	6139	-4.75	教育电子产品、中小学课外辅导
AMBO	安博教育	6.86	4.56～14.40	48900	6.18	职业教育、远程教育

* 成刚，管理学博士，北京师范大学教育学部教育经济研究所讲师，主要研究教育经济学、教育财政、教育政策等。孙晓梁，北京师范大学教育学部硕士生，主要研究方向为教育经济学。

续表

股票代码	股票名称	当前价（美元）	52 周股价幅度（%）	市值（万美元）	市盈率	主要业务
DL	正保远程教育	2.65	1.80～5.40	9072	-53	远程教育
CEDU	弘成教育	5.58	4.62～8.00	10100	23.06	远程教育
CEU	中国教育集团	1.5	1.22～15.45	4762	5.36	远程教育
CAST	双威教育	3.94	2.27～7.99	19300	12.71	远程教育、学历教育
ATAI	ATA	9.75	3.35～13.09	21600	37.5	智能化考试服务

说明：本表所有数据来自以上公司的公告等公开数据，股价按照 2011 年 11 月 11 日收盘价计算，市盈率采用最新价/每股收益计算获得。

从表 1 可以清晰地看到，中国教育上市公司分布在外语培训、中小学课后辅导、远程教育等各个细分领域。各家公司的上市表现大相径庭，总体而言，最早上市的新东方是整个行业的标杆，从市值、营业收入、品牌、知名度等各方面，其他公司与新东方的差距均比较大。

一 八家中国教育上市公司现状

（一）外语培训

1. 新东方

（1）发展历程。1993 年 11 月 16 日，俞敏洪拿到办学许可证，“新东方学校”从此诞生。1995 年，俞敏洪陆续从国外请回海归团队共同创业，开创了新东方的留学咨询、基础英语培训、留学文书写作等业务。此后，新东方向全国扩张。从 2000 年到 2003 年，新东方经历了痛苦的转型阶段，走过了从个体户到合伙制，再到公司制、股份制的历程。

（2）上市融资和财务情况。2006 年 9 月 7 日上午，新东方教育科技集团成功在纽交所挂牌上市，成为我国首家在海外上市的教育机构。开盘价报 22 美元，较发行价上涨 46.7%。上市融资约 1.125 亿美元，为此共发售了 750 万股美国存托凭证，相当于公司总股份的 21%左右。从 2006 年上市至今，新东方从未跌破

过发行价。截至2011年11月11日，新东方较发行价上涨181%，上市以来股价一直表现很稳健。

（3）主要业务及发展情况。如今，新东方已经发展成为一家以外语培训和基础教育为核心，拥有短期语言培训系统、基础教育系统、职业教育系统、教育研发系统、出国咨询系统、文化产业系统、科技产业系统等多个发展平台，集教育培训、教育研发、图书杂志音像出版、出国留学服务、职业教育、新东方在线教育、教育软件研发等业务于一体的大型综合性教育科技集团，培训模式覆盖所有年龄段，囊括各种学习形式，其营业收入和利润主要来源于语言培训与考试辅导。

截至2010年底，新东方已在全国设立了48所学校、319个学习中心和25家书店，累计培训学员近1000多万人次。各地新东方学校采用统一的品牌、统一的师资调配、统一的基础教材、统一的授课质量、统一的投诉系统、统一的教学服务、统一的教学管理制度，从而确保了各地新东方学校能够为所有学员提供最高水准的教学和服务。

2. 环球雅思

（1）发展历程。1999年，在朋友的建议下，张永琪从加拿大回国后开始创办国内第一个雅思培训班，注册成立了“北京雅思学校”。此后又在外地扩张办班。2001年，“环球雅思学校”注册成立。2006年9月，环球雅思获得巨额融资，环球雅思学校正式转变为环球天下教育科技发展集团。

（2）上市融资和财务情况。环球雅思2008年中曾经提出上市计划，后搁浅。2010年10月9日，环球雅思在美国纳斯达克全球精选市场上市，融资总额为6100万美元。开盘价为11.5美元，较10.5美元发行价上涨9.5%；当日报收于12.20美元，上涨16.19%。但2011年以来股价下跌惨重，跌幅高达64%。

（3）主要业务及发展情况。目前，环球天下教育主要有五项业务：教学中心、网络课堂、特许经营、留学咨询和教学资料。其中，教学中心是环球天下教育收入的主要来源，在总收入中占了85%左右的比重。它根据课程内容又可以细分为雅思考试、少儿教育项目、职业教育项目和其他语言类项目等，其中以雅思考试为主要营业收入来源。

截至2010年6月30日，环球雅思已在中国104个城市拥有292家教学中心、118家连锁分校、144所环球灵童少儿英语连锁学校、17所倍趣科学儿童学苑、9所非英语培训学校、4所环球国际封闭寄宿学院。此外，还拥有从事图书教材出版的环球卓尔英才公司、从事教学研发的环球教学研究中心 GTRC 等数十家教育机构。环球雅思培训目前已占据雅思考试培训市场 40% 以上的份额。

（二）中小学课外辅导培训

1. 学大教育

（1）发展历程。如果把传统的家教和新兴的互联网结合，会发生怎样的“化学反应”？学大教育的创立即开始于这样一个想法。2001 年 9 月 10 日，学大教育科技（北京）有限公司正式成立。2004 年 9 月，学大开始谋求转型，从单纯的家教中介变身为互联网线上线下相结合的课外辅导全国连锁学习中心。从 2004 年 9 月到 2007 年，学大教育在全国 33 个一线城市设立了分公司和 129 个学习中心，销售额首次突破了 1 亿元。2008 年 9 月，学大教育停止扩张，开始强化管理与教学。

（2）上市融资和财务情况。2010 年 10 月 16 日，学大教育集团向美国证监会提交 F－1 上市申请。2010 年 11 月 2 日，学大正式在纽交所挂牌交易。开盘价为 14.3 美元，相比 9.5 美元的发行价，上涨 50.5%。首日收盘股价报 12.50 美元，相对发行价上涨 31.58%。学大 IPO 共计发行 1343 万股 ADS（美国存托股份），募集资金约为 1.276 亿美元。学大净利润连年为负，到 2010 年上半年实现净利润 1183 万美元。但 2011 年以来，公司股价下跌幅度较大，达到 73%。

（3）主要业务及发展情况。与其他教辅机构主要采用线下“一对多”教学方式不同，学大主打“线上线下相结合”的个性化教辅模式。线上 PPTS 管理平台是学大内部业务管理系统，也是学生课外辅导学习管理平台。在个性化学习中心里，每个孩子会由 PPTS 系统为其配备的老师实现“1 对 1”的互动教学。

截至 2010 年 9 月 30 日，学大教育拥有 10000 多名员工，其中专职教师占 6000 余人，已在我国 44 个城市开设了 178 所个性化学习中心，2010 年上半年共辅导了 5.4 万名中小学生，同比增长 78%。

2. 学而思教育

（1）发展历程。学而思创建于 2003 年。2006 年，学而思高考网上线运营，企业进入发展快车道。2007 年，学而思获得一笔千万美元的风险投资，将市场从北京市海淀区扩展到了东城、朝阳、丰台等区县，同时开通家教网和幼教网。2008 年，学而思走出北京，在天津、上海、武汉建立了分校，并开发出整套虚

拟课程软件系统，正式进入网络多媒体教学领域。2009 年，学而思完成上市前的第二轮融资，开始进军华南地区市场，在广州建立分校。2010 年学而思网校、E 度教育网正式上线运营。

（2）上市融资和财务情况。2010 年 10 月 20 日，学而思登陆纽约证券交易所，开盘价 14 美元，相比发行价大涨 40%。在此前的首次公开募股（IPO）中，学而思教育共发行 1200 万份美国存托股，成功融资 1.2 亿美元。上市后股价最高涨至 18 美元，最低跌落至 13 美元附近。长期以来，公司股价基本保持平稳。

（3）主要业务及发展情况。学而思面向中小学生开展语文、数学、英语、物理、化学、生物等六科课程的课外辅导，在北京、上海、深圳、广州、天津和武汉拥有 109 个教学点和 87 个服务中心。学而思在国内六大城市的分校及教学点均为全资拥有的直营模式，并实行关键员工总部派驻，由培训学院统一对师资进行培训。

3. 诺亚舟

（1）发展历程。诺亚舟教育控股有限公司成立于 2004 年 6 月，下设 5 家全资子公司。诺亚舟初期是一家教育电子产品、软件、教育资源和内容服务的开发和销售商，以提供教育电子产品为载体向中小学生提供教育资料。2010 年 3 月，诺亚舟集团以 1.26 亿元并购专为 3 至 18 岁青少年儿童提供高端、优质教学服务的深圳文泰教育；2011 年 4 月公司出售 ELP 业务，同时宣布斥资 1.024 亿元人民币收购在上海经营 16 所幼儿园、拥有 4700 名学生的早期教育机构渊博教育。

（2）上市融资和财务情况。2007 年 10 月 20 日，诺亚舟正式在纽约证券交易所挂牌交易，开盘价为 22.90 美元，较发行价 14 美元上涨 63.5%；收盘价为 19.85 美元，较 IPO 发行价上涨 41.7%。诺亚舟通过 IPO 发售了 985 万股美国存托凭证，共融资约 1.4 亿美元。公司股价从最高 20 美元，跌到如今 1.5 美元左右。从 2010 年第四季度开始，公司开始进入亏损状态，这与诺亚舟目前正处于一个由教育产品向教育服务的转型期有关。

（3）主要业务及发展情况。诺亚舟将“传统教学内容”与“数字化、多媒体技术”相结合，开发多媒体教育内容和资源，以诺亚舟教育电子产品、诺亚舟网站、诺亚舟培训学校为多元化互动发布平台，为中小学生提供全面的教育辅助服务和知识共享社区。

近年来，诺亚舟电子学习产品受到来自平板电脑、高端智能手机等的冲击，利润率下滑，所以公司于 2010 年决定剥离这部分业务，专注于教育服务。剥离后的诺亚舟将专注于学前教育、基础教育和辅助教育服务三个领域。

（三）远程教育

1. 安博教育

（1）发展历程。1999 年，黄劲女士在美国硅谷创立安博，初步设想为将教育程序软件化。2000 年，安博回到国内发展。安博在初创阶段致力于构建开放式的网络教育平台，包括建立学习引擎、问题数据库等，专注于研发教育软件产品。2004 年，安博开始在二、三线城市与学校和培训机构以 B2B2C 的合作方式铺设线上技术平台，并出售教育软件。从 2008 年开始，安博教育大举并购教学点，直接提供教育服务，由一家出售教育软件的公司逐步转型为线上线下相结合、基础教育和职业教育并行的教育服务公司。

（2）上市融资和财务情况。2010 年 8 月 5 日安博登陆纽交所，IPO 前曾完成 4 轮融资，总融资金额超过 1.6 亿美元。发行价为 10 美元/ADS（1ADS = 2 普通股），发行 750 万股 ADS 股，融资金额达 1.06 亿美元。近年来安博股价表现不错，基本上稳步上扬，而且公布的财报也比较好，但 2011 年以来股价下降不少。

（3）主要业务及发展情况。安博教育业务主要由基础教育和职业教育两部分构成，下面细分 K－12、家教、大学、职业培训四大块，业务面涉及中小学培训、英语培训、奥赛培训、职业培训，甚至全日制中小学和大学。目前，安博在全国已拥有 5 家 K－12 学校、96 家家教中心、2 家职业技术学校，以及 16 家职业培训学校。

2. 正保远程教育

（1）发展历程。正保远程教育成立于 2000 年 7 月，其前身是中华会计网校。公司在 2000 年做会计服务，2003 年做法律服务，2004 年做考研服务，2005 年拓展到了医学、自考网设备等诸多领域。

（2）上市融资和财务情况。2008 年 7 月 30 日，正保远程教育公司在美国纽约证券交易所上市，发行价为 7 美元/ADS（1ADS = 4 普通股），共发行 875 万存托凭证股，融资 6125 万美元。2009 年 2 月 4 日，正保远程教育从纽交所高增长板转到主板交易公司 ADS（美国存托股份），股票代码仍为“DL”。2010 年，正保远程是 11 家教育上市公司中营业收入最少的，亏损也较大。

（3）主要业务及发展情况。正保远程教育公司旗下拥有中华会计网校、医学教育网、法律教育网、中小学教育网、自考365、创业实训网等跨越15个不同行业的17家网站，开设170多个辅导类别，覆盖了基础教育、学历教育、职业教育三大阶段。其中，中华会计网校位列全球网站综合实力排名500强，是四大会计师事务所员工的网上培训基地。

3. 弘成教育

（1）发展历程。弘成教育集团成立于1999年，是集高等教育、基础教育、国际教育、101远程教育、幼儿教育于一体的综合教育服务机构。2004年和2005年的两次融资，成就了弘成教育此后的快速扩张。2005年，弘成教育收购101网校80%的股份（上市之后100%收购），随后又先后收购了锦州和安庆的两所实体基础教育院校，在网络教育之外实现了业务的“落地”。2006年，它完成了对国际教育院校的收购，从而建立起一个囊括全方位教育体系的教育集团。

（2）上市融资和财务情况。2007年12月12日，弘成教育正式在纳斯达克挂盘上市，开盘价为每股10美元，与首次公开招股（IPO）发行价持平，最终报收于7.97美元，较发行价下跌20.30%。弘成教育通过IPO发售了约680万股美国存托凭证（1ADS = 3 普通股），共融资6820万美元。股价基本表现平稳，整体收入每年都稳步增长，利润也稳步提高。

（3）主要业务及发展情况。弘成教育旗下业务主要有四大块：网络高等教育、基础教育、101远程教育以及国际教育，其中网络高等教育在业务中所占比例最大。目前，弘成教育向27所大学的在线学位课程提供招生、技术平台、课件制作、市场推广等服务。通过“101远程教育网”，弘成教育向全国110万中小学生提供在线课程辅导和考试辅导。弘成教育的国际课程主要向国内的中学提供英语课程，向职业院校提供国际技工课程。

二　中国教育公司现状分析

（一）中国教育培训行业的特点

从以上各家上市公司的情况可以看出，教育公司的财富故事之所以不断上演，与中国教育培训行业的特点密不可分。中国教育培训行业的特点表现为以下几方面。

1. 市场需求大

中国人口多，中小学生约为1.9亿人，如果算上继续接受教育的成人，市场规模更加庞大。来自《中国教育培训行业报告》的数据显示，2010年整个中国教育培训市场总值约为7600亿元，预计到2012年这一数字将变成9600亿元，每年的复合增长率将达到12%。

2. 现金流充沛

教育作为典型的服务行业，都是先交钱后提供服务。所以从财务上来讲，教育产业有很大一笔递延收入记录在账。同时，教育行业的利润率也比较高。

3. 受经济波动的影响较小

教育行业一般受经济波动的影响较小，因为伴随着社会竞争的加剧，无论是面临着升学压力还是就业压力，人们都愿意付出更多来提升自己。

（二）教育上市公司存在的问题

目前除新东方外，其余公司均表现平平。在海外上市的光环之下，我们不得不思考教育上市公司目前存在的问题。

1. 融资之后资金无法有效使用

新东方的上市，证明了国内品牌教育机构有能力冲出“国门”，充分利用国外资本。但一些公司在获得大量融资后，却遭遇“滑铁卢”。

新东方上市当天，俞敏洪曾表示，所获融资的一部分将用于开办更多的学校，提高教学场所的硬件条件以及在教育领域展开并购，但事实是，除了2008年收购了铭师堂和长春同文，2010年收购绿光教育（花费不过几百万美元）外，并没有大规模的并购行为发生。

2. 融资后扩张过快对企业发展产生消极影响

企业上市后将面临确保培训质量与满足股东盈利需求之间的矛盾。为了实现规模扩张，公司会运用连锁式的教育集团扩张模式，不断把触角伸向全国各个省会城市以及经济发达城市，利用上市融资的资金直接建立分校，或者是收购一些颇具实力的辅导学校。但过快的并购速度也让公司背上了沉重的经济负担。一些教育集团过度追求规模扩张和利润的短视行为，往往会损害教育产品的声誉和长

久的生命力。无论采取什么形式，市场的竞争将最终取决于品质的竞争，不能形成品牌的机构，办学将会举步维艰。

3. 行业进入空间小，极有可能产生经济学中的“马太效应”

新东方做托福起家，之后虽然业务领域不断扩张，但新东方的营业收入和利润主要来源于语言培训与考试辅导；环球雅思做雅思考试起家，占据的是雅思培训这个细分行业老大的位置；学而思做中小学辅导，把“精英教育”观点植入人心，它之所以能迅速发展、攻城略地，在于其一直推崇的“个性化教育”理念……由此可以看出，各家机构各自的主业是细分市场的龙头。由于市场的不断细分、淘汰，使得强者越强、弱者更弱。在一些已有龙头教育公司的细分市场上，已经很难再出一家上市公司了。

三　中国教育公司海外上市热潮下的冷思考

尽管我国教育公司遇到不少问题，但在新东方强大的示范效应下，民办培训企业海外上市仍方兴未艾。在中国教育公司海外上市的这种热潮中，亦需要冷静地思考。

首先，应细分公益性与营利性民办教育主体，能否境内上市需区别对待。教育作为一项特殊的产品，是对人的品质、价值观和世界观等的培养，所以对于质量应该有着更高的要求。民办学校等公益性单位不能以营利为目的，也不能直接境内上市，但一些民办培训机构，如外语连锁培训、课外辅导、职业技能培训等，是对学历教育的辅助和补充，这一部分的服务业务是可以市场化的。

其次，规范民办培训机构的登记注册管理，明确其企业属性。当前民办培训机构的登记注册管理较为混乱，不乏在民政部门登记注册为非企业单位的情况。要解决这一问题，需规范民办教育登记注册管理制度，明确规定营利性民办培训机构须在工商行政管理部门注册。

再次，民办培训企业要在效益与培训质量之间寻求平衡。教育公司上市后，必定要实现股东利益最大化的盈利目标，但教育产品的质量和声誉才是企业维持活力的重要保证。在大规模并购后，要处理好机构整合、平衡规模扩张与确保培训质量之间的矛盾等问题。

最后，允许职业技能培训等重在提升国民素质的企业在境内上市。尽管纽约

证券交易所等境外市场已形成一定的教育培训板块，但是我国民办培训机构的客户主体在国内，国内投资者的关注度相对更高。并且，对于境外相关的法律法规，我国民办培训企业难免出现认知和理解不全面、不到位的情况，遭遇法律诉讼的风险较高。此外，主业不同的培训企业给我国经济发展带来的影响存在差异。如出国前外语培训，客观上使我国知识精英外流加剧。又如公务员考试培训，对我国经济的长足发展难有助力。但职业教育培训等重在提升我国国民素质和竞争能力的企业，对我国经济的长远发展将大有裨益，可允许其境内上市。

An Analytical Study on the Current Conditions of US-listed Chinese Education Service Companies

Cheng Gang　Sun Xiaoliang

Abstract: Taking eight US-listed Chinese education service companies for example, the conditions of industry development are introduced from the perspectives of development history, financing and main business lines. There exist some problems such as non-effectively used capital financed from stock market and negative repercussion affected by over speed expansion. It is recommended to subdivide private education corporations into profit and non-profit work, regulate the registration of private training organizations, and define the attributions of enterprises.

Key Words: Education; Listed companies; Investment

教育满意度

Degree of Satisfaction with One's Education

B.24
2011年度中国主要城市公众教育满意度调查报告

21世纪教育研究院*

摘　要： 2011年度中国主要城市公众教育满意度调查报告阐述了教育满意度总体评价、分类评价、分项评价结果及相应的城市排序。调查结果显示，与前三年相比，我国主要城市的公众教育满意度有所降低。

关键词： 城市　教育满意度

21世纪教育研究院通过开展年度中国主要城市公众教育满意度调查，试图在我国教育满意度概况的基础上充分体现区域差异，更客观地反映民众对区域教育事业发展及教育改革效果的评价。2011年度中国30个主要城市公众教育满意度问卷着力评价当前教育领域里的热点及表现突出的问题，涉及教育质量、教育

---

* 执笔人：杨旻，21世纪教育研究院研究员，北京工商大学教师。

过程、教育公平、教育收费，其中重点关注教育公平。

样本由抽样软件按照分层随机抽样原则随机抽取，北京华通明略信息咨询公司的电话访问于2011年10月19日到11月13日期间实施。调查的执行区域及样本量为：北京、上海、天津、重庆4个直辖市，广州、成都、武汉、济南、西安、沈阳、南京、哈尔滨、长沙、昆明、杭州、合肥、长春、呼和浩特、郑州、南昌、福州、南宁、海口、乌鲁木齐、石家庄、兰州、银川、太原、西宁、贵阳26个省会城市的6000名18~60周岁的成年常住居民，男女样本性别配比为1:1。

本报告以此次调查数据为依据，使用李克特5级量表的赋值方法：5分表示"很满意"，4分表示"比较满意"，3分表示"一般"，2分表示"不太满意"，1分表示"很不满意"。测算适用于态度、意见式问卷的信度分析方法——柯能毕曲α系数，2011年教育满意度问卷数据的Cronbach's α系数值为0.793，表明量表的信度很好（0.7≤Cronbach's α系数<0.9表示相当可信）。

一　城市公众对教育的总体评价

（一）城市公众的教育总体感受偏于"一般"

2011年30个直辖市、省会城市的公众对本市教育的总体评价均值（3.207）低于2010年（3.245），31.2%的城市公众认为本市教育总体情况比较好、非常好，57.3%的城市公众认为一般，11.6%的城市公众认为不太好、非常不好（见图1）。中国主要城市公众教育满意度调查的历年结果显示，2008~2011年，主要城市公众的教育总体感受呈下降趋势。尽管2011年中国教育兴起新一轮改革浪潮，但是校车事故、择校热等负面事件和问题频出，挥之不去的教育阴霾令城市公众的感受走低。

（二）30个城市教育总体评价排序

1. 与2010年的数据相比较

以2010年的数据为观测点，16个城市公众对本市教育总体情况的评价上升，但是升幅不敌评价下降城市的降幅。上升最多的石家庄、南昌升幅为0.1

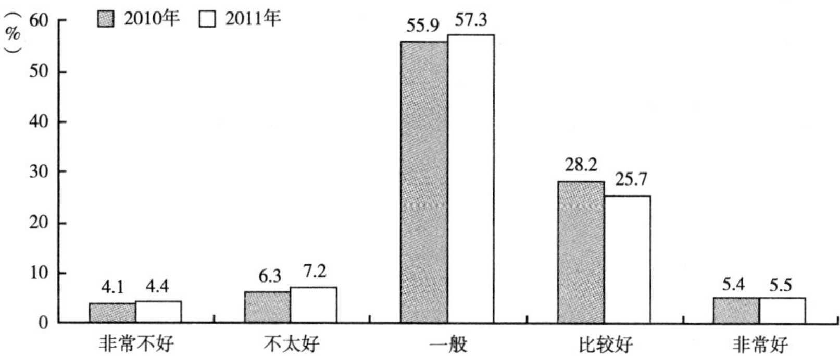

图 1　2010～2011 年公众对本市教育总体状况的评价

分，而下降最多的北京、沈阳降幅超过 0. 15 分。较之 2010 年的结果，北京的下降程度最大。

在 2011 年 30 个城市的教育总体评价排序中（见表 1），济南、杭州、西宁、南京、合肥分列前五名，其中济南、杭州、西宁、合肥保持了 2010 年居于前五名的优势，南京则首次跻身五强。太原、贵阳、武汉、北京、沈阳名列末 5 名，其中太原、贵阳继 2010 年之后再次居末五位。

表 1　2011 年 30 个城市的教育总体评价排序

2011 年			2010 年	2008～2010 年平均值
排序	城市	满意度	满意度	满意度
1	济　南	3. 395	3. 302	3. 483
2	杭　州	3. 385	3. 372	3. 439
3	西　宁	3. 345	3. 328	3. 375
4	南　京	3. 337	3. 362	3. 321
5	合　肥	3. 320	3. 377	3. 389
6	银　川	3. 290	3. 392	3. 446
7	南　宁	3. 289	3. 209	3. 245
8	哈尔滨	3. 281	3. 192	3. 207
9	福　州	3. 279	3. 279	3. 335
10	天　津	3. 249	3. 193	3. 258
11	长　沙	3. 242	3. 203	3. 260
12	呼和浩特	3. 230	3. 294	3. 382
13	长　春	3. 228	3. 273	3. 329
14	石家庄	3. 213	3. 092	3. 268

续表

2011 年			2010 年	2008 ~2010 年平均值
排序	城　市	满意度	满意度	满意度
15	重　庆	3. 210	3. 296	3. 203
16	上　海	3. 208	3. 186	3. 286
17	兰　州	3. 200	3. 131	3. 218
18	西　安	3. 190	3. 173	3. 226
18	乌鲁木齐	3. 190	3. 251	3. 366
20	海　口	3. 170	3. 096	3. 122
21	南　昌	3. 166	3. 057	3. 207
21	成　都	3. 166	3. 198	3. 243
23	广　州	3. 164	3. 204	3. 240
24	郑　州	3. 126	3. 111	3. 183
25	昆　明	3. 111	3. 066	3. 110
26	沈　阳	3. 091	3. 251	3. 312
27	北　京	3. 090	3. 311	3. 250
28	武　汉	3. 041	3. 107	3. 156
29	贵　阳	3. 031	3. 086	3. 116
30	太　原	2. 970	2. 918	3. 101

2. 与 2008 ~2010 年均值相比较

以 2008 ~2010 年均值为观测点，除哈尔滨、海口、南宁、南京、重庆、昆明 6 个城市的公众对本市教育总体情况的评价上升外，24 个城市的评价结果低于 2008 ~2010 年的均值水平（见图 2）。较之三年均值的结果，沈阳的下降程度最大。

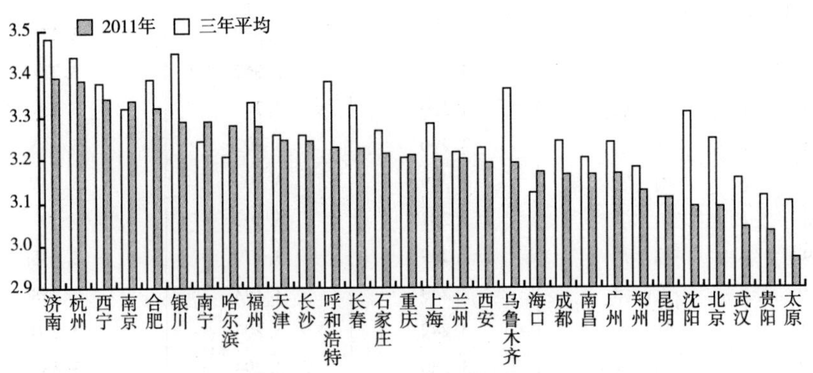

图 2　2008 ~2011 年 30 个城市教育总体评价

数据说明：本图城市序列参照 2011 年分城市教育满意度总体评价，自左向右排序。

（三）30 个城市教育总体评价的低满意度群体

认为本市教育总体状况不太好、非常不好的公众为评价的低满意度群体，30 个主要城市约十分之一的公众对本市教育的总体评价很不满意、不太满意。各城市低满意度群体分布差异显著（见图 3）。低满意度群体比例最高的四个城市依次是沈阳（19.7%）、武汉（18.8%）、太原（16.7%）、北京（16.5%），低满意度群体比例最低的四个城市依次是西宁（4.0%）、济南（5.5%）、合肥（6.5%）、杭州（7.0%）。

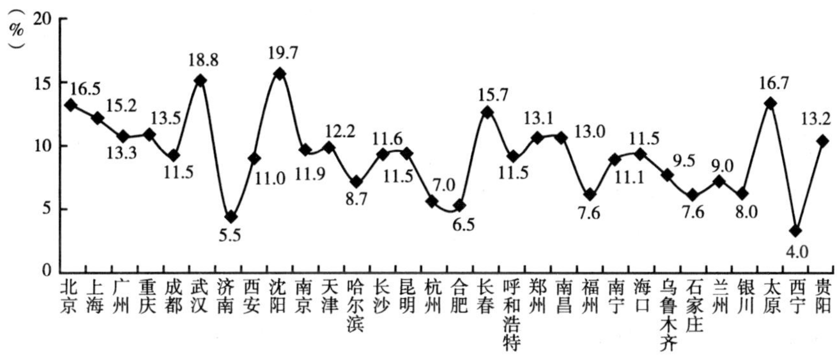

图 3　2011 年 30 个城市教育总体评价的低满意度群体分布

二　城市公众教育满意度的分类评价

根据 2011 年教育质量、教育过程、教育公平、教育收费四类指标的满意度分值测算结果，教育质量、教育过程两类指标的评价结果相对接近。教育公平、教育收费两类指标评价结果相对接近，明显偏离教育质量、教育过程的得分。公众对教育过程的评价一般优于教育质量，教育质量、教育过程两项指标的评价均高于教育公平、教育收费（见图 4）。

与主要城市的教育总体评价降低趋势相呼应，30 个城市的教育公平、教育收费两类指标评价明显下滑，无一城市的教育公平、教育收费指标评价在 3 分及格线之上。教育过程的评价略有降幅，20 个城市的评价较 2010 年有所下降，上海、呼和浩特、太原 3 个城市低于 3 分。教育质量指标评价获得提升，除太原、

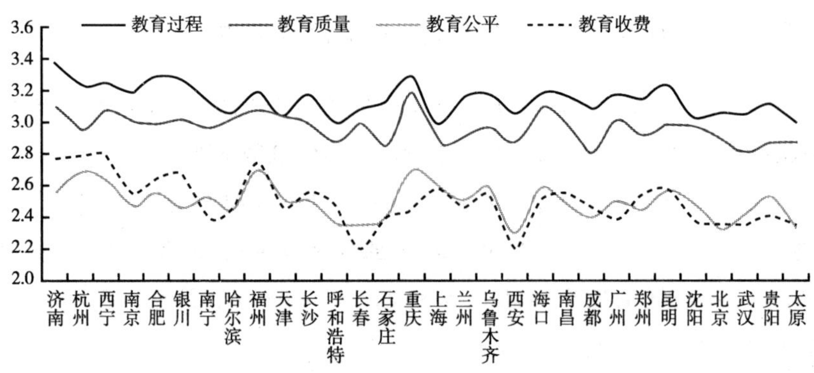

图 4　2011 年 30 个城市教育满意度的分类评价

数据说明：本图城市序列参照 2011 年分城市教育满意度总体评价，自左向右排序。

上海、西宁、郑州、北京、广州、呼和浩特、成都 8 个城市的教育质量低于 2010 年数据外，其他 22 个城市均高于 2010 年的结果；但是仅重庆、海口、济南、西宁、福州、天津、哈尔滨、银川、广州、南京 10 个城市的教育质量得分高于及格线。

教育质量、教育过程、教育公平、教育收费四类指标分值，构成了 2011 年 30 个直辖市、省会城市教育满意度的分类城市排名序列（见表 2）。

表 2　2011 年 30 个城市教育满意度分类评价排序

教育质量			教育过程			教育公平			教育收费		
排名	城　市	满意度	排名	城　市	满意度	排名	城　市	满意度	排名	城　市	满意度
1	重　庆	3.184	1	济　南	3.373	1	福　州	2.703	1	西　宁	2.793
2	海　口	3.098	2	合　肥	3.291	2	重　庆	2.699	2	杭　州	2.791
3	济　南	3.094	3	重　庆	3.283	3	杭　州	2.694	3	济　南	2.779
4	西　宁	3.078	4	银　川	3.269	4	西　宁	2.645	4	福　州	2.752
5	福　州	3.076	5	西　宁	3.248	5	上　海	2.595	5	银　川	2.675
6	天　津	3.048	6	杭　州	3.238	6	乌鲁木齐	2.589	6	合　肥	2.651
7	哈尔滨	3.029	7	昆　明	3.235	7	海　口	2.588	7	昆　明	2.583
8	银　川	3.021	8	南　京	3.192	8	济　南	2.569	8	上　海	2.582
9	广　州	3.018	9	福　州	3.187	9	昆　明	2.566	9	长　沙	2.568
10	南　京	3.012	10	海　口	3.178	10	合　肥	2.550	10	南　京	2.558

续表

教育质量			教育过程			教育公平			教育收费		
排名	城　市	满意度	排名	城　市	满意度	排名	城　市	满意度	排名	城　市	满意度
11	长　春	2.998	11	乌鲁木齐	3.176	11	贵　阳	2.534	11	南　昌	2.556
12	合　肥	2.996	12	长　沙	3.173	12	南　宁	2.530	12	乌鲁木齐	2.545
13	南　昌	2.990	12	南　昌	3.173	13	天　津	2.514	13	郑　州	2.541
13	昆　明	2.990	12	广　州	3.173	14	兰　州	2.510	14	海　口	2.514
13	长　沙	2.990	15	兰　州	3.153	15	长　沙	2.504	15	呼和浩特	2.486
16	沈　阳	2.976	16	南　宁	3.149	16	广　州	2.502	16	成　都	2.482
17	乌鲁木齐	2.972	17	郑　州	3.145	16	沈　阳	2.502	17	天　津	2.472
18	南　宁	2.968	18	石家庄	3.137	18	南　昌	2.488	18	兰　州	2.471
19	杭　州	2.965	19	贵　阳	3.107	19	南　京	2.473	19	哈尔滨	2.459
20	郑　州	2.922	20	成　都	3.091	20	银　川	2.459	20	重　庆	2.455
21	兰　州	2.920	21	长　春	3.077	21	郑　州	2.449	21	贵　阳	2.414
22	北　京	2.912	22	北　京	3.054	22	哈尔滨	2.447	22	南　宁	2.410
23	呼和浩特	2.875	23	哈尔滨	3.053	23	武　汉	2.405	23	石家庄	2.403
24	上　海	2.874	24	西　安	3.049	24	成　都	2.395	24	沈　阳	2.396
24	太　原	2.874	25	武　汉	3.047	24	石家庄	2.395	25	广　州	2.395
26	西　安	2.872	26	天　津	3.035	26	呼和浩特	2.371	26	太　原	2.365
27	贵　阳	2.871	27	沈　阳	3.033	27	长　春	2.354	27	武　汉	2.364
28	石家庄	2.853	28	太　原	2.999	28	太　原	2.341	28	北　京	2.361
29	成　都	2.813	29	呼和浩特	2.991	29	北　京	2.332	29	西　安	2.215
30	武　汉	2.810	30	上　海	2.986	30	西　安	2.301	30	长　春	2.213

三　城市公众教育满意度的分项评价

（一）教育公平

接近四成的公众不认可地方教育主管部门在义务教育择校热问题方面的解决工作。被问及“本市解决义务教育阶段择校热问题”时，16.2%、22.1%的公众分别表示很不满意、不太满意，38.2%的公众认为一般，17.3%、6.2%的公众分别表示比较满意、很满意。获得 3 分及格评价的城市仅有福州、西宁、杭州；西安、石家庄、太原因为近半数的低满意度评价而位列后三名（见表3）。

表3 2011年30个城市义务教育择校热分项指标满意度评价排序

解决义务教育阶段择校热问题			幼儿园升小学过程中的择校现象			小学升初中过程中的择校现象		
排名	城市	满意度	排名	城市	满意度	排名	城市	满意度
1	**福州**	3.056	1	**重庆**	2.370	1	**福州**	2.313
2	西宁	3.015	2	贵阳	2.362	2	广州	2.281
3	**杭州**	3.005	3	**福州**	2.354	3	**济南**	2.261
4	**重庆**	2.965	4	沈阳	2.328	4	贵阳	2.221
4	上海	2.965	5	广州	2.316	5	海口	2.206
6	乌鲁木齐	2.955	6	南宁	2.313	6	南宁	2.181
7	兰州	2.910	7	长沙	2.289	7	合肥	2.136
8	长沙	2.905	8	合肥	2.268	8	**杭州**	2.127
9	合肥	2.840	9	海口	2.261	9	**重庆**	2.106
10	昆明	2.829	10	成都	2.236	10	西宁	2.035
11	海口	2.804	11	西宁	2.202	11	兰州	2.025
12	广州	2.795	12	南昌	2.201	12	沈阳	2.021
13	南昌	2.789	13	太原	2.198	13	南京	2.005
14	天津	2.773	14	长春	2.184	13	天津	2.005
15	南宁	2.758	15	杭州	2.180	15	昆明	2.000
16	贵阳	2.732	16	南京	2.168	16	乌鲁木齐	1.995
17	银川	2.725	17	哈尔滨	2.166	17	南昌	1.990
18	哈尔滨	2.717	18	石家庄	2.165	18	郑州	1.985
19	**济南**	2.715	19	**济南**	2.161	18	长沙	1.985
20	沈阳	2.711	20	郑州	2.136	20	北京	1.970
21	成都	2.652	21	乌鲁木齐	2.129	21	上海	1.969
22	武汉	2.635	22	呼和浩特	2.117	22	武汉	1.934
23	呼和浩特	2.628	23	武汉	2.112	23	成都	1.929
24	南京	2.596	23	天津	2.112	24	呼和浩特	1.915
24	郑州	2.596	25	兰州	2.106	25	哈尔滨	1.904
26	长春	2.523	26	上海	2.102	26	石家庄	1.892
27	北京	2.485	27	昆明	2.100	27	太原	1.859
28	太原	2.482	28	银川	2.092	28	长春	1.833
28	石家庄	2.482	29	北京	1.975	29	银川	1.814
30	西安	2.480	30	西安	1.944	30	西安	1.740

小学升初中的择校激烈程度普遍高于幼儿园升小学。比较“幼儿园升小学过程中的择校现象”和“小学升初中过程中的择校现象”两个分项指标，

72.1%的公众认为小升初择校现象非常激烈、比较激烈，66.7%的公众认为幼升小择校现象非常激烈、比较激烈（见图5）。不同城市两个阶段的择校激烈程度差别较大，两者得分差距最大的城市是长春（落差0.350分）；两者差距最小的城市是北京（落差0.005分），北京小升初和幼升小的择校热严重性大体相当。

观察“幼儿园升小学过程中的择校现象”和“小学升初中过程中的择校现象”两个分项指标的前五位和末五位城市，发现福州、广州、贵阳同时位列前五强之三，而西安、银川同属末五位之二者。

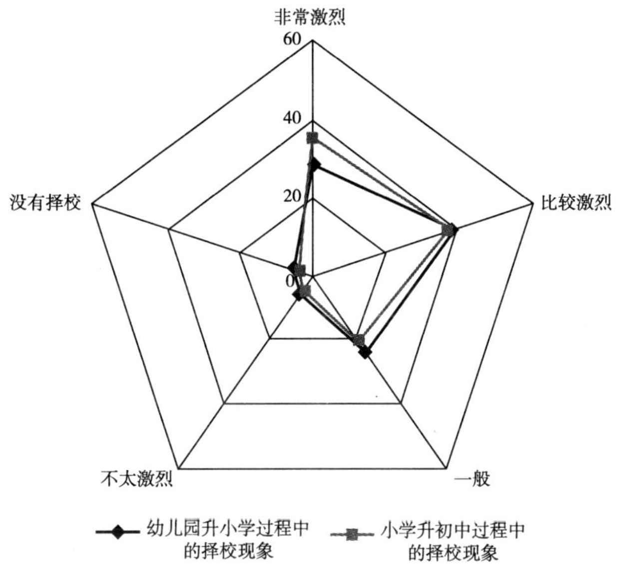

图5　2011年义务教育阶段择校热评价（%）

重点学校制度仍在深刻阻碍教育公平。与义务教育阶段择校热问题相呼应，公众判断“小学和初中的重点学校/名牌学校和一般学校的办学水平”存在明显差距（见图6），认为非常明显、比较明显的群体比例（81.2%）比2010年上升了1个百分点，认为没有差距、不太明显的群体比例（8.0%）比2010年下降了1个百分点，总体与去年持平。差距评价相对好的5个城市是杭州、天津、海口、乌鲁木齐、西宁，差距评价相对差的5个城市是长春、哈尔滨、沈阳、银川、长沙。

幼儿园入园难入园贵的问题仍十分突出，37.8%的公众（低满意度群体）

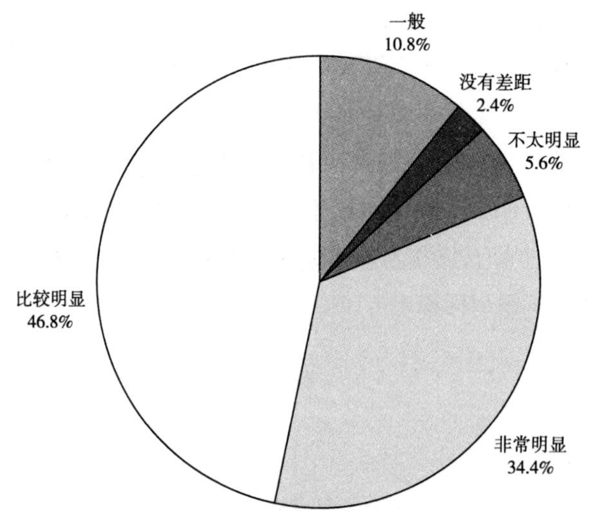

图6 2011年义务教育阶段重点学校和非重点学校办学水平的差距评价

对该问题改善情况不认可。从全国30个城市来看，仅杭州一地的公众给予“一般”的评价，其他城市均受质疑（见表4），其中北京、南京、天津3个城市有五分之一的公众表示很不满意。

教育部门与学校的廉政风气状况不容乐观。30个城市的指标评价均值较2010年略有减少，33.9%的公众很不满意、不太满意教育部门与学校的廉政风气状况，表示很满意、比较满意者占26.0%。从全国30个城市来看，仅杭州、重庆、昆明、福州4个城市获得“一般”的评价，而未获得及格评价的城市升至26个（见表4）。

表4 2011年30个城市教育公平部分分项指标满意度评价排序

幼儿园入园难入园贵问题改善情况			教育部门与学校的廉政风气状况			农民工子女教育解决的情况		
排名	城　市	满意度	排名	城　市	满意度	排名	城　市	满意度
1	杭　州	3.067	1	杭　州	3.166	1	重　庆	3.409
2	西　宁	2.995	2	重　庆	3.145	2	沈　阳	3.323
3	乌鲁木齐	2.916	3	昆　明	3.140	3	西　宁	3.297
4	昆　明	2.888	4	福　州	3.096	4	上　海	3.265
5	重　庆	2.883	5	南　京	2.984	5	福　州	3.238
6	海　口	2.882	6	上　海	2.975	6	天　津	3.212

续表

幼儿园入园难入园贵问题改善情况			教育部门与学校的廉政风气状况			农民工子女教育解决的情况		
排名	城　市	满意度	排名	城　市	满意度	排名	城　市	满意度
6	上　海	2.882	7	济　南	2.955	6	乌鲁木齐	3.212
8	济　南	2.829	8	银　川	2.934	8	杭　州	3.136
9	福　州	2.819	9	广　州	2.920	9	银　川	3.119
10	兰　州	2.818	10	西　宁	2.905	10	哈尔滨	3.109
11	哈尔滨	2.778	11	合　肥	2.893	11	长　春	3.082
12	南　昌	2.761	12	南　宁	2.892	12	石家庄	3.057
13	贵　阳	2.754	13	海　口	2.880	13	济　南	3.051
14	长　沙	2.744	14	郑　州	2.843	14	合　肥	3.020
15	呼和浩特	2.742	15	长　沙	2.839	15	兰　州	3.015
16	银　川	2.733	16	乌鲁木齐	2.834	16	南　京	3.000
17	郑　州	2.716	17	贵　阳	2.823	17	昆　明	2.990
18	南　宁	2.708	18	南　昌	2.819	18	海　口	2.970
18	合　肥	2.708	19	天　津	2.803	18	南　昌	2.970
20	沈　阳	2.681	20	成　都	2.770	20	南　宁	2.959
21	石家庄	2.648	21	兰　州	2.755	21	长　沙	2.954
22	太　原	2.628	22	武　汉	2.714	22	贵　阳	2.930
23	武　汉	2.620	23	哈尔滨	2.708	23	武　汉	2.917
24	南　京	2.580	24	北　京	2.705	24	郑　州	2.893
25	天　津	2.562	25	沈　阳	2.658	24	西　安	2.893
26	广　州	2.556	26	西　安	2.650	26	成　都	2.856
27	西　安	2.551	27	长　春	2.606	27	太　原	2.818
28	长　春	2.542	28	石家庄	2.538	28	呼和浩特	2.811
29	成　都	2.460	29	太　原	2.482	29	北　京	2.803
30	北　京	2.459	30	呼和浩特	2.408	30	广　州	2.687

农民工子女教育解决情况在教育公平分项指标中的得分最好。30 个城市的指标评价均值较 2010 年略有增加，超过三成的公众认可本市的农民工子女教育解决情况，16 个城市的指标评价为 3 分及以上。

（二）教育质量

公众对大学生能力和水平所持的负面评价较 2010 年有所减少，18 个城市在该项指标所获分值高于 2010 年；但仅天津、重庆、海口 3 个城市取得了公众的及格评价（见表 5）。除天津外，29 个城市的大学生能力和水平评价低于中小学推行素质教育成效。

表 5　2011 年 30 个城市教育质量分项指标满意度评价排序

中小学推行素质教育的成效			大学生的能力和水平		
排名	城　市	满意度	排名	城　市	满意度
1	重　庆	3. 308	1	天　津	3. 076
2	济　南	3. 259	2	重　庆	3. 060
3	昆　明	3. 195	3	海　口	3. 041
3	西　宁	3. 195	4	福　州	2. 990
5	合　肥	3. 182	5	西　宁	2. 960
6	银　川	3. 172	5	长　春	2. 960
7	南　昌	3. 166	7	广　州	2. 944
8	哈尔滨	3. 163	8	南　京	2. 934
9	福　州	3. 162	9	济　南	2. 929
10	海　口	3. 155	10	哈尔滨	2. 894
11	沈　阳	3. 112	11	长　沙	2. 880
12	乌鲁木齐	3. 106	12	南　宁	2. 870
13	长　沙	3. 100	12	北　京	2. 870
14	广　州	3. 092	14	银　川	2. 869
15	南　京	3. 091	14	上　海	2. 869
16	杭　州	3. 071	16	杭　州	2. 860
17	南　宁	3. 067	17	兰　州	2. 855
18	呼和浩特	3. 036	18	郑　州	2. 854
18	长　春	3. 035	19	沈　阳	2. 840
20	天　津	3. 020	20	乌鲁木齐	2. 839
21	太　原	2. 995	21	南　昌	2. 815
22	西　安	2. 990	22	合　肥	2. 810
22	郑　州	2. 990	23	武　汉	2. 803
24	兰　州	2. 985	24	贵　阳	2. 788
25	石家庄	2. 970	25	昆　明	2. 785
26	北　京	2. 955	26	西　安	2. 755
27	贵　阳	2. 954	27	太　原	2. 753
28	成　都	2. 903	28	石家庄	2. 736
29	上　海	2. 879	29	成　都	2. 722
30	武　汉	2. 816	30	呼和浩特	2. 715

公众对中小学推行素质教育成效的认可度总体好于 2010 年。除成都、北京、西宁、上海 4 个城市分值降低外，其他 26 个城市均出现了不同幅度的提高（见表 5）。武汉、上海、成都、贵阳、北京、石家庄、兰州、郑州、西安、太原 10 个城市评价中小学推行素质教育成效介于一般到不太满意之间，未获及格评价的城市较 2010 年少了一半。

以 30 个城市平均比例来看，对大学生能力和水平持低满意度的群体占 28.8%，略高于对中小学推行素质教育成效持低满意度的群体（26.3%）；对大学生能力和水平持高满意度的群体占 20.0%，明显低于对中小学推行素质教育成效持高满意度的群体（33.2%）。

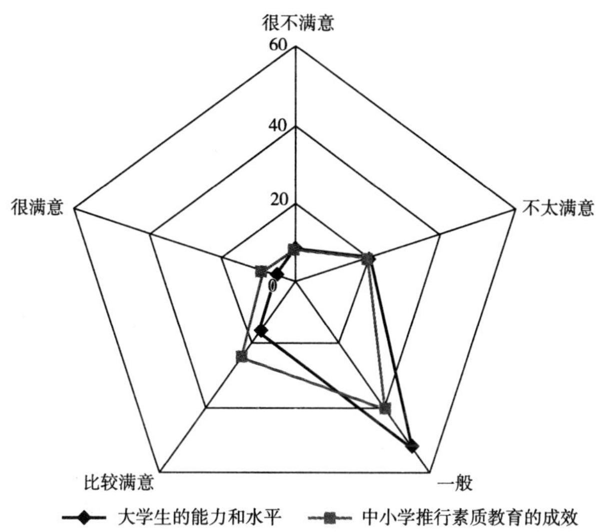

图 7　2011 年 30 个城市教育质量满意度分项评价群体比例（%）

（三）教育过程

中小学生课业负担问题的解决状况不理想，13 个城市的公众质疑该问题（见表 6）。比较相关指标，23 个城市的中小学推行素质教育成效指标分值多于中小学生课业负担指标分值，仅贵阳、济南、兰州、武汉、银川、昆明、西宁 7 个城市与之相反。

考察被调查指标的城市满意度均值，教师队伍素质的认可程度（3.262）最好，并好于 2010 年的结果，19 个城市所获评价上升。除沈阳外，29 个城市的教师队伍素质均未受公众质疑（见表 6）。除沈阳、贵阳、济南 3 个城市外，其他 27 个城市的公众对教师队伍素质的认可程度优于中小学生课业负担问题指标。

表6　2011年30个城市教育过程分项指标满意度评价排序

减轻中小学生课业负担			教师队伍素质		
排名	城　市	满意度	排名	城　市	满意度
1	济　南	3.377	1	合　肥	3.435
2	重　庆	3.266	2	杭　州	3.430
3	银　川	3.211	3	济　南	3.370
4	昆　明	3.205	4	成　都	3.354
5	西　宁	3.196	5	长　沙	3.352
6	合　肥	3.147	6	广　州	3.345
7	海　口	3.140	7	郑　州	3.337
8	贵　阳	3.138	8	银　川	3.327
9	沈　阳	3.091	9	石家庄	3.325
10	兰　州	3.085	10	西　安	3.315
10	南　昌	3.085	11	南　京	3.311
12	乌鲁木齐	3.080	12	重　庆	3.300
13	福　州	3.077	12	西　宁	3.300
14	南　京	3.072	14	福　州	3.297
15	杭　州	3.046	15	南　宁	3.293
16	南　宁	3.005	16	北　京	3.275
17	广　州	3.000	17	乌鲁木齐	3.271
18	长　沙	2.995	18	昆　明	3.265
19	郑　州	2.954	19	南　昌	3.261
20	石家庄	2.949	20	长　春	3.225
21	哈尔滨	2.944	21	兰　州	3.221
22	长　春	2.930	22	海　口	3.216
23	太　原	2.918	22	上　海	3.216
24	武　汉	2.887	24	天　津	3.211
25	呼和浩特	2.871	25	武　汉	3.206
26	天　津	2.859	26	哈尔滨	3.162
27	北　京	2.833	27	呼和浩特	3.111
28	成　都	2.828	28	太　原	3.080
29	西　安	2.783	29	贵　阳	3.075
30	上　海	2.755	30	沈　阳	2.975

以30个城市平均比例来看，公众对地方教育主管部门减轻中小学生课业负担的工作持低满意度的群体占26.7%，高于对教师队伍素质持低满意度的群体（16.0%）；对地方教育主管部门减轻中小学生课业负担的工作持高满意度的群体占30.8%，低于对教师队伍素质持高满意度的群体（40.6%）（见图8）。

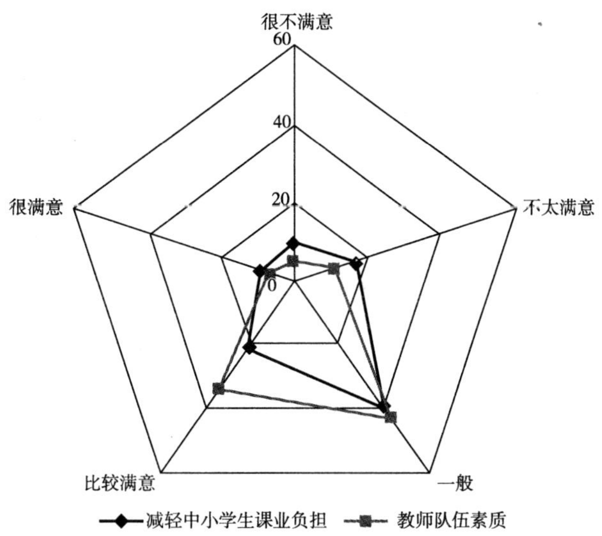

图 8　2011 年 30 个城市教育过程满意度分项评价群体比例（%）

（四）教育收费

家庭教育支出负担感受的城市满意度均值，低于同类的政府治理教育乱收费成效指标。22 个城市的公众感觉家庭教育支出负担比 2010 年加重。24 个城市有超过六成的公众认为非常重或比较重，所有城市不足 10% 的公众认为非常轻或比较轻（见表 7）。

表 7　2011 年家庭教育支出负担感受的评价

单位：%

城　市	评价群体比例				
	非常重	比较重	一般	比较轻	非常轻
杭　州	11.6	36.7	42.2	7.5	2.0
济　南	13.6	36.7	40.2	6.0	3.5
福　州	10.6	43.7	39.2	5.5	1.0
西　宁	11.0	48.0	33.0	5.0	3.0
合　肥	15.1	43.2	33.7	7.0	1.0
昆　明	16.1	43.7	32.7	5.0	2.5
郑　州	14.6	46.2	31.7	6.5	1.0
呼和浩特	15.5	47.0	31.0	4.5	2.0

续表

城市	评价群体比例				
	非常重	比较重	一般	比较轻	非常轻
南昌	11.6	54.3	28.1	4.5	1.5
海口	19.0	43.0	31.0	5.5	1.5
石家庄	15.6	47.2	33.2	3.0	1.0
天津	20.6	40.7	33.7	3.5	1.5
上海	18.0	45.0	32.5	4.5	
银川	23.0	40.5	28.0	8.0	0.5
长沙	17.5	52.0	25.0	4.5	1.0
兰州	20.7	48.0	24.7	4.5	2.0
南京	19.6	47.2	28.6	4.0	0.5
成都	15.6	52.8	30.2	0.5	1.0
乌鲁木齐	19.5	48.5	28.5	3.0	0.5
广州	27.1	41.2	24.6	4.0	3.0
重庆	26.5	41.5	24.5	6.0	1.5
武汉	23.7	46.0	24.2	5.1	1.0
北京	22.5	46.5	26.0	5.0	
南宁	24.0	47.0	25.5	2.5	1.0
太原	23.1	47.2	27.6	2.0	
哈尔滨	29.5	41.0	23.5	3.5	2.5
贵阳	33.0	34.0	27.0	4.5	1.5
沈阳	28.0	43.0	25.5	3.0	0.5
西安	28.0	47.5	20.5	2.5	1.5
长春	33.5	50.0	14.5	2.0	

说明：本表城市序列参照2011年分城市家庭教育支出负担感受满意度评价，自上向下排序。

比较同属低位分值指标的“幼儿园升小学过程中的择校现象”和“小学升初中过程中的择校现象”，家庭教育支出负担问题的尖锐程度总体不及义务教育阶段择校现象。

除济南、南京、西安、杭州、南宁、银川、长沙7个城市外，23个城市的政府治理教育乱收费成效指标评价低于2010年。除西宁、银川、福州、济南、杭州5个城市外，25个城市的政府治理教育乱收费成效不容乐观（见表8），不及格的城市较2010年略有增加。以30个城市平均比例来看，对政府治理教育乱收费成效持低满意度的群体比例接近四成，认为很满意、比较满意的比例接近三成。

表 8　2011 年政府治理教育乱收费成效评价

排名	城　市	满意度	排名	城　市	满意度
1	西　宁	3. 175	16	海　口	2. 754
2	银　川	3. 125	17	贵　阳	2. 753
3	福　州	3. 077	18	郑　州	2. 750
4	济　南	3. 066	18	兰　州	2. 750
5	杭　州	3. 065	20	沈　阳	2. 741
6	合　肥	2. 945	21	南　宁	2. 726
7	长　沙	2. 940	22	天　津	2. 697
8	上　海	2. 929	23	呼和浩特	2. 667
8	南　京	2. 929	24	太　原	2. 645
10	乌鲁木齐	2. 925	24	广　州	2. 645
11	哈尔滨	2. 833	26	武　汉	2. 591
12	昆　明	2. 825	27	北　京	2. 588
13	南　昌	2. 810	28	长　春	2. 575
14	成　都	2. 779	29	石家庄	2. 540
15	重　庆	2. 765	30	西　安	2. 410

A Report on Surveys of Degree of Satisfaction with Education Expressed by the Public in the Major Cities of China for the Year 2011

21st Century Education Research Institute

Abstract: The report on a study of the degree of satisfaction expressed by the public of main cities with regard to education for the year of 2011 provides information on the following items: 1) overall assessment, 2) assessment classified by educational sectors, 3) order of cities arranged by degree of satisfaction. The findings indicate that the degree of satisfaction expressed by the public of main cities with regard to education has become lower compared with three years ago.

Key Words: Cities; Degree of satisfaction with regard to education

附　　录

Appendices

B.25

2010 年全国教育事业发展统计公报*

2010 年，党中央、国务院颁布了国家中长期教育改革和发展规划纲要，召开了新世纪第一次全国教育工作会议，中国教育改革和发展进入新的阶段。教育战线按照优先发展、育人为本、改革创新、促进公平、提高质量的要求，全面落实教育规划纲要，稳步实施国家重大教育发展项目和改革试点，着力促进教育公平、提高教育质量，深入推进教育事业科学发展，办好人民满意的教育，教育事业的改革发展取得了新进展。

义 务 教 育

截至 2010 年底，全国 2856 个县（市、区）全部实现“两基”，全国“两基”人口覆盖率达到 100%。

---

* 资料来源：教育部网站。

由于学龄人口的逐年减少，小学校数、在校生数继续减少。全国共有小学 25.74 万所，比上年减少 2.28 万所；招生 1691.70 万人，比上年增加 53.90 万人；在校生 9940.70 万人，比上年减少 130.77 万人；小学毕业生 1739.64 万人，比上年减少 65.56 万人。小学学龄儿童净入学率达到 99.70%，其中，男女童净入学率分别为 99.68% 和 99.73%，女童高于男童 0.05 个百分点。

小学教职工和专任教师略有减少，专任教师学历合格率继续提高。全国小学教职工 610.98 万人，比上年减少 2.57 万人，其中专任教师 561.71 万人，比上年减少 1.63 万人。小学专任教师学历合格率 99.52%，比上年提高 0.12 个百分点，小学生师比 17.70∶1，比上年的 17.88∶1 有所降低。

由于学龄人口的逐年减少，初中校数、招生数、在校生数和毕业生数略有减少，初中阶段毛入学率和初中毕业生升学率继续提高。全国共有初中学校 5.49 万所（其中职业初中 0.01 万所），比上年减少 0.14 万所；招生 1716.58 万人，比上年减少 71.87 万人；在校生 5279.33 万人，比上年减少 161.61 万人；毕业生 1750.35 万人，比上年减少 47.35 万人。初中阶段毛入学率 100.1%，比上年提高 1.1 个百分点。初中毕业生升学率 87.5%，比上年提高 1.9 个百分点。

全国初中专任教师 352.54 万人，比上年增加 0.74 万人。初中专任教师学历合格率 98.65%，比上年提高 0.37 个百分点。生师比 14.98∶1，比上年的 15.47∶1 有所降低。

全国普通中小学校舍建筑面积 141751.04 万平方米，比上年增加 3000.52 万平方米。小学体育运动场（馆）面积达标学校的比例为 55.48%，体育器械配备达标学校的比例为 52.19%，音乐器械配备达标学校的比例为 48.55%，美术器械配备达标学校的比例为 47.64%，数学自然实验仪器达标学校的比例为 54.62%，均比上年有所提高。普通初中体育运动场（馆）面积达标学校的比例为 69.53%，体育器械配备达标学校的比例为 68%，音乐器械配备达标学校的比例为 62.4%，美术器械配备达标学校的比例为 61.67%，理科实验仪器达标学校的比例为 74.55%，均比上年有所提高。

全国义务教育阶段学校寄宿生的规模达到 3343.52 万人，比上年增加 14.56 万人，占义务教育阶段在校生总数的 21.97%。其中，小学寄宿生数为 1038.08 万人，比上年增加 57.11 万人，所占比例为 10.44%；初中寄宿生数为 2305.43 万人，比上年减少 42.54 万人，所占比例为 43.67%。

全国义务教育阶段在校生中进城务工人员随迁子女共1167.17万人，比上年增加170.07万人。其中，在小学就读的进城务工人员随迁子女864.30万人，比上年增加113.53万人，增长15.12%。在初中就读的进城务工人员随迁子女302.88万人，比上年增加56.54万人，增长22.95%。

全国义务教育阶段在校生中农村留守儿童共2271.51万人，比上年增加47.27万人。其中，在小学就读的农村留守儿童1461.79万人，比上年增加28.82万人，增长2.01%。在初中就读的农村留守儿童809.72万人，比上年增加18.45万人，增长2.33%。

学前教育与特殊教育

学前教育较快发展。幼儿园数、在园幼儿数、幼儿园园长和教师数均有增加。学前教育毛入园率有较大提高。全国共有幼儿园15.04万所，比上年增加1.22万所，在园幼儿（包括学前班）2976.67万人，比上年增加318.86万人。幼儿园园长和教师共130.53万人，比上年增加17.75万人。学前教育毛入园率达到56.6%，比上年提高5.7个百分点。

特殊教育稳步发展。全国共有特殊教育学校1706所，比上年增加34所；特殊教育学校共有专任教师3.97万人。全国共招收特殊教育学生6.49万人，比上年增加0.09万人；在校生42.56万人，比上年减少0.25万人，其中在盲人学校就读的学生4.91万人，在聋人学校就读的学生11.26万人，在弱智学校及辅读班就读的学生26.39万人。普通小学、初中随班就读和附设特教班招收的学生为3.97万人，在校生为25.96万人，分别占特殊教育招生总数和在校生总数的61.17%和60.99%。特殊教育毕业生人数5.89万人，比上年增加0.15万人。

高中阶段教育

全国高中阶段教育（包括普通高中、成人高中、中等职业学校）共有学校28584所，比上年减少1177所；招生1706.66万人，比上年增加7.80万人；在校学生4677.34万人，比上年增加36.43万人。高中阶段毛入学率82.5%，比上年提高3.3个百分点。其中：全国普通高中14058所，比上年减少549所；招生

836.24 万人，比上年增加 5.90 万人，增长 0.71%；在校生 2427.34 万人，比上年减少 6.94 万人，下降 0.29%；毕业生 794.43 万人，比上年减少 29.29 万人，下降 3.83%。

普通高中专任教师 151.82 万人，比上年增加 2.49 万人，生师比 15.99∶1，比上年的 16.30∶1 有所降低；专任教师学历合格率 94.81%，比上年提高 1.2 个百分点。

普通高中共有校舍建筑面积 39821.83 万平方米。普通高中设施设备配备达标学校的比例比上年有所提高，其中，体育运动场（馆）面积达标学校的比例为 80.61%，体育器材配备达标学校的比例为 81.14%，音乐器材配备达标学校的比例为 76.95%，美术器材配备达标学校的比例为 77.83%，理科实验仪器达标学校的比例为 84.63%，建立校园网的学校的比例为 76.74%。

全国成人高中 654 所，比上年减少 99 所；在校生 11.50 万人，比上年增加 0.03 万人；毕业生 9.02 万人，比上年减少 0.78 万人。成人高中教职工 0.47 万人，比上年减少 0.14 万人，其中专任教师 0.35 万人，比上年减少 0.08 万人。

全国中等职业教育（包括普通中等专业学校、职业高中、技工学校和成人中等专业学校）共有学校 13872 所，比上年减少 529 所；招生 870.42 万人，比上年增加 1.90 万人，占高中阶段教育招生总数的 50.94%；在校生 2238.50 万人，比上年增加 43.34 万人，占高中阶段教育在校生总数的 47.78%；专任教师 84.89 万人，比上年增加 0.61 万人。其中：

全国普通中等专业学校 3938 所，比上年增加 149 所；招生 316.61 万人，比上年增加 4.90 万人；在校生 877.71 万人，比上年增加 37.28 万人；毕业生 264.64 万人，比上年增加 23.12 万人。普通中等专业学校教职工 43.50 万人，比上年增加 2.37 万人，其中专任教师 29.50 万人，比上年增加 2.27 万人。

全国职业高中 5206 所，比上年减少 446 所；招生 278.67 万人，比上年减少 34.50 万人；在校生 726.33 万人，比上年减少 52.09 万人；毕业生 230.20 万人，比上年增加 1.05 万人。职业高中教职工 40.32 万人，比上年减少 2.24 万人，其中专任教师 30.70 万人，比上年减少 1.45 万人。

全国技工学校 3008 所，比上年减少 69 所；招生 159.02 万人，比上年增加 2.27 万人；在校生 422.05 万人，比上年增加 6.73 万人；毕业生 121.64 万人，比上年增加 6.11 万人。技工学校教职工 26.63 万人，比上年增加 0.66 万人，其

中专任教师 19.05 万人，比上年增加 0.41 万人。

全国成人中等专业学校 1720 所，比上年减少 163 所；招生 116.11 万人，比上年增加 29.22 万人；在校生 212.40 万人，比上年增加 51.41 万人；毕业生 48.81 万人，比上年增加 9.82 万人。成人中等专业学校教职工 8.53 万人，比上年减少 0.89 万人，其中专任教师 5.70 万人，比上年减少 0.56 万人。

高等教育

高等教育稳步发展。全国各类高等教育总规模达到 3105 万人，高等教育毛入学率达到 26.5%。全国共有普通高等学校和成人高等学校 2723 所，比上年增加 34 所。其中，普通高等学校 2358 所（含独立学院 323 所），比上年增加 53 所，成人高等学校 365 所，比上年减少 19 所。普通高校中本科院校 1112 所，比上年增加 22 所；高职（专科）院校 1246 所，比上年增加 31 所。全国共有培养研究生单位 797 个，其中高等学校 481 个，科研机构 316 个。

高等教育招生数和在校生规模持续增加。全国招收研究生 53.82 万人，比上年增加 2.72 万人，增长 5.33%，其中招收博士生 6.38 万人，招收硕士生 47.44 万人。在学研究生 153.84 万人，比上年增加 13.35 万人，增长 9.50%，其中在学博士生 25.89 万人，在学硕士生 127.95 万人。毕业研究生 38.36 万人，比上年增加 1.23 万人，增长 3.31%，其中毕业博士生 4.90 万人，毕业硕士生 33.46 万人。

普通高等教育本专科共招生 661.76 万人，比上年增加 22.27 万人，增长 3.48%；在校生 2231.79 万人，比上年增加 87.13 万人，增长 4.06%；毕业生 575.42 万人，比上年增加 44.32 万人，增长 8.34%。

成人高等教育本专科共招生 208.43 万人，比上年增加 6.95 万人；在校生 536.04 万人，比上年减少 5.31 万人；毕业生 197.29 万人，比上年增加 2.90 万人。

全国高等教育自学考试学历教育报考 965 万人次，取得毕业证书 62 万人；非学历教育报考 1103 万人次。

普通高等学校本科、高职（专科）全日制在校生平均规模为 9298 人，其中，本科学校为 13100 人，高职（专科）学校为 5904 人。

普通高等学校教职工 215.66 万人，比上年增加 4.51 万人，其中专任教师 134.31 万人，比上年增加 4.79 万人。普通高校生师比为 17.33∶1。成人高等学校教职工 7.71 万人，比上年减少 0.71 万人，其中专任教师 4.59 万人，比上年减少 0.45 万人。

普通高等学校校舍总建筑面积为 74604 万平方米（含非产权独立使用），比上年增加 2732 万平方米；教学科研仪器设备总值为 2279 亿元，比上年增加 233 亿元。

成人培训与扫盲教育

全国接受各种非学历高等教育的学生 332.89 万人次，当年已结业 712.56 万人次；接受各种非学历中等教育的学生达 5291.91 万人次，当年已结业 5986.37 万人次。

全国职业技术培训机构 12.94 万所，比上年减少 2.37 万所；教职工 47.31 万人，其中专任教师 24.23 万人。

成人初等学校 1.10 万所，比上年减少 0.31 万所；毕业生 98.04 万人，比上年减少 9.50 万人；在校生 86.58 万人，比上年减少 9.38 万人。教职工 1.54 万人，比上年减少 0.57 万人，其中专任教师 0.92 万人，比上年减少 0.32 万人。

全国共扫除文盲 90.26 万人，比上年减少 5.48 万人；另有 108.08 万人正在参加扫盲学习，比上年减少 6.78 万人。扫盲教育教职工 5.04 万人，比上年减少 1.12 万人，其中专任教师 1.95 万人，比上年减少 0.21 万人。

民办教育

民办教育持续发展。全国共有各级各类民办学校（教育机构）11.90 万所，比上年增加 1.25 万所；招生 1300.45 万人，比上年增加 143.68 万人；各类教育在校生达 3392.96 万人，比上年增加 327.57 万人。其中：

民办幼儿园 102289 所，比上年增加 12985 所；入园儿童 711.63 万人，比上年增加 136.94 万人；在园儿童 1399.47 万人，比上年增加 265.30 万人。

民办普通小学 5351 所，比上年减少 145 所；招生 94.72 万人，比上年增加

10.70 万人；在校生 537.63 万人，比上年增加 34.75 万人。

民办普通初中 4259 所，比上年减少 72 所；招生 153.21 万人，比上年增加 4.74 万人；在校生 442.11 万人，比上年增加 8.23 万人。

民办普通高中 2499 所，比上年减少 171 所；招生 80.95 万人，比上年减少 0.42 万人；在校生 230.07 万人，比上年减少 0.06 万人。

民办中等职业学校 3123 所，比上年减少 75 所；招生 113.19 万人。比上年减少 14.85 万人；在校生 306.99 万人，比上年减少 11.10 万人。另有非学历中等职业教育学生 35.97 万人。

民办高校 676 所（含独立学院 323 所），比上年增加 18 所；招生 146.74 万人，比上年增加 6.60 万人；在校生 476.68 万人，比上年增加 30.55 万人，其中本科在校生 280.99 万人，专科在校生 195.70 万人。另有自考助学班学生、预科生、进修及培训学生 20.61 万人；民办的非学历高等教育机构 836 所，各类注册学生 92.18 万人。

另外，还有其他民办培训机构 18341 所，929.78 万人次接受了培训。

B.26

2010年全国教育经费执行情况统计公告*

一　全国教育经费情况

2010年，全国教育经费为19561.85亿元，比上年的16502.71亿元增长18.54%。其中，国家财政性教育经费（主要包括公共财政预算教育经费，各级政府征收用于教育的税费，企业办学中的企业拨款，校办产业和社会服务收入用于教育的经费等）为14670.07亿元，比上年的12231.09亿元增长19.94%。

二　落实《教育法》规定的“三个增长”情况

1. 中央和地方各级政府公共财政预算教育拨款（不包括教育费附加）为13489.56亿元，比上年的11419.30亿元增长18.13%

其中，中央财政教育支出2547.34亿元，按同口径比较，比上年增长28.60%，高于中央财政经常性收入9.90%的增长幅度。

2. 各级教育生均公共财政预算教育事业费支出增长情况

2010年全国普通小学、普通初中、普通高中、中等职业学校、普通高等学校生均公共财政预算教育事业费支出情况是：

（1）全国普通小学为4012.51元，比上年的3357.92元增长19.49%。其中，农村普通小学为3802.91元，比上年的3178.08元增长19.66%。普通小学增长最快的是海南省（43.34%）。

（2）全国普通初中为5213.91元，比上年的4331.62元增长20.37%。其中，

* 资料来源：教育部网站。

农村普通初中为4896.38元，比上年的4065.63元增长20.43%。普通初中增长最快的是江苏省（42.04%）。

（3）全国普通高中为4509.54元，比上年的3757.60元增长20.01%，增长最快的是海南省（53.44%）。

（4）全国中等职业学校为4842.45元，比上年的4262.52元增长13.61%，增长最快的是青海省（54.02%）。

（5）全国普通高等学校为9589.73元，比上年的8542.30元增长12.26%，增长最快的是新疆维吾尔自治区（84.03%）。

3. 各级教育生均公共财政预算公用经费支出增长情况

2010年全国普通小学、普通初中、普通高中、中等职业学校、普通高等学校生均公共财政预算公用经费支出情况是：

（1）全国普通小学为929.89元，比上年的743.70元增长25.04%。其中，农村普通小学为862.08元，比上年的690.56元增长24.84%。普通小学增长最快的是西藏自治区（75.01%）。

（2）全国普通初中为1414.33元，比上年的1161.98元增长21.72%。其中，农村普通初中为1348.43元，比上年的1121.12元增长20.28%。普通初中增长最快的是青海省（111.43%）。

（3）全国普通高中为1071.78元，比上年的831.59元增长28.88%，增长最快的是青海省（177.91%）。

（4）全国中等职业学校为1468.03元，比上年的1164.43元增长26.07%，增长最快的是西藏自治区（216.63%）。

（5）全国普通高等学校为4362.73元，比上年的3802.49元增长14.73%，增长最快的是新疆维吾尔自治区（138.54%）。

三　公共财政预算教育经费占公共财政支出比例情况

按公共财政预算教育经费包含教育费附加的口径计算，2010年全国公共财政预算教育经费为14163.90亿元，占公共财政支出89874.16亿元的比例为15.76%，比上年15.69%增加了0.07个百分点。从全国情况看，有22个省、自

治区、直辖市公共财政预算教育经费占公共财政支出比例比上年有不同程度的下降。

四　国家财政性教育经费占国内生产总值比例情况

据统计，2010 年全国国内生产总值为 401202 亿元，国家财政性教育经费占国内生产总值比例为 3.66%，比上年的 3.59% 增加了 0.07 个百分点。

2010 年全国教育经费执行情况监测结果表明，政府教育投入总量继续增加，国家财政性教育经费占 GDP 的比例以及公共财政预算教育经费占公共财政支出比例均比上年有所增加。

教育部　国家统计局　财政部

二〇一一年十二月二十三日

注：1. 公告中所涉及的全国性统计数据，均不包括台湾省、香港特别行政区、澳门特别行政区。

2. 公告中的 2010 年全国国内生产总值 401202 亿元和公共财政支出 89874.16 亿元等数据来源于《中国统计年鉴——2011》。

B.27

国家教育体制改革重点任务及试点地区、学校一览表

改革任务	试点任务		试点地区、学校
一、建立健全体制机制，加快学前教育发展	1	明确政府职责，完善学前教育体制机制，构建学前教育公共服务体系	辽宁省大连市，上海市闵行区，江苏省镇江市等市县，浙江省杭州市、宁波市，安徽省合肥市，甘肃省甘南藏族自治州、宁夏回族自治州，宁夏回族自治区部分市县
	2	探索政府举办和鼓励社会力量办园的措施和制度，多种形式扩大学前教育资源	河北省，内蒙古自治区，浙江省，云南省
	3	改革农村学前教育投入和管理体制，探索贫困地区发展学前教育途径，改进民族地区学前双语教育模式	黑龙江省，广西壮族自治区10个县，贵州省毕节地区，西藏自治区山南地区，新疆维吾尔自治区
	4	加强幼儿教师培养培训	江苏省，浙江省部分学校
二、推进义务教育均衡发展，多种途径解决择校问题	5	推进义务教育学校标准化建设，探索城乡教育一体化发展的有效途径	北京市部分区县，天津市，山西省，黑龙江省部分县市区，江西省，安徽省，湖南省，四川省成都市，新疆维吾尔自治区
	6	创新体制机制，实施县域内义务教育学校教师校际交流制度，实行优质高中招生名额分配到区域内初中学校的办法，多种途径推进义务教育均衡发展	北京市部分城区，天津市，河北省，山西省晋中市，辽宁省大连市、本溪市，吉林省通榆县，上海市，江苏省，浙江省嘉善县，安徽省，福建省部分市县，山东省，河南省，湖北省，广东省广州市、惠州市、佛山市南海区，海南省，四川省8个县，云南省，甘肃省庆阳市、酒泉市，青海省6个自治州30个县的478所学校，宁夏回族自治区，新疆维吾尔自治区13个县的100所学校，新疆生产建设兵团农八师石河子市
	7	完善农民工子女接受义务教育体制机制，探索非本地户籍常住人口随迁子女非义务教育阶段教育保障制度	北京市，上海市，安徽省，广东省，云南省，新疆维吾尔自治区
	8	完善寄宿制学校管理体制与机制，探索民族地区、经济欠发达地区义务教育均衡发展模式	广西壮族自治区凭祥市、龙胜各族自治县，贵州省毕节地区，甘肃省酒泉市，青海省海南藏族自治州
	9	建立健全义务教育均衡发展督导、考核和评估制度	北京市，上海市，安徽省，云南省

续表

改革任务	试点任务		试点地区、学校
三、推进素质教育，切实减轻中小学生课业负担	10	规范中小学办学行为，改进教育教学方法，改进考试评价制度，探索减轻中小学生过重课业负担的途径和方法	辽宁省盘锦市，江苏省南通市，安徽省，山东省，陕西省西安小学，甘肃省部分市县
	11	深化基础教育课程、教材和教学方法改革	北京市，广东省深圳市
	12	整体规划大中小学德育课程，推进中小学德育内容、方法和机制创新，建设民族团结教育课程体系，探索建立“阳光体育运动”的长效机制	北京市，内蒙古自治区，上海市，广西壮族自治区，甘肃省兰州市、天水市、张掖市，新疆维吾尔自治区
	13	开展普通高中多样化、特色化发展试验，建立创新人才培养基地，探索西部欠发达地区普及高中阶段教育的措施和办法	北京市，天津市，黑龙江省，上海市，江苏省，陕西省，四川省，新疆维吾尔自治区，宁夏回族自治区部分市县
	14	研究制定义务教育质量督导评价标准，改革义务教育教学质量综合评价办法，建立中小学教育质量监测评估机制，探索地方政府履行教育职责的评价办法	北京市，天津市，上海市，安徽省，湖北省，海南省，重庆市，云南省部分市州，甘肃省，宁夏回族自治区部分市县
四、改革职业教育办学模式，构建现代职业教育体系	15	建立健全政府主导、行业指导、企业参与的办学体制机制，创新政府、行业及社会各方分担职业教育基础能力建设机制，推进校企合作制度化	天津市，辽宁省，长春汽车工业高等专科学校，上海市嘉定区、上海工艺美术职业学院，江苏省，江西省，河南省，湖北省，广东省佛山市顺德区、中山火炬高技术产业开发区、中山火炬职业技术学院，重庆市16个职教园区，四川省德阳市，云南省昆明市等7市州
	16	开展中等职业学校专业规范化建设，加强职业学校“双师型”教师队伍建设，探索职业教育集团化办学模式	北京市，天津市，河北省，辽宁省，黑龙江省哈尔滨市、齐齐哈尔市、牡丹江市，安徽省皖江城市带9市59县区，福建省，河南省，湖南省，广西壮族自治区10所高职院校，海南省，陕西省，甘肃省，宁夏回族自治区职业教育园区，新疆维吾尔自治区
	17	开展民族地区中等职业教育“9+3”免费试点，改革边疆民族地区职业教育办学模式和人才培养体制，加快民族地区、经济欠发达地区中等职业教育发展	广西壮族自治区，四川省民族地区，贵州省毕节地区，云南省昆明市等9市州，青海省17所职业技术学校
	18	建立中等职业教育工作督导体系	内蒙古自治区
	19	开展地方政府促进高等职业教育发展综合改革试点	北京市石景山区、大兴区，吉林省长春市，上海市，江苏省苏州市、无锡市、常州市、南通市，浙江省宁波市、温州市，山东省青岛市、日照市，河南省商丘市，湖南省长沙市、株洲市，广东省广州市，广西壮族自治区南宁市、柳州市
	20	探索建立职业教育人才成长“立交桥”，构建现代职业教育体系	北京市，天津市，上海市，广东省，甘肃省兰州市、定西市、庆阳市

续表

改革任务		试点任务	试点地区、学校
五、改革人才培养模式，提高高等教育人才培养质量	21	完善教学质量标准，探索通识教育新模式，建立开放式、立体化的实践教学体系，加强创新创业教育	安徽省，广东省，新疆维吾尔自治区克拉玛依市，北京大学，中国人民大学，中国农业大学，中国传媒大学，中国政法大学，中央音乐学院，中央美术学院，南开大学，大连理工大学，复旦大学，同济大学，上海财经大学，东华大学，南京农业大学，合肥工业大学，华中科技大学，湖南大学，中南大学，西南大学，西南财经大学，西南交通大学，西北农林科技大学，北京航空航天大学，北京理工大学，哈尔滨工业大学，哈尔滨工程大学，南京航空航天大学，中央民族大学，西南民族大学，北方民族大学，大连民族学院，北京协和医学院，暨南大学，沈阳音乐学院南校区，赣南医学院，海南大学，西藏藏医学院，青海大学藏医学院
	22	设立试点学院，开展创新人才培养试验	北京大学等部分高校
	23	实施基础学科拔尖学生培养试验计划	北京大学，清华大学，北京师范大学，南开大学，吉林大学，复旦大学，上海交通大学，南京大学，中国科学技术大学，浙江大学，厦门大学，山东大学，武汉大学，中山大学，四川大学，西安交通大学，兰州大学
	24	改革研究生培养模式，深化专业学位教育改革，探索和完善科研院所与高等学校联合培养研究生的体制机制	北京市部分高校与科研院所，在沪10所高校、部分大学附属医院，清华大学，上海交通大学，宁夏医科大学
	25	探索开放大学建设模式，建立学习成果认证和“学分银行”制度，完善高等教育自学考试、成人高等教育招生考试制度，探索构建人才成长“立交桥”	北京市，上海市，江苏省，广东省，云南省，中央广播电视大学
	26	推进学习型城市建设	北京市，上海市，山东省济南市，广东省广州市
六、改革高等教育管理方式，建设现代大学制度	27	探索高等学校分类指导、分类管理的办法，落实高等学校办学自主权	北京市，黑龙江省，上海市，江苏省，浙江省，安徽省，湖北省，广东省，云南省
	28	推动建立健全大学章程，完善高等学校内部治理结构	北京大学，中国人民大学，清华大学，北京师范大学，中国政法大学，天津大学，大连理工大学，吉林大学，东北师范大学，复旦大学，东华大学，华东师范大学，东南大学，浙江大学，华中师范大学，湖南大学，重庆大学，四川大学，西南财经大学，西北农林科技大学，长安大学，兰州大学，北京航空航天大学，哈尔滨工业大学，西北工业大学，中国科学技术大学
	29	建立健全岗位分类管理制度，推进高校人事制度改革，改革高校基层学术组织形式及其运行机制	清华大学，北京交通大学，大连理工大学，上海财经大学，华南理工大学，哈尔滨工业大学，哈尔滨工程大学，中国科学技术大学

续表

改革任务		试点任务	试点地区、学校
	30	建立高校总会计师制度，完善高校内部财务和审计制度	黑龙江省，浙江省，厦门大学，山东大学，华中科技大学，长春理工大学
	31	改革学科建设绩效评估方式，完善以质量和创新为导向的学术评价机制	湖南大学，长安大学，中国科学技术大学
	32	构建高等学校学术不端行为监督查处机制，健全高等学校廉政风险防范机制	黑龙江省
七、适应经济社会发展需求，改革高等学校办学模式	33	推进高校与地方、行业、企业合作共建，探索中央高校与地方高校合作发展机制，建设高等教育优质资源共享平台，构建高校产学研联盟长效机制	北京市，天津市部分高校与科研院所，山西省，辽宁省，黑龙江省，江苏省，江西省，湖北省，重庆市，甘肃省部分高校，北京师范大学，北京外国语大学，华北电力大学，天津大学，江南大学，武汉理工大学，华中师范大学，中南大学，华南理工大学，重庆大学，西北农林科技大学，西安电子科技大学，北京理工大学，南京理工大学
	34	发挥行业优势，完善体制机制，促进行业高等学校特色发展，培养高水平专门人才	北京科技大学，北京化工大学，北京交通大学，华北电力大学，东北林业大学，上海交通大学，中国矿业大学，河海大学，中国地质大学（武汉），华中农业大学，西南财经大学，西南交通大学，长安大学，中国人民公安大学，南京森林警察学院
	35	完善来华留学生培养体制机制，扩大留学生招生规模	北京市、上海市、江苏省、广东省部分高校，北京外国语大学，西安电子科技大学，哈尔滨工业大学，哈尔滨工程大学，华侨大学
	36	探索高水平中外合作办学模式，培养国家紧缺的国际化创新人才，建立具有区域特色的国际教育合作与交流平台，完善中外合作办学质量保障机制，提高中外合作办学水平	北京市，上海市，浙江省，广东省，广西壮族自治区，云南省，北京师范大学，北京外国语大学，北京交通大学，华东理工大学，中山大学，华南理工大学，西南财经大学，西南交通大学，西北工业大学，中南民族大学，华侨大学，中国科学技术大学
	37	加强内地高校与港澳知名高校合作办学，探索闽台高校教育合作交流新模式	福建省，广东省
八、改善民办教育发展环境，深化办学体制改革	38	探索营利性和非营利性民办学校分类管理办法	上海市，浙江省，广东省深圳市，吉林华桥外国语学院
	39	清理并纠正对民办教育的各类歧视政策，保障民办学校办学自主权	上海市，浙江省，广东省深圳市，云南省
	40	完善支持民办教育发展的政策措施，探索公共财政资助民办教育具体政策，支持民办学校创新体制机制和育人模式，办好一批高水平民办学校	上海市，浙江省，福建省，江西省，广东省深圳市，云南省，宁夏回族自治区，武汉科技大学中南分校
	41	改革民办高校内部管理体制，完善法人治理结构，建立健全民办学校财务、会计和资产管理制度	上海市，江苏省，浙江省，云南省，西安欧亚学院

续表

改革任务	试点任务		试点地区、学校
九、健全教师管理制度，加强教师队伍建设	42	制定优秀教师到农村地区从教的具体办法，探索建立农村教师专业发展支持服务体系，创新农村义务教育阶段教师全员培训模式，推进农村教师周转房建设，多种措施加强农村中小学教师队伍建设	北京市，黑龙江省，江西省部分县市，湖北省，湖南省，广西壮族自治区，重庆市，云南省，陕西省宝鸡市、安康市，新疆维吾尔自治区
	43	完善师范生免费教育政策，扩大实施范围	北京市，江苏省，湖南省，新疆维吾尔自治区，上海师范大学，云南师范大学，西北师范大学
	44	创新教师教育体系和培养模式，探索中小学教师和校长培训新模式，构建区域协作的教师继续教育新体制，建设支撑教师专业化发展的教学资源平台	河北省，吉林省，浙江省，山东省，湖南省，新疆维吾尔自治区，北京师范大学，东北师范大学，华东师范大学，华中师范大学，西南大学，陕西师范大学，西北师范大学
	45	完善民族地区双语教师培养培训模式	青海省6个自治州，新疆维吾尔自治区
	46	开展教师资格考试改革和教师资格定期注册试点，建立中小学新任教师公开招聘制度和办法，探索建立教师退出机制	河北省，上海市，浙江省，福建省，湖北省，湖南省部分学校，广西壮族自治区，海南省
	47	探索中小学校长职级制，深化中小学教师职称制度改革	吉林省松原市，上海市，山东省潍坊市，广东省中山市，陕西省宝鸡市
十、完善教育投入机制，提高教育保障水平	48	探索政府收入统筹用于优先发展教育的办法，完善保障教育优先发展的投入体制	北京市，内蒙古自治区，上海市，江苏省，安徽省，广东省，重庆市，云南省，新疆维吾尔自治区
	49	探索高校多渠道筹集办学经费的机制	中国科学技术大学
	50	根据办学条件基本标准和教育教学基本需要，研究制定各级学校生均经费基本标准	北京市，天津市，辽宁省，上海市，江苏省，浙江省，安徽省，河南省，湖南省，广东省，广西壮族自治区，重庆市，云南省，甘肃省

资料来源：《国务院办公厅关于开展国家教育体制改革试点的通知》，中国政府网，2011年1月12日。

B.28
2011 年教育大事记

1 月

1 月 6 日

据《中国教育报》，教育部印发《关于大力加强中小学教师培训工作的意见》。提出：今后 5 年，对全国 1000 多万名教师进行每人不少于 360 学时的全员培训，到 2012 年，小学教师学历逐步达到专科以上水平，初中教师基本具备大学本科以上学历，高中教师中具有研究生学历者的比例有明显提高。

1 月 6 日

据《中国青年报》，某高校理工科赵庆明教授经多方调查、统计发现，在一份国家重点基础研究发展计划（通称 973 计划）的 279 人名单中，现任行政领导近 210 人，包括高校校长、各学院院长，科研机构所长，公司副总裁、总经理、总工程师等，占总人数的 75% 多。这其中，还有一些专家为单位现任法人代表。

1 月 12 日

据新华网，国务院办公厅印发《关于开展国家教育体制改革试点的通知》，通知从专项改革、重点领域综合改革和省级政府教育统筹综合改革三个层面，确定了改革试点的十大任务。试点具体方案涉及扩大学前教育资源、多种途径解决择校问题、减轻中小学生课业负担、监督查处高校学术不端行为等。

1 月 13 日

据《中国青年报》，教育部、财政部、人力资源和社会保障部、审计署联合发出紧急通知，坚决禁止虚报学生人数骗取中等职业学校国家助学金、免学费补助资金。

1 月 14 日

据《光明日报》，由新浪教育联合全球研究机构益普索推出的《中国家庭教育消费白皮书》公布。白皮书显示：作为家庭消费的重头，“教育消费”要占到中国社会主要家庭收入的1/7，并且该比例预期还将持续增长。

1月17日

据《深圳特区报》，教育部已经正式发文批准南科大筹建。目前南科大各项筹建工作正在进行，新校园正在建设过程中，首期工程2012年竣工。

1月21日

据《新民晚报》，上海市人大代表、华东师范大学校长俞立中透露，教育部正式同意筹建上海纽约大学，选址在浦东陆家嘴，将成为国内第一所中美合作的国际化大学，2013年有望在全世界范围内招收首届本科生。

1月24日

据中国新闻网，教育部、人力资源社会保障部和财政部日前联合下发通知，确定北京市昌平职业学校等285所中等职业学校作为“国家中等职业教育改革发展示范学校建设计划”第一批立项建设学校，从2011年开始建设，建设期2年。

1月25日

据《重庆晚报》，美国耶鲁大学的华裔教授蔡美儿出版了一本名叫《虎妈战歌》的书在美国引起轰动。该书介绍了她如何以中国式教育方法管教两个女儿，她要求女儿每科成绩拿A、不准看电视、琴练不好就不准吃饭等。虎妈的教育方法轰动了美国教育界，也引发了我国关于中美教育方法的大讨论。

2月

2月10日

据《中国教育报》，教育部公布了2011年工作要点，“改革”成为热门词汇，30项重点工作中，11项言及改革，涉及高考、教育体制、办学体制、教师管理制度等多方面内容。具体包括：全面推进依法治教、依法治校；引导高校办出特色、办出水平；积极搭建终身学习“立交桥”；健全家庭经济困难学生国家资助制度；建设中国特色现代大学制度；积极稳妥推进高考改革等。

2月10日

据新华网，文化部、财政部发布通知，对全国美术馆、公共图书馆、文化馆（站）免费开放工作进行总体部署，2011年底之前，国家级、省级的公共文化场所将全部向公众免费开放。

2 月 13 日

据中国新闻网，2011 年初厦门大学、华侨大学等福建省内 9 所重点高校与平潭综合实验区管委会签署协议，共同筹建平潭大学。根据协议，9 所重点高校将积极引进台湾高校的优质学科专业资源。

2 月 14 日

据《中国青年报》，教育部发出通知，2011 年将进一步扩大国家示范性高职院校自主招生试点单位和招生人数。2011 年，已列入“国家示范性高等职业院校建设计划”的示范和骨干高职院校立项建设单位的共200 所高职院校都可以参与申报。

2 月 22 日

据《中国青年报》，三大高校自主招生联盟（“华约”、“北约”、“理工系”）和“复旦水平测试”相继开考。

2 月 26 日

据《新京报》，教育部发言人续梅表示，教育部对南方科技大学在教改方面的探索持支持态度，希望南科大筹建工作能够得到广东省更多支持，积极推进。

3 月

3 月 1 日

据《新京报》，21 世纪教育研究院发布《教育蓝皮书：中国教育发展报告(2011)》，蓝皮书公布的多项独立调查报告引发社会关注：当前我国学龄人口呈现不断减少的趋势，未来 10 年学龄人口规模将保持每年 860 万的平均降幅；北京超过五成的公众认为入园难、入园贵“非常突出”，居全国 35 个城市之首；我国内地中小学大班额现象仍普遍存在，且中西部地区的超大班额比例明显高于全国平均水平；而在我国 35 个主要城市教育满意度方面，厦门、青岛和西宁位列教育满意度前三名。

3 月 5 日

据新华网，国务院总理温家宝在第十一届全国人民代表大会第四次会议上作政府工作报告，指出坚持优先发展教育；推动教育事业科学发展，为人们提供更加多样、更加公平、更高质量的教育；2012年财政性教育经费支出占国内生产总值比重达到4%；加快发展学前教育；公办民办并举，增加学前教育资源，抓紧解决“入园难”问题；促进义务教育均衡发展。全面推进素质教育；保证中小学生每天一小时校园体育活动。

3月10日

据《人民日报》，教育部与北京、天津、河北、辽宁、上海、江苏、安徽、福建、江西、山东、河南、湖南、广西、海南、重庆等15个省、自治区、直辖市人民政府签署义务教育均衡发展备忘录，共同推进义务教育均衡发展。

3月10日

据《重庆商报》，一则网帖在全国各大网站转发：复旦大学图书馆馆长葛剑雄，将2009年图书馆的经费开支对外公布。从其在网上公布的数据来看，2009年，复旦大学图书馆的经费开支达到3500万元，年拒回扣几百万元。葛剑雄因此成为抨击图书馆“潜规则”的第一人。

3月11日

据《广州日报》，南科大官网首次透露了《教育部关于同意筹建南科大的通知》的内容。根据《通知》，南科大由广东省领导和管理，学校发展所需经费由广东省统筹解决。此外，教育部批准筹建期的南科大可以试办本科专业。

3月25日

据《北京晚报》，从2011年5月以后，北京大学将在全校推广实施对“重点学生”进行学业会商的制度，包括学业困难、思想偏激等十类学生将被纳入会商范围。其中对于“思想偏激”学生进行会商，引起了不少北大学生的争议。

3月30日

据《北京晚报》，一篇题为“北京幼升小中间人开价参考价目表”的帖子在家长论坛引起热议。帖子中明确标出了京城近20所小学的“中间人开价”，从3万至12万元不等。更有人曝出25万元的择校“天价”。

4月

4月8日

据东方网，在第三届长三角教育联动发展研讨会上，江苏、浙江、上海三方共同签署了《长三角地区高校学分互认协议》。《协议》明确规定，在长三角地区本科高校推进学分互认。先实施交换生计划和暑假班计划，同时逐步实施网上选课计划。

4 月 12 日

据《今日早报》，2010 年 5 月，中国发展研究基金会对青海、云南、广西、宁夏四个省份的 12 所农村寄宿制小学的学生营养问题做了抽样调查。参加体检的 1458 名 10～13 岁学生中，生长迟缓率近 12%，低体重率达到 9%，其中 72% 的寄宿学生，上课期间有饥饿感。维生素 C 的摄入量几乎为零……2011 年 2 月，该机构继续发布调研报告称，中国西部农村贫困学生存在严重营养不足，身高和体重都明显低于正常年龄儿童。中西部贫困生营养匮乏触目惊心，“营养贫困”发生在数千万未成年人身上。

4 月 12 日

据中国新闻网，截至 2010 年底，中国以留学身份出国在外的留学人员超过 127 万人。目前，中国已经成为世界上最大的留学生来源国。该年度，中国自费出国留学人数占当年出国留学总人数的 93%。另据统计，1978 年到 2010 年底，中国有 63 万名留学人员学成后选择回国发展，约占学生留学人员总数的 66%，其中，国家公派出国留学人员的回归率达 98%。2010 年度，中国各类留学回国人员总数近 14 万，同比增长近 25%。

4 月 19 日

据中新社，上海市社会科学院青少年研究所公布了一项关于中国、日本、韩国三国高中生身心健康状况的调查。报告显示，中国高中生在三国同龄人中心理压力最低，但体质相对较差。调查结果显示，中日两国高中生的抑郁情绪和焦虑情绪水平，则显著高于韩国高中生。在产生心理压力的来源中，学习问题和毕业去向是三国高中生共同的主要压力源。此外，中国高中生认同吸烟有害健康的比例最少，且有过吸烟行为的比例最高。

4 月 22 日

据《新京报》，教育部网站公布了教育部等七部委制定的 2011 年治理教育乱收费规范教育收费工作的实施意见。实施方案称，将逐步削减公办普通高中招收择校生的比例。幼儿园赞助费、兴趣班变相收费、研究生收费等也首次被列入教育乱收费治理范围。

4 月 22 日

据《中国教育报》，广州市南湖外语艺术幼儿园“一夜成名”，其成名的原因是它令人咋舌的高收费：一年的日托费 4.3 万元，全托费 6 万元，这几近于大学 10 年学费！这是一所民办寄宿制幼儿园，最大容量为 200 人。

4 月 23 日

据《中国青年报》，针对部分农村中小学校布局调整给一些地方学生带来就餐难、上学远、上学贵等问题，教育部基础教育一司司长高洪近日在义务教育均衡发展座谈会上表示，中小学校布局调整、撤点并校步伐过快，由此带来庞大校园资产闲置等现象，已经引起中央领导的关注与批示。各地要更加稳妥与实事求是地把握中小学校布局调整步伐，必要的时候可以踩一踩“刹车”。

4 月 24 日

据《中国教育报》，中国矿业大学、中国地质大学（武汉）、南京农业大学、东北林业大学等一批教育部直属原农、林、水、矿、油、交通、电子等行业大学组成的行业特色大学资源共享联盟日前成立。合作内容包括建立专门网站，实现精品课程资源共建共享；互派学生访学交流、学分互认。

4 月 25 日

据《中国教育报》，胡锦涛总书记在清华大学百年校庆上讲话中指出，实现中华民族伟大复兴，科技是关键，人才是核心，教育是基础。不断提高质量，是高等教育的生命线。要全面提高高等教育质量，必须大力提升人才培养水平；必须大力增强科学研究能力；必须大力服务经济社会发展；必须大力推进文化传承创新。

4 月 28 日

据中国统计局，第六次人口普查主要数据公布，本次调查数据反映了中国人口在新世纪第一个十年所发生的重大变化。尤其是人口变动将对教育产生巨大的影响，0～14 岁人口占总人口的比重比 10 年前下降 6.29 个百分点；流动人口的数量在过去 10 年里大幅增加，已超过 2 亿人；男性人口占 51.27%，女性人口占 48.73%；60 岁及以上人口占 13.26%、65 岁及以上人口占 8.87%。

5 月

5 月 4 日

据《人民日报》，中国教育在线发布《2011 年高招调查报告》，数据显示，在高考生源持续下降的情况下，部分高校将因生源枯竭面临生存挑战。

5 月 13 日

据《中国青年报》，深圳市委组织部的一纸选聘公告将南科大再次推上了风口浪尖。根据这份公告，深圳将面向国内公开推荐选拔 2 名南方科技大学副校长，级别为正局级。据深圳市考试院网站上的数据显示，参加南方科技大学副校长公选的报名人数多达 86 人，远高于深圳市委组织部同期推出的其他选拔岗位的报名人数。

5 月 26 日

据《京华时报》，中国工程院发布 2011 年度院士增选有效候选人名单，名单共 485 人，分别来自高等院校、研究院所、厂矿企业、管理部门等。名单公布后，即有人统计发现，工程管理学部 44 名候选人中，近半来自央企和政府部门。

5 月 27 日

据新华网，5 月 23 日，清华第四教学楼被命名为“真维斯楼”，对于“真维斯”，由于有同名的休闲服装品牌，这在学生中间引起了争议。教育部新闻发言人续梅对此做出回应，建议学校充分利用民主渠道，广泛征求广大师生的意见。

5 月 30 日

据《羊城晚报》，《南方科技大学管理暂行办法》经深圳市政府五届二十九次常务会议审议通过。

5 月 30 日

据新华网，中国青少年研究中心最新发布《中国少年儿童十年发展状况研究报告（1999～2010）》，报告显示，我国中小学生睡眠时间持续减少，近八成睡眠不足。在学习日，中小学生平均睡眠 7 小时 37 分钟，比国家规定最低时间 9 小时低 1 小时 24 分钟；中小学生睡眠时间低于国家规定时间的比例达 78.1%。在周末，中小学生平均睡眠 7 小时 49 分钟，比国家规定最低时间低了 1 小时 12 分钟，中小学生睡眠时间低于国家规定时间的比例达 71.8%。

5月31日

据《成都晚报》，高考在即，南方科技大学首批入学的45名学生，是否参加高考的争论闹得沸沸扬扬。

6月

6月2日

据《中国教育报》，第八次全国国民阅读调查报告发布，数据显示，我国0~8周岁未成年人的平均阅读量为4.78本；14~17周岁青少年的图书阅读量最大，接近10本；城市未成年人年均图书阅读量显著高于农村，且城乡儿童的人均图书阅读量差距较大。

6月3日

据教育部消息，2011年全国普通高校招生报名总数约为933万。其中，应届普通高中毕业生报名人数与去年基本持平，往届生报名较去年减少28万名，减幅15%。在全国高考报名总数减少的情况下，仍有12个省区高考报名人数较去年增加，且大多数分布在西部地区。2011年全国安排普通高校招生计划675万名。由于计划增加、考生人数减少，预计今年全国平均录取率比去年增加近4个百分点，达到72.3%。

6月8日

据《新京报》，高考开考第一天，备受关注的南科大45名学子无一人赴考。

6月9日

据新华网，第三方教育质量评估机构麦可思研究院发布《2011年中国大学生就业报告》，据调查，中国大学毕业生的就业率连续两年呈现上升趋势，已走出金融危机的阴影。

6月10日

据《人民日报》，2011年福建推出高招新政策——省内户籍考生可在学籍地高考。

6月18日

据《中国教育报》，截至5月31日，10597名首届免费师范毕业生已签约10488人，签约率99%。已签约的毕业生中，9571名毕业生到中西部地区中小学任教，占签约人数的 91%；4067 名毕业生到县镇及以下中小学任教，占签约人数的 39%。

6 月 28 日

据《羊城晚报》、《南方日报》、《新京报》，在一个名为“揭露南方科技大学内幕”的博客中有一篇《南科大学生眼中的南科大》文章，其中博主披露了南科大的很多“内幕”，指出学校管理、师资、学生素质等方面的不足。

7 月

7 月 1 日

据中国新闻网，国务院公布《国务院关于进一步加大财政教育投入的意见》要求全面开征地方教育附加，各地区要加强收入征管，依法足额征收，不得随意减免。该《意见》提出，拓宽经费来源渠道，多方筹集财政性教育经费。具体要求如下：统一内外资企业和个人教育费附加制度；全面开征地方教育附加；从土地出让收益中按比例计提教育资金，进一步调整土地出让收益的使用方向。另外，各地区要加强收入征管，依法足额征收，不得随意减免。要按规定全部用于支持地方教育事业发展，同时，不得因此而减少其他应由公共财政预算安排的教育经费。

7 月 5 日

据《京华时报》，复旦大学称有人假冒该校老师欺骗考生修改志愿，更有教师在微博上直指“李鬼”来自上海交大；上海交大则紧急回应，称不存在上述行为。

7 月 13 日

据教育部消息，教育部公布了 2010 年全国教育事业发展统计公报，公报指出，2010 年全国义务教育在校生持续减少，学前教育和高中教育入园率、入学率均得到了提高，高等教育毛入学率达到 26.5%。义务教育专任教师合格率超过 98%；学前教育毛入园率 56.6%，高中阶段毛入学率 82.5%。

7 月 14 日

据新华网，发生在华中科技大学的“学位门”事件在网络中引发高度关注，将该校推上舆论浪尖。今年，该校近 8000 名毕生中，有近 800 人没能获得毕业证书按时毕业，占总人数约一成。而作为民办独立学院的华中科技大学武昌分校，却有1881名学生“顺利”获得华中科技大学学士学位。2011年上半年，10余所独立学院选择了集体“出走”，变身为民办高校。但更多的学院选择继续“留守”。

7月14日

据《中国教育报》，教育部与湖北、浙江、贵州、陕西、山西、黑龙江、吉林、内蒙古、宁夏、新疆等省（区）人民政府和新疆生产建设兵团在京签署义务教育均衡发展备忘录。

7月22日

据中国新闻网，安徽无为中学的6位高分考生先是收到了盖有南京大学招生办公室公章的预录取通知书，最后却被告知因为分数不够而无法被录取。

7月23日

据《中国青年报》，天涯社区中一篇名为《丽水缙云县大洋中学要撤，孩子们怎么办?》的网帖中称，地处深山腹地的经济欠发达革命老区浙江省丽水市缙云县大洋镇上唯一的中学，也是一所教学质量不错的中学——大洋学校初中部近日将被撤并，数百学生需去60里以外的乡镇求学，村民情急之下，拦下一辆该县新闻采访车，集体下跪，哭求记者为民请命。

7月28日

据《新京报》，教育部、财政部将在“十二五”期间启动“高等学校本科教学质量与教学改革工程”。该工程中，教育部将制定约100个本科专业类教学质量国家标准，文科类专业约占40%。如果有高校的本科专业教学质量不能达标，将停止招生。同时，未来在扩大高校专业设置自主权上，“国标”也将作为一个参考。

8月

8月3日

据《中国教育报》，财政部、教育部发出通知，对从土地出让收益中计提教育资金做出详细规定。从土地出让收益中计提的教育资金，实行专款专用，重点用于农村学前教育、义务教育和高中阶段学校的校舍建设和维修改造、教学设备购置等项目支出。

8月5日

据《中国青年报》，自2011年6月以来，北京市大兴区取缔17所无办学许可证打工子弟学校，该行动从西红门镇开始。7月，海淀区不再为房屋租期已经到期的3所打工子弟学校续期。年底前朝阳区又将取缔一大批打工子弟学校。以上取缔行动中有近三万名外来务工子女辍学，流动人员子女的受教育权难以得到保障引发社会关注。

8月7日

据《人民日报》，从7月上旬开始，部分高考生陆续收到了自己梦寐以求的高校录取通知书。有趣的是，今年部分名校推陈出新，将录取通知书打扮成新潮一派，充满了时尚与个性。

8月8日

据新华网，国务院印发《中国儿童发展纲要（2011—2020年）》。提出了未来十年的儿童教育发展目标。基本普及学前教育的具体目标包括：学前三年毛入园率达到70%，学前一年毛入园率达到95%；增加城市公办幼儿园数量，农村每个乡镇建立并办好公办中心幼儿园和村幼儿园。其他儿童教育目标包括：九年义务教育巩固率达到95%，确保流动儿童平等接受义务教育，保障残疾儿童接受义务教育；普及高中阶段教育，毛入学率达到90%；中等职业教育规模扩大，办学质量提高；保障所有儿童享有公平教育，均衡配置教育资源，缩小城乡差距、区域差距、校际差距；学校标准化建设水平提高，薄弱学校数量减少；教育质量和效益不断提高，学生综合素质和能力全面提升。

8月22日

据《新京报》，中国农业大学今年大一新生中，农村户籍生源十年来首次跌破三成，只有28.26%。

8月25日

据《南方周末》，教育部党组召开的务虚会上传出消息：将全面实施本科以上中外合作办学机构和项目质量评估。全国六百多个中外合作办学机构和项目即将接受教育部更“贴身”的监督。主要手段包括“单位自评”和教育部专家组的实地考察、通讯评议等，而招生和学籍管理、教学质量、师资队伍等是评估的重点。

8月27日

据央视《新闻1+1》，西安由七个部门组成的检查组进入了一个非法违规举办的奥数班里头，本来应该成为被解救对象的孩子却直接把检查人员给轰了出来。

8月28日

据《京华时报》、《中国青年报》、《新京报》，21世纪教育研究院发布了关于北京小升初的研究报告。报告显示，很多家庭花10多万让孩子上占坑班，但其中只有10%能真正成功；北京小升初入学渠道里，符合免试就近入学原则的电脑派位方式呈现萎缩趋势，目前北京择校竞争最激烈的3个区是东城区、西城区和海淀区，其电脑派位方式入学的学生比例分别约为44%、33%和40%，均不足半数。

8月30日

据《人民日报》，教育部对上半年查处的部分教育乱收费典型案件进行了通报。此次通报涉及甘肃、安徽、江西、湖北、四川、河南6省的12所中小学，相关责任人13人受到党纪政纪处分，3人被免去校长职务。通报主要涉及四个方面的教育乱收费：一是虚报冒领寄宿生生活补助款；二是统一为供书商代购教辅材料；三是以举办实验班等名义自立项目乱收费；四是学校违规收取其他代收费。

9月

9月2日

据《中国青年报》，国家体育总局、教育部在京发布2010年国民体质监测结果。结果显示，我国学生体质状况有所改善，学生体质状况连续多年下降的趋势得到遏制，但中小学生超重与肥胖率继续增加，视力不良检出率持续增高并出现低龄化倾向，大学生的体质状况则继续下滑，反映出我国学生体质总体状况依然令人担忧。

9月9日

据《人民日报》，在新学期和第27个教师节即将来临之际，温家宝在河北省张北县农村教师大会上发表讲话，向各位教师致以节日祝贺，并就农村教育发展问题提出几点意见。深刻认识办好农村教育的重要意义；推进农村各类教育协调发展，包括义务教育、农村普通高中教育和中等职业教育等；着力提高农村教育质量，改善教学条件，推进教育教学改革；加大农村教育投入，完善投入机制，优化资源配置；创新农村教育管理体制，切实增强学校办学活力，改进教育编制管理；造就高素质的农村教师队伍。

9 月 16 日

据《中国青年报》，新的《复旦大学学术委员会章程》获得通过。其中，第三章第十一条规定，学术委员会的委员，依照民主、公开、自愿原则，由民主选举产生。委员会正、副主任由当选委员投票产生。

复旦大学的新章程则规定，在任的校党政领导成员不参加校学术委员会，将学术的职权与行政权力区分开来；将学校学术委员会与各学院（系、所）和附属医院学术委员会的关系由以往的领导关系改为指导关系，以充分发挥基层学术委员会的自主性。

9 月 19 日

据《中国青年报》，宁陕县人民政府常务会议通过了《宁陕县学前三年免费教育实施方案》：从今年秋季开学起，免除全县所有公办和民办幼儿园 3 年的幼儿保教费。同时，对农村生源每天给予 3 元的生活补助。这项政策将惠及该县 2040 名 3 至 6 岁的学前幼儿，县财政每年为此增加投入 240 万元。这意味着，在继实现 12 年免费义务教育之后，该县再次率先在全国贫困地区实现了从学前到高中的 15 年免费教育。

9 月 20 日

据《中国教育报》，2011 年中国小学生学习状况调查结果显示，我国小学生的学习状态存在五个方面的问题：一是学习时间过长，课业负担过重；二是睡眠时间不足，缺乏运动；三是基础学习习惯难以坚持，良好学习习惯没有养成；四是缺乏长期的、内在的学习动力，学习状态低迷；五是学习成绩不均衡，满意度有待提高。

9 月 21 日

据《中国教育报》，教育部出台《关于推进中等和高等职业教育协调发展的指导意见》，提出要以科学定位为立足点，优化职业教育层次结构。要完善高端技能型人才通过应用本科教育对口培养的制度，积极探索高端技能型人才专业硕士培养制度。要合理确定中等和高等职业学校的人才培养规格，注重中等和高等职业教育在培养目标、专业内涵、教学条件等方面的延续与衔接。要修订中等和高等职业教育专业目录，做好专业设置的衔接，逐步编制中等和高等职业教育相衔接的专业教学标准，为技能型人才培养提供教学基本规范。

9月28日

据新华网，财政部教科文司司长赵路在新闻通气会上说，“十二五”期间中央财政将投放500亿元，重点支持中西部地区和东部困难地区发展学前教育。财政支持学前教育发展的主要内容包括：一是支持中西部农村扩大学前教育资源。二是鼓励社会参与、多渠道多形式举办幼儿园。三是实施幼儿教师国家级培训计划。四是建立学前教育资助制度，对家庭经济困难儿童、孤儿和残疾儿童入园给予资助。

10月

10月8日

据新华网，在东北大学完成的2008——2010年度聘期考核中，首次打破职务终身制，有9人因考核不合格，将在10月中旬的学校全员岗位聘任中被低聘，29人因距离完成所聘岗位的聘期目标差距较大被降薪。

10月11日

据《扬子晚报》，2012年，清华大学将在经济、教育欠发达地区实行新的招生政策，包括投放更多招生计划，将自主招生范围扩大至县级中学和乡镇中学，并根据农村学生的特点设置自主招生方式和内容。在去年的试点中，已有8名来自农村贫困家庭的学生通过优惠政策考入清华，今年，该招生新政策将覆盖全国592个国家级贫困县。

10月14日

据21世纪教育研究院网站，由21世纪教育研究院、北京市西部阳光农村发展基金会、新教育研究院主办的“新课堂、新教育”高峰论坛在北京举行，与会者300余人。会议交流了基层课改的成功案例，“两岸三地”的专家学者就十年课改进行了深入讨论。

10 月 15 日

据《中国教育报》，上海市教委、市政府教育督导室共同出台《上海市推进区域教育现代化综合督政指标》，包括教育公共服务、学前教育、义务教育等 6 个一级指标、23 个二级指标。其中规定，各区县要建立不以升学率或考试成绩排名为依据的学校教育质量综合评价机制。

10 月 19 日

据《长江日报》，第三方教育机构麦可思公司发布的调查显示，2011 年约六成新生不满高校入学教育，国内每年约 50 万名大学生退学。在被调查的 2011 级大学新生中，仅有 40% 对学校的入学教育表示满意，其中高职高专院校新生的满意度最低，仅 35%；男生满意度比女生平均低 9 个百分点。

10 月 20 日

据中国学位与研究生教育信息网，国务院学位委员会办公室下达了“服务国家特殊需求人才培养项目”——学士学位授予单位开展培养硕士专业学位研究生试点工作的单位名单，北京电子科技学院等 52 所高校获准招收硕士专业学位研究生。在此次授权审核工作中，北京城市学院、河北金融学院、吉林华桥外国语学院、黑龙江东方学院和西京学院获得批准，这是新中国成立以来，我国民办高校首次获得研究生招生培养资格。

10 月 24 日

据《新京报》，包括北京大学、清华大学等高校的专家在内的 15 名公民联名向总理写建议书，提请国务院审查并修改教育部《普通高等学校招生工作规定》，呼吁取消有关“学生在户籍所在地报名参加高考和招生”的规定，建议将高考报名条件改为考生的学籍所在地。督促教育部尽快研究制定统一高考方案，在近年内实现全国统一高考。要求教育部研究制定平等招生方案，促使部属高校不断降低本省市考生的录取指标比例，最终完全取消大学招生的地域歧视。

10 月 25 日

据《中国教育报》，西安市未央区第一实验小学在建队日期间，组织开展了“红领巾胸前飘，阳光少年在行动”主题活动，根据学生意愿和班主任老师推荐，首批吸收 50 名少先队员，另有 40 名确定为苗苗队员。苗苗队员佩戴绿色领巾，寓意是用绿色来象征希望、意在激励孩子用实际行动争取早日加入少先队组织，争做一名光荣的少先队员。

10月26日

据中国政府网，国务院总理温家宝主持召开国务院常务会议。为提高农村学生尤其是贫困地区和家庭经济困难学生健康水平，决定从2011年秋季学期起，启动实施农村义务教育学生营养改善计划。在集中连片特殊困难地区开展试点，中央财政按照每生每天3元的标准为试点地区农村义务教育阶段学生提供营养膳食补助。试点范围包括680个县（市）、约2600万在校生。初步测算，国家试点每年需资金160多亿元，由中央财政负担。

10月27日

据《北京日报》，内蒙古包头二十四中向初二、初三年级成绩前50名的学生，以及部分进步特别快的学生发放了一款与众不同的红色校服，背面印有“包24中优秀生，翔锐房地产”字样。

10月28日

据《北京青年报》，中国人民大学拟在自主招生中实行“校长直通车计划”和“圆梦计划”。前者的对象是各地区拔尖中学中，综合素质高或具有某方面特长且具有人大相关学科培养潜质的应届高中毕业生，由中学校长实名推荐；后者的对象是在全国50所县及县以下地区中学就读，学习成绩优秀或具有某方面培养潜能的应届农村生源高中毕业生，也是由中学校长实名推荐。被推荐的考生只需通过人大的面试，高考成绩达到生源省份一批录取线即可被人大录取。

11月

11月8日

据新华网，北京理工大学、大连理工大学、东南大学、哈尔滨工业大学、华南理工大学、天津大学、同济大学、西北工业大学、重庆大学签署了《卓越人才培养合作框架协议》，决定开展全方位合作，进一步达成了开展深度合作的共识。

11月9日

据《人民日报》，教育部8日正式启动国家精品开放课程建设，包括精品视频公开课与精品资源共享课。作为公开课的主要内容之一，中国大学视频公开课由科学、文化素质教育网络视频课程与学术讲座组成。

11 月 14 日

据《中国青年报》，温州市政府出台国家民办教育综合改革试点“1+9”文件，率先在全国实施民办教育综合改革。为创新民办教育模式，打造“学在温州”民办教育高地，经教育部和浙江省教育厅批准，温州市制定《关于实施国家民办教育综合改革试点加快教育改革与发展的若干意见》，及 9 个涉及“分类登记管理”“法人财产权”“财务管理”等方面的组合配套政策。

11 月 16 日

据综合消息，11 月 16 日 9 时 40 分许，甘肃省庆阳市正宁县榆林子镇发生一起重大交通事故，一辆大翻斗运煤货车与一辆榆林子镇幼儿园校车迎面相撞，造成 20 人死亡，其中包括 18 名幼儿以及校车司机及 1 名教师，另有 44 人受伤。据介绍，发生事故的校车核载 9 人，共超载 55 人。

11 月 21 日

据《新京报》，教育部下发了《关于做好 2012 年全国普通高等学校毕业生就业工作的通知》。教育部表示，就业率连续两年低于 60% 的专业，调减招生计划直至停招。

11 月 22 日

据《南方日报》，教育部网站发布了《部署 2012 年高校自主选拔录取试点工作》的通知。根据通知，试点高校将事前公布自主选拔录取招生简章及招生计划，在确定参加本校考核的申请考生时，应向学科专业方面表现突出的考生、向扎实推进素质教育的地区或中学、向农村地区中学或考生等适当倾斜。

11 月 27 日

据中国新闻网，中共中央政治局常委、国务院总理温家宝在第五次全国妇女儿童工作会议上表示，特别要加强校车交通安全工作。国务院已责成有关部门迅速制订校车安全条例抓紧完善校车标准，做好校车设计、生产、改造、配备等工作，并建立相应管理制度。

11 月 27 日

据《中国教育报》，清华大学在物理系试点推行旨在打造高水平师资队伍的终身教授预备制，教师的聘任完全由物理系学术委员会和全体教授会决定。

11 月 30 日

据《中国青年报》，2012 年北京大学、清华大学等 63 所内地高校将通过免试的方式，招收香港学生。每位考生可在内地63所对港免试招生高校中，填报4所学校志愿，每所学校可填报4个专业志愿。新生入学后可申请免修军训及政治理论课。对其收费标准要与内地学生相同。

12月

12月1日

据新华网，教育部近日发布关于做好2012年高等学校自主选拔录取试点工作的通知指出，自主选拔录取计划纳入试点高校年度招生计划，试点高校自主选拔录取人数一般不超过本校年度本科招生计划总数的5%。

12月2日

据《中国青年报》，继南开大学宣布退出自主招生联考后，12月2日，复旦大学公布了《2012年“望道计划”自主选拔录取改革试点招生简章》，最大的变化就是该校不再参加自主招生联考，而是面向全国自主招收高中阶段全面发展、表现优异、具有学术研究志向和潜质的学生，实施中学推优、大学专家组综合评价面试选拔预录取的办法。

12月3日

据《羊城晚报》，中国政法大学教育法中心发布《2010~2011年度高校信息公开观察报告》。教育部“211工程”中的112所大学，没有一所向社会主动公开学校经费来源和年度经费预算决算方案，也没有一家高校公布学校财政资金的具体使用情况。在财务信息公开方面，112个被观察高校得分全部为零。

12月5日

据《中国青年报》，西南交大研究生院网站挂出一则名为《关于博士研究生延长学习年限的通知》。《通知》说，根据《西南交通大学研究生学籍管理规定》的精神，学校制定了《西南交通大学关于博士研究生学习年限的补充规定（试行）》，提醒已经逾期或即将逾期的博士生：如果达不到相关要求，校方将对逾期者予以退学。

12月6日

据《中国教育报》，安徽省从2011年秋季入学的义务教育阶段起始年级学生开始，实施电子教育券方案，安徽省“本省外县”迁入的义务教育阶段学生在注册电子学籍时，将获得具有户籍来源特征的电子教育券，以电子教育券为收支凭据，就可以到输入地义务教育阶段学校就读。

12 月 7 日

据《京华时报》，华北电力大学（招生办）（河北保定）、中国矿业大学（招生办）（北京）、湖南中医药大学、海口经济学院、湖北省水果湖高级中学、江苏常州正衡中学、深圳市明珠学校和广西临桂县两江中学等 8 所学校存在教育乱收费问题，6 日被国家发改委通报。其中，中国矿大乱收费高达 260 余万元。

12 月 11 日

据《人民日报》，国务院法制办公布《校车安全条例（征求意见稿）》。意见稿规定校车是指依法获得使用许可，用于接送幼儿园、小学、中学等从事学前教育或者义务教育的教育机构的幼儿或者学生上学、放学的 7 座以上的载客汽车。意见稿还对校车的使用许可条件、驾驶人条件、校车服务的提供单位等事宜做出规定。

12 月 12 日

据中国广播网，教育部在其网站上就幼儿园及中、小学教师的专业素质标准问题向公众征求意见。意见稿着眼于当前幼儿园及中小学教育中存在的性教育缺失、变相体罚、教育同质化严重等问题，对教师提出有针对性的要求。

12 月 12 日

据新华网，12 日傍晚，丰县首羡镇中心小学一核载 52 人的专用校车发生侧翻事故。当时该车载着 47 名学生返家，17 时 50 分许，当车行至张后屯村附近时，车上尚有 29 名学生，因躲避一辆三轮车，校车发生侧翻滑入路边泥潭，共有 23 名学生送医院救治。截至 13 日 2 时 30 分，事故死亡人数升至 15 人。

12 月 13 日

据《中国青年报》，湖南大学新任校长赵跃宇正式对外宣布，在自己任校长期间，将不申报新科研课题，不新带研究生。

12 月 16 日

据同济大学网站消息，同济大学 2012 年博士生招生将首次面向“卓越联盟”其他 8 校及湖南大学等 9 所高校的应届硕士生推行“资格审核制”。“资格审核制”选拔，指的是申请人提交相关材料，经过研究生院和所报考学科审核以后，直接获得参加将于明年 4 月、5 月举行的“综合考核”资格。申请人须提

交的材料主要包括报考导师的推荐意见、科研成果和外语水平证明等。

12 月 22 日

据新华网，教育部网站 22 日发出公告，首次面向海内外公开选拔 2 所直属高校校长和 6 所直属高校总会计师。2 所公开选拔校长的学校是东北师范大学校长、西南财经大学校长。6 所选拔总会计师的高校是东南大学、山东大学、华中科技大学、中央戏剧学院、东北大学、中国海洋大学。

12 月 28 日

据中国新闻网，袁贵仁向全国人大常委会报告《教育规划纲要》实施情况，袁贵仁表示经济社会发展规划优先安排教育发展的同时，财政资金也优先保障教育投入，全面部署落实 2012 年实现国家财政性教育经费支出占国内生产总值比例达到 4% 的工作。

B.29

2011年度十大教育新闻

21世纪教育研究院　新浪网教育频道

岁末年初之际，21世纪教育研究院与新浪教育频道联合推出“2011年度教育事件”评选活动。① 结果如下：

表1　2010年度十大教育热点排行

排名	教育事件	排名	教育事件
1	甘肃校车事故	6	北京取缔一批打工子弟学校
2	“五道杠”等反教育事件	7	清华大学挂牌“真维斯楼”
3	“虎妈狼爸”教育引激辩	8	公民呼吁开放“异地高考”
4	南科大改革艰难前行	9	农村学生营养改善计划
5	农村大学生比例下降引热议	10	宁陕县实施15年免费教育

附：

1. 中国教育报：2011年全国十大教育新闻②

表2　2011年全国十大教育新闻

序号	名　　称
1	清华大学建校百年，胡锦涛总书记强调提高质量是高等教育生命线
2	首届免费师范生全部到中小学任教，温家宝总理勉励优秀人才终身从教
3	中国共产党成立九十周年，教育系统多种形式庆祝党的生日
4	党的十七届六中全会提出，社会主义核心价值体系融入国民教育
5	国家加大财政性教育投入，确保4%目标2012年实现
6	教育部与省级政府签署备忘录，共同推进义务教育均衡发展
7	世界大运会在深圳举行，中国居奖牌榜首位
8	国家强力推进学前教育发展，各地全面实施学前教育三年行动计划
9	国家启动农村学生营养改善计划，2600万农村学生受惠
10	甘肃等地发生校车事故，国家采取综合治理措施

① 《2011新浪网络盛典年度教育事件》，新浪网。

② 《2011年全国十大教育新闻揭晓》，2011年1月1日《中国教育报》。

2. 人民网：2011 中国教育十大网络热词①

表 3　2011 中国教育十大网络热词

排名	名　称	排名	名　称
1	免费午餐	6	寒门难出贵子
2	农民工上大学	7	“烟草院士”
3	“虎妈”“狼爸”“变态娘”	8	高校换帅
4	“五道杠少年”	9	校长晚宴
5	“绿领巾”、“红校服”	10	自主招生

① 《2011 年中国教育十大网络热词》，人民网。

B.30

2011年高考语文作文题汇集*

全国卷
（贵州、云南、甘肃、内蒙古、青海、西藏、河北、广西）

阅读下面材料，根据要求写一篇不少于800字的文章：

2010年9月12日，北京一家体育彩票专卖店的业主为某彩民垫资购买了一张1024元的复式足球彩票，第二天他得知这张彩票中了533万元大奖，在第一时间给购买者打电话，并把中奖彩票交给买主。他成为又一位彩票销售“最诚信的业主”。

有人据此在互联网上设计了一项调查：“假如你垫资代买的中了500万元大奖的彩票在你手里，你怎么做?”调查引来16万人次的点击，结果显示，有29.9%的人选择“通过协商协议两家对半分”；有28.1%“把500万元留给自己”；有22.1%的人选择“把500万元给对方”；还有19.9%的人没做选择。

要求选好角度，确定立意，明确文体，自拟标题；不要脱离材料内容及含义的范围作文，不要套作，不得抄袭。

新课标全国卷
（河南、山西、新疆、宁夏、吉林、黑龙江）

据美国全球语言研究所公布全球二十一世纪十大新闻，其中有关中国作为经

* 资料来源：网络资源。

济和政治大国崛起的新闻名列首位，成为全球最大的新闻。该所跟踪了全球75 万家纸媒体、电子媒体及互联网信息，发现其中报道中国崛起的信息有3 亿多条。那么，中国的崛起主要有什么值得称道的和关注的特点呢?《中国青年报》和新浪网在中国网民中进行了调查，结果排在前六名的分别是：经济发展、国际影响、民生改善、科技水平、城市新进程和开放程度。

请根据以上材料，谈自己的所思、所想。选择一个恰当的角度，题目自拟，文体不限（除诗歌外）；不要脱离材料的含义，不要套作，不得抄袭。

北　京　卷

阅读下面材料，按要求作文：

鹿特丹世乒赛结束后，师生们一起讨论，生甲：太好了，中国队又包揽了全部冠军！这叫实至名归。竞技体育就得靠实力说话。生乙：但我更愿意看见外国选手成功挑战中国名将。一个国家长期垄断某体育比赛的金牌其实并不利于这个项目的发展。生丙：有人主张中国队应让出一两枚金牌，我不赞成，如果故意输球，就有违公平竞赛原则和奥林匹克精神……

老师：同学们说的都有一定道理，有些道理不仅体现在乒乓球运动上，也适用于其他社会生活领域。

要求：根据以上材料，自选角度，自拟题目，联系实际，写一篇不少于800字的文章。除诗歌外文体不限。

上　海　卷

犹太王大卫在戒指上刻有一句铭文：一切都会过去。

契诃夫小说中的一个人物在戒指上也有一句铭文：一切都不会过去。

这两句寓有深意的铭文，引起了你怎样的思考？自选角度，自拟题目，写一篇文章。

要求：（1）不少于800字，（2）不要写成诗歌，（3）不得透露相关个人信息。

天 津 卷

古人云："以铜为镜，可以正衣冠；以古为镜，可以知兴替；以人为镜，可以明得失。""镜"是认识自我和世界的另一双眼睛。今天，更多种类的镜丰富了我们感知的层次和色彩：望远镜将我们的视线引向远方，显微镜撩开微观世界的神秘面纱，反光镜让我们瞻前仍可顾后，哈哈镜变幻出多样的自己，三棱镜在我们面前架起一道美丽的彩虹。这些镜为我们打开了多维的空间，使我们的视野更加开阔，思想更加深邃，心灵更加明澈。

请从望远镜、显微镜、反光镜、哈哈镜、三棱镜中至少选择两种镜，结合自己的感悟，写一篇文章。

要求：①自选角度，自拟题目。②除诗歌外，文体不限。③不少于800字。④不得套作，不得抄袭。

重 庆 卷

阅读下面的材料，根据要求作文。(60分)

材料一：香港大学校工袁苏妹没有上过大学，不知道什么是"院士"，也没做什么惊天动地的大事，只是44年如一日用心、用情为学生做饭、扫地，深深地感动了学生。学生说："她就像我们的妈妈一样。"2009年9月，香港大学授予她"荣誉院士"，称她"以自己的生命影响大学堂仔的生命"，是"香港大学之宝"。

材料二：巫溪县乡村教师赵世术，20 年独守讲台，13 年残体支撑，在大山深处点燃知识的火把，照亮了小村里一代代渴求的眼睛。他在 33 年间延展自己的爱心，沉淀为精神的沃土，让希望在春天发芽。他因“师魂灿烂”而被评为 2010 年“感动重庆”十大人物之一。

请结合材料和自己的体验与感悟，以“情有独钟”为话题，写一篇文章。

要求：①选准角度，明确立意；②自拟标题，自选文体（诗歌除外）；③不少于 800 字；④不得套作，不得抄袭。

福 建 卷

根据以下文字，写一篇不少于 800 字的记叙文或议论文：

袁隆平说，我的工作让我常晒太阳、呼吸新鲜的空气，这使我有了个好身体……我梦见我种的水稻长得像高粱那么高，穗子像扫把那么长，颗粒像花生米那么大，我和我的朋友，就坐在稻穗下乘凉。

要求：（1）必须符合文体要求；（2）角度自选；（3）立意自定；（4）题目自拟；（5）不得抄袭，不得套作。

广 东 卷

阅读下面的文字，根据要求作文（60 分）。

大千世界“原点”无所不在。“原点”可以是道路的起点，可以是长河的源头，可以是坐标的中心，可以是事物的根本……

请以“回到原点”为标题，联系生活体验与认识，写一篇文章，自定文体，不少于 800 字（含标点符号）。

安　徽　卷

以“时间在流逝”为题，写一篇作文。题材不限，不少于 800 字。

注意：

1. 立意自定。
2. 题目自拟，诗歌除外。
3. 不得抄袭，不得套作。
4. 不得透露个人相关信息。
5. 书写规范，正确使用标点符号。

江　西　卷

孟子曰：君子有三乐……父母俱存，兄弟无故（灾患），一乐也；仰不愧于天，俯不怍（惭愧）于人，二乐也；得天下英才而教育之，三乐也。（《孟子·尽心下》）

孟子认为君子有三乐，其实这也是今天成为我们崇尚的人生之乐。请选择三乐中一乐作文。

要求：1. 写议论文或记叙文；2. 题目自拟；3. 不少于 700 字；4. 不得抄袭、不得套作。

江　苏　卷

不避平凡，不可平庸。为人不可平庸，平庸则无创造，无发展，无上进；处世不可平庸，因此要有原则，有鉴识，要坚守。

请以“拒绝平庸”为题，写一篇不少于 800 字的文章。

要求：1. 立意自定；2. 角度自选；3. 不必面面俱到；4. 除诗歌外，文体自选。

浙 江 卷

阅读下面的文字，根据要求作文。(60 分)

一代人有一代人的偶像。钱学森、袁隆平、宗庆后、张艺谋、马化腾、刘翔……他们是不同时代不同行业的成功者，有无数崇拜者和模仿者追随其后。他们做过什么，又是怎么做的，被写进了种种励志读本，然而，他们的成功很难复制，因为时间在变，万物在变，一个人成功的赋予也在变。

时间不是一个抽象的概念。春夏秋冬，四时更替。物理时间随着时钟的指针分分秒秒匆匆地流逝，而人生时间，则由大大小小的悲喜堆叠而成过去，由错错对对的选择建构而成未来。所以，人生的真谛不在复制别人的成功，而是认识自己，在合适的时间里做好该做的事！

根据上述材料的含义，以“我的时间”为标题，写一篇不少于800 字的文章。

要求：①选择角度，明确立意。②除诗歌外，文体不限。③不得抄袭，不得套作。

湖 北 卷

请以“旧书”为题写一篇作文。要求：1. 请先将作文题写在答题卡上，然后作文；2. 立意自定；3. 文体自选；4. 字数不少于 800 字。(60 分)

湖 南 卷

阅读下面的文字，根据要求作文。(60 分)

某位知名歌唱演员在接受中央电视台采访时谈到自己的变化：过去她出场面对观众说的第一句话是“大家好，我来了!”而现在她说的是“谢谢大

家，你们来了!”

也许类似的变化曾经发生在你的身上或身边，也许你对此有自己的感受和思考。请自拟题目，写一篇不少于800字的记叙文或议论文。

四 川 卷

请以“总有一种期待”为题目，写一篇文章。

要求：1. 立意自定，文体自选；2. 不得套作，不得抄袭；3. 不少于800字。

山 东 卷

请以“这世界需要你”为题，写一篇不少于800字的文章。

要求：1. 自定立意。2. 除诗歌外文体不限。3. 文体特征鲜明。

辽 宁 卷

阅读下面一段材料，根据要求写不少于800字的文章：

有位哲学家举着一个苹果对他的学生说：“这个苹果是我刚从果园摘来的，你们闻到它的香味了吗?”有一个学生看到苹果红红的就抢着说：闻到了。

哲学家又走到学生面前让他们闻，有的说闻到了，有的闻也不闻就说闻到了，只有三个学生默不作声。哲学家说：“你们怎么了?”其中一个学生又闻了闻，说：“什么味也没闻到。”还有一个学生上来摸了摸说：“这是什么苹果?”还有一个学生讷讷地说：“老师，今天我感冒了。”

哲学家把这个苹果拿给学生们传看，竟然是蜡做的假苹果。

要求选好角度，明确立意，确定文体，不要脱离所给材料的范围，不要套作，不要抄袭。

B.31

4161 名家长参与调查：孩子一天到底有多累*

平时每天上课 6 ~ 7 小时，放学后到校外补习语数外，然后回家花 3 个小时做作业，基本不锻炼和娱乐，也没有时间和父母一起交流，晚上 10 点左右上床睡觉。根据调查，33% 的孩子几乎没有时间和父母在一起交流；39% 的孩子每天大概能有半小时，18% 有半小时到一小时，10% 的孩子可以有 1 小时以上。

都说现在的学生负担重，忙于上课、忙于作业、忙于各种课外辅导班，他们还有自己的时间吗？为了了解孩子课余的生活状态，人民日报社会版与人民网教育频道共同推出“孩子一天有多辛苦?”之专题调查。本调查得到广泛响应，共有 4161 名家长参与。其中 52% 调查对象的孩子是小学生，34% 是初中生，14% 是高中生。调查对象的结构特点与中国网民的年龄结构偏年轻有一定关系。

课余时间孩子都如何支配呢？从调查结果来看，做作业是他们最主要的任务。31% 的孩子每天写作业要花 3 小时以上，28% 的孩子花 2 ~ 3 小时，30% 的孩子花 1 ~ 2 小时，只有 11% 的孩子花了不到一小时。除了作业，还有课外辅导班等着孩子。调查显示，68% 的孩子都参加了辅导班，而且辅导班多半（53%）还是语数外或是奥数的课程。

孩子每天能有多长的时间用于锻炼身体呢？近六成的孩子（57%）每天基本没有锻炼，23% 的孩子锻炼不到半小时，15% 的孩子能有半小时到一小时的锻炼时间，仅有 5% 的孩子锻炼时间可达 1 ~ 2 小时。调查还显示，接近一半（49%）的学生已经患上近视。长此以往，健康状况堪忧。

繁重的课业也挤压了孩子和父母在一起游玩或交流的时间。根据调查，33% 的孩子几乎没有时间和父母在一起交流；39% 的孩子每天大概能有半小时，18% 有半小时到一小时，10% 的孩子可以有 1 小时以上。

---

* 资料来源：2011 年 11 月 14 日《人民日报》。

孩子每天写作业的时间

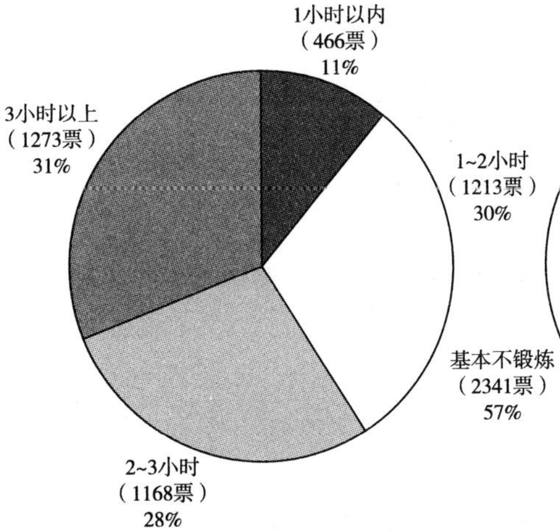

1小时以内（466票）11%

1~2小时（1213票）30%

2~3小时（1168票）28%

3小时以上（1273票）31%

孩子每天锻炼的时间

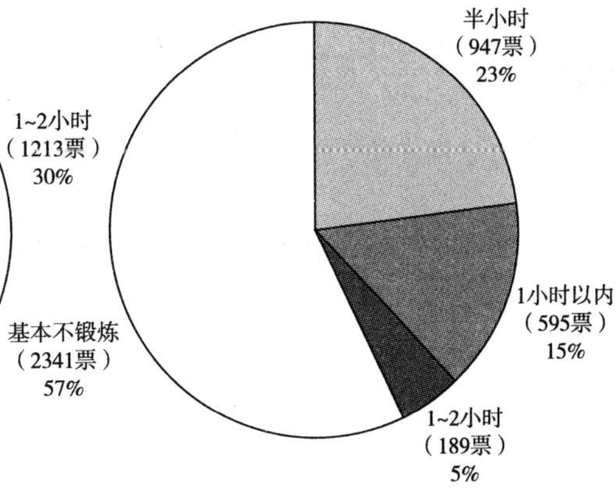

半小时（947票）23%

1小时以内（595票）15%

1~2小时（189票）5%

基本不锻炼（2341票）57%

学生都报了几个课外补习班

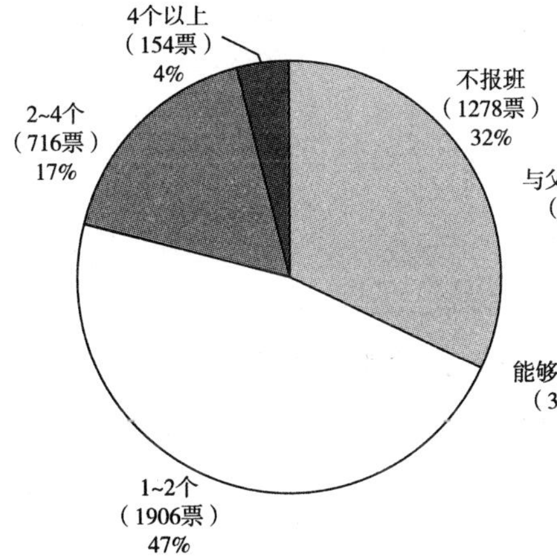

不报班（1278票）32%

1~2个（1906票）47%

2~4个（716票）17%

4个以上（154票）4%

孩子认为最快乐的事是什么

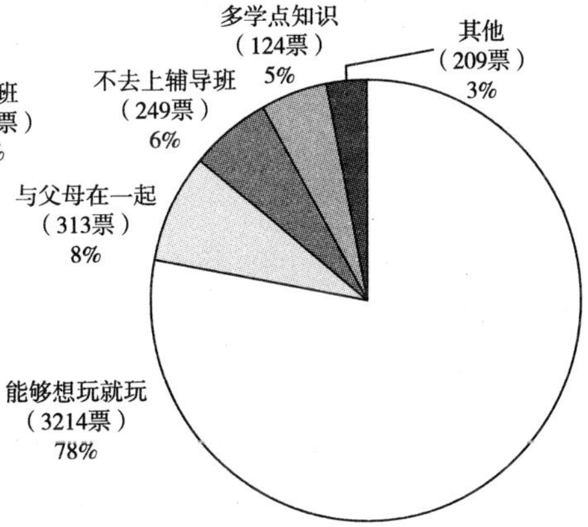

其他（209票）3%

多学点知识（124票）5%

不去上辅导班（249票）6%

与父母在一起（313票）8%

能够想玩就玩（3214票）78%

根据调查的结果，我们可以勾画出一个这样的小学生形象：平时每天上课6~7小时，放学后到校外补习语数外，然后回家花3个小时做作业，基本不锻炼和娱乐，也没有时间和父母一起交流，晚上10点左右上床睡觉。即使在节假日，也没有多少娱乐时间。

难怪，认为最快乐的事情是能够想玩就玩的孩子占了压倒多数（78%）。事实上，父母也都知道孩子的心愿，但现实是，他们基本不可能满足孩子的这一愿望。孩子辛苦的生活，日复一日。

B.32

温家宝：办好农村中小学教育，提高农村教师待遇

——温家宝总理在河北省兴隆县六道河中学与教师座谈时的讲话（2010年9月10日）

今天是第26个教师节，我和延东同志及教育部、河北省的有关领导来看望大家，并向全国广大教师和教育工作者致以节日的祝贺！

教育是国家发展的基石。国运兴衰系于教育，只有办一流教育，才会出一流人才，才能建一流国家。在整个教育事业中，中小学教育至关重要，它处在人生的文化启蒙和知识准备阶段，是教育体系的基础，是每个人终身发展的基础，是提高国民素质的基础。从这个意义上说，中小学教育是国家发展基础的基础。办好中小学教育，关键因素是教师。陶行知先生说过，在教师手里掌握着幼年人的命运，也就掌握着民族和人类的命运。广大中小学教师在平凡的岗位上默默耕耘、无私奉献，为我国教育事业发展和现代化建设作出了不可磨灭的贡献。

农村教育尤为重要。我国13亿人口超过半数生活在农村，一半以上的学龄儿童也在农村。要提高我国整体教育水平，必须加强农村教育这个薄弱环节。这个问题能不能解决好，关系到教育事业的现代化，关系到农村的长远发展，关系到整体国民素质的提高。我们一方面要保证农民工的子女同城里孩子享受一样的待遇，能上学、上好学；另一方面更为重要的是不要忘记办好农村教育。如果丢了农村教育，我们就会走偏方向。早在上世纪二三十年代，一些有识之士就十分关心乡村教育。他们认为，学校是乡村的中心，而教师则是学校和乡村的灵魂，乡村教育对启迪民智必不可少。在农村，教育既是基础工程，也是民生工程和民心工程。广大农民群众热切企盼办好教育，生活再困难，也要供孩子上学。因为他们懂得，物质上的贫穷只是暂时的，只要孩子有文化、有知识，就能改变命运，生活就会有奔头。我们一定要通过坚持不懈的努力，让农村所有的孩子都能

够上学，都能够接受现代文明的教育。

这些年来，我们在发展农村教育方面下了很大工夫，取得了很大成效。义务教育实现了全部免费，学龄儿童入学率达到98%以上，农村文盲大大减少。我们在加强农村教师队伍建设方面也做了大量工作，通过实施农村义务教育学校教师特设岗位计划、师范生免费教育和农村教育硕士计划等多项措施，使农村教师队伍状况得到了很大改善。但也要看到，在相当多的农村地区，教育设施简陋、教学条件较差、教育经费困难等问题仍然存在，尤其是农村师资队伍建设问题比较突出。比如，农村教师待遇不高，生活条件艰苦，本地教师不安心，外地教师不愿来，学习深造机会少，存在知识老化现象等。对这些问题，我们必须进一步采取措施，努力加以解决。

提高农村教育水平，核心是农村中小学，关键是中小学教师。孩子受教育包括各个方面，学校教育、家庭熏陶、社会影响，时时处处都在进行。就整体环境看，农村孩子和城市孩子的家庭环境、社会环境相差很大，我们不可能在短期内消除城乡差距。如果不把农村的学校办得好一些，农村孩子受教育的条件和城市孩子相比差距就更大了。正基于此，从2007年起，国务院决定在教育部直属师范大学实行师范生免费教育试点。这个重要举措，就是向全社会发出重视师范教育的强烈信号，就是要鼓励更多的优秀青年从事基础教育工作，到农村、到艰苦的地方去当中小学教师，从而培养大批优秀的农村中小学教师。在教育部及有关方面的共同努力下，这项工作已经取得了较大进展，4年累计招收免费师范生4.5万多人，首批万名免费师范生即将到中小学校进行教育实习。今后，我们还要投入更多的财力、更大的精力推进这项试点工作，并认真总结经验，逐步在全国推广。

这里，我顺便回答一下大家在座谈中提到的有关问题。一是师范教育的实习经费要保证。政府不仅要免除师范生的学费、住宿费，补助生活费，而且要保证教育实习经费。二是要建立免费师范生录取、淘汰和奖励机制。任何学生，入学学习一段时间后，特长、特点才能表现出来。因此，必须有一个机制，使师范教育像活水一样，让合格的师范生留下、不适合的转入其他方面，还要让优秀的师范生得到奖励，品学优秀的免费师范生也应该享受奖学金。三是要切实保证2007级免费师范生就业。当时研究制定政策的时候，除了免费以外，还向师范生提出一个条件，就是要服从需要，到中小学任教。教育部和有关省要抓紧落实好政策，按照公开、公正、透明、优先的原则，使免费师范生顺利走上基层中小学教师岗位。四是关于免费师范毕业生的继续教育问题。师范生可以读硕士、读博士，也可以留学，但我希望他们最终都要回来当教师。霍懋征老师健在时曾经提出，小学生要由大学生来教。她是1943年北师大毕业的，一直教小学到离开教育岗位。那为什么中学生不能由硕士生和博士生来教呢？为什么不能由留学生来教呢？如果能形成这样一种风气，我们的教育就会出现一个新的局面。

今天，参加座谈会的有来自北京师范大学的免费师范生代表，同学们是未来农村教师队伍的新生力量，是提高农村教育质量的关键所在。这里我给大家提几点希望。

第一，要热爱农村教育。热爱是做好一切本职工作的前提。当好乡村教师，首先要热爱农村、热爱农民、热爱农村教育事业。没有爱便没有教育。有了爱，就有了做好工作的热情和动力，就有了克服困难的信心和勇气，就有了坚持下去的信念和毅力。要把我们的一颗心献给8亿农民，心里要装着农民的甘苦。最近，湖南宜章县乡村中心小学校长李黎明的事迹，在全国引起强烈反响。李黎明同志呕心沥血20多年，为农村教育奉献了青春和生命。他时常讲，“我是农民儿子的老师，我也是农民的儿子”，他真正把心交给了农民和农村教育，是我们学习的好榜样。

第二，要立志干一番事业。现在有一种看法，认为中小学教师不会有大出息。我认为不是这样，教中小学也能出大师。叶圣陶先生年轻时，曾在苏州一家小学任教，试验推行新式教学法。他以后成了著名的教育家、文学家，还非常自豪地在履历表中填上“小学教师”。文学家鲁迅、教育家杨昌济、国学大师钱穆等杰出人物，都是中小学教师出身。这些都说明，中小学教师大有作为，在这个平凡的岗位上完全可以成就一番不平凡的事业。

第三，要有吃苦耐劳精神。同城市相比，农村的生活环境和工作条件都还比较艰苦。同学们从事农村教育，必须要有吃苦耐劳的精神准备。人在年轻的时候，不要回避困难，也不要怕吃苦。有一句话说得好，吃苦是福。艰苦的环境，不仅可以磨炼人的意志，还能够增长才干。大家应当把从事农村教育视为自身发展的重要机遇，努力实现远大理想，锻炼成长为我国教育事业的栋梁之材。

办好农村教育，需要社会各方面共同努力。特别要重视和改善农村办学条件，提高农村教师待遇。要研究制定相关政策，逐步形成激励机制，让广大农村教师留得住、干得好、受尊重，培养和造就一支宏大的优秀农村教师队伍。

B.33

要与反教育行为作斗争

顾明远*

曾看到一张照片，标题是“差生伺候优生吃饭”。画面说明是，某校夏令营为了让学生“体验人生百态，把握自我命运”，根据学生的表现打分，把学生分成“上士”“中士”“下士”三等。“上士”吃三菜一汤，还有一杯代表身份的“红酒”；“中士”吃两菜一汤；“下士”站在桌子旁边伺候“上士”吃饭，只有等“上士”吃完了，把碗筷收拾了才能去吃比较差的饭。谁看到这张照片都会感到十分吃惊，这位校长竟然想出这种馊主意！

教育的根本目的是育人，培养德智体美全面发展的人才。学校的职责是敬业爱生，促进每个学生健康成长。但是现实生活中却时时出现上述那种教育，笔者把它称为“反教育行为”。今天我们大声疾呼，“育人为本”不应再停留在号召上、口号上，而应该针对育人中存在的问题，加以批判和纠正，与反教育行为作斗争。目前，教育中反教育行为表现在许多方面。

反教育行为之一，是把学生分成三六九等，特别歧视所谓“差生”“后进生”。上述那张照片不就是对学生人格的极大污辱？前几年山西某报登过一篇文章，标题为“谁毁了我一生?”，讲述一名非重点学校学生考上重点高中后，受到重点学校一位英语教师歧视。该教师常用语言伤害这位学生，使其功课一落千丈，对学习失去了信心。

当前有些学校设重点班或实验班，有的教师对非实验班的学生歧视，说非实验班的学生都是“烂学生”，使学生心灵受到极大的伤害。有些班主任甚至当着家长的面数落学生的缺点。这都是有损学生人格的反教育行为。

反教育行为之二，是用暴力对待“后进生”。电视曾曝光这样一件事，杭州有一所西点男子学校，用黄连、辣椒、鞭子等惩治顽皮的儿童，画面上还展示了

* 顾明远，中国教育学会会长，原文发表于《中国教育学刊》2011 年第 9 期。

一名儿童背上的条条鞭痕。另据报道，武汉某训练学校居然把学生整死！这种反教育行为严重违反了《义务教育法》《未成年人保护法》，是一种违法行为。此外，家长体罚子女的事也屡见不鲜。这都是违背法律和教育规律的行为，我们是不是应该与之斗争？

反教育行为之三，是用非人性的标语口号来督促学生拼命学习。有一所学校高三班的黑板上方贴着这样的标语："生时何必多睡，死后自然长眠。"何等惊人！类似的标语口号常见于高三毕业班上。这不仅不利于鼓励学生努力学习，而且会增加学生的压力；把学生捆绑在分数的战车上，更不利于学生理解人生的真正价值。

反教育行为之四，是在学习中提倡竞争。有一种错误的观点认为，市场经济讲竞争，社会上竞争激烈，因此应该把竞争机制引入学校。这是违背教育规律的，历代教育家都不主张学生在竞争中学习。学校应该营造互相切磋、互相借鉴、互相帮助的学习气氛，使学生共同进步。但现在学校却强调竞争，学生间互相保密、互相歧视。有一个学生考了一百分，回家大哭一场。母亲问她："考了一百分为什么大哭？"女儿说："因为还有一个同学也考了一百分。"这种竞争滋生了嫉贤妒能的心态，是不是也是一种反教育行为？

反教育行为之五，是拔苗助长，对学生实施过度的教育，过早地给儿童加重学习任务，用沉重的学习负担剥夺其幸福的童年。这不仅使儿童身体受到损害，而且也使其社会情感受到扭曲。江苏瓜农施用膨大剂，使未成熟西瓜在地里裂开。我们的教育是不是也在向学生施用膨大剂？这值得大家反思。

反教育行为，学校中存在，也反映在社会、家庭中。陶行知先生说过，好教育培养出好人，坏教育培养出坏人。反教育就是一种坏教育，学校、家庭、社会都要与之斗争，特别是学校，作为专门育人的阵地，更要坚决与之斗争。

B.34
我们执笔的意义

张旖天*

19世纪所期望的，可不是20世纪这样子的。

——木心

当今这一代中国的青年们，上到初中的时候，便开始在课本上见到鲁迅的文章，并且重点学习它们——即使，这重点代表的只是大段大段地背下拗口的语句分析和文章的中心思想，然而——

暂且先将这“然而”略过不提罢。1918年，鲁迅先生写下《爱之神》。被爱神一下射中的人儿，即使是“还有心胸”的那一个，却也同样问出叫爱神疑惑的问题：“我应该爱谁?”

也无怪爱神顿时“着慌”了。无论哪一个尚且未曾麻木完全的人，也都该觉得心头一凉的。当我读到这句话，耳边仿佛凭空起了隆隆的回声：“我应当爱谁?”“我应当爱谁?”我胆战地望向声音的源头，只见那里浮现出成千上万张麻木的脸孔，他们的嘴巴似木偶一般机械地开闭，无时无刻的，一遍又一遍问着：“我应该爱谁?”

这样可怖的一幕，让我冷汗涔涔起来。爱神“着慌”，我也是，鲁迅亦是。只不过鲁迅望到的是旧中国麻木国民的脸孔，而我望到的，是千千万万与我一样年纪的，成长在如今教育体制下的中国青年。

我们出生在这个和平的年代，过着比先辈们条件好无数倍的生活，从小接受所谓的素质教育，度过比其他国家的同龄人艰苦无数倍的学生生涯。

我此时要说出那然而了——然而，我们中的越来越多人，在不知什么时候，

---

* 张旖天是江苏省无锡市辅仁高级中学高三（9）班的学生，她的《我们执笔的意义》在第二届“鲁迅青少年文学奖”中夺冠，2011年1月获全国新概念作文大赛一等奖，已于2011年9月保送进入厦门大学。她说“我不认同高考作文，但是不会作无谓的抵抗”。文章来源于2011年3月28日《中国青年报》。

失去了独立思考问题的能力，失去了质询课本的勇气，失去了作为国家顶梁柱的责任感。

所谓初生牛犊不怕虎，这句话是很有道理的。只是这无惧是因为无知，人生之初，无所知晓，自然也无可畏惧。无论是旧中国麻木的国民还是如今失去了自己思考能力的青年，在他们的人生之初，理想，勇敢，执著，创新力，都是如此鲜活地在他们心中真切存在过的。而当今这无数的中国学子们，在所谓的素质教育体制之下，在一次又一次地被否定后，收起了勇敢质疑的目光，嗫嚅着退进了这个社会以教科书为界，为他们画下的思想牢笼里，木然地重复师长的话："书上这样写，自然这样做，哪里有什么为什么。"——用问着"我应该爱谁"时一模一样的脸孔。

还有一个然而——然而，即使是以这种方式，他们毕竟也算是读着鲁迅长大的一代啊。

鲁迅的种种不必多言，毛泽东对其的评价便可概括一切："鲁迅的骨头是最硬的。他没有丝毫的奴颜和媚骨，这是殖民地半殖民地人民最可宝贵的性格。"如今他已长眠多年，无法眼见当初他奋力挥笔营救的这个命途多舛的国家，是怎样一步一步走上独立富强。

只是呵只是。只是如今青年们写作的光景，若他预料到的话——其实也许他早已预料到了，所谓国民的劣根性，当年他是一书再书的。即使如今歌舞升平，人民高唱生活奔小康，这些劣根性也只是换上副粉饰了些许的面孔，同样可怖的张牙舞爪起来——甚至，在这样表面一派繁荣下酝酿着的巨大危机，是比当初可怕得多的。如今青年写作，读书时，只知用对套路取得一个好分数；后来，为了名，为了利，有的自我欺骗得彻底些的，便美其名曰远大前程，并且陶醉其中，丝毫不以之羞愧。我常不禁想，鲁迅先生若是在世，必定是要愤而夺过他们手中那支虚伪的笔，用力掷于地上的。而若是说得穿些，这些青年也是无奈的：他们的身后是整个价值观趋于功利化的社会，还有一整个同样受到这种教育的家庭殷切期盼的目光。这一切使他们如芒在背，他们不敢，也不忍伸出手去抗拒。时间长了，自然连自己长着一双可以抗拒的手也全然忘记了。

这可以说是整个社会的过错，若这样发展下去，终会成为一个国家的悲剧。青年们在这样的背景下载浮载沉，无法自主，身陷泥泞而不自知。当这个国家的青年失去了心中执笔的意义，危机便蓄势待发。

我深觉自己身处这无数青年中的无力与悲哀，然而我终在盼望这片无形的黑暗里迸出光明。“知世故而不世故才是最善良的成熟”，我执紧了手中的笔，坚信着，文学不死。以吾一辈，必效鲁迅先生，以笔为利器，振兴中华。因为鲁迅先生其实早已借爱神之口，为迷途的人们给出了答案：“你要是爱谁，便没命地去爱他；你要是谁也不爱，也可以没命地去自己死掉!”

皮书数据库

中国社会科学院 社会科学文献出版社

首页 数据库检索 学术资源群 我的文献库 皮书全动态 有奖调查 皮书报道 皮书研究 联系我们 读者荐购

权威报告　热点资讯　海量资料

当代中国与世界发展的高端智库平台

皮书数据库 www.pishu.com.cn

皮书数据库是专业的社会科学综合学术资源总库，以大型连续性图书皮书系列为基础，整合国内外其他相关资讯构建而成。包含七大子库，涵盖两百多个主题，囊括了十几年间中国与世界经济社会发展报告，覆盖经济、社会、政治、文化、教育、国际问题等多个领域。

皮书数据库以篇章为基本单位，方便用户对皮书内容的阅读需求。用户可进行全文检索，也可对文献题目、内容提要、作者名称、作者单位、关键字等基本信息进行检索，还可对检索到的篇章再作二次筛选，进行在线阅读或下载阅读。智能多维度导航，可使用户根据自己熟知的分类标准进行分类导航筛选，使查找和检索更高效、便捷。

权威的研究报告，独特的调研数据，前沿的热点资讯，皮书数据库已发展成为国内最具影响力的关于中国与世界现实问题研究的成果库和资讯库。

皮书俱乐部会员服务指南

1. 谁能成为皮书俱乐部会员？

- 皮书作者自动成为皮书俱乐部会员；
- 购买皮书产品（纸质图书、电子书、皮书数据库充值卡）的个人用户。

2. 会员可享受的增值服务：

- 免费获赠该纸质图书的电子书；
- 免费获赠皮书数据库100元充值卡；
- 免费定期获赠皮书电子期刊；
- 优先参与各类皮书学术活动；
- 优先享受皮书产品的最新优惠。

社会科学文献出版社 SOCIAL SCIENCES ACADEMIC PRESS (CHINA) 皮书系列

卡号：9551172007299681

密码：

（本卡为图书内容的一部分，不购书刮卡，视为盗书）

3. 如何享受皮书俱乐部会员服务？

（1）如何免费获得整本电子书？

购买纸质图书后，将购书信息特别是书后附赠的卡号和密码通过邮件形式发送到pishu@188.com，我们将验证您的信息，通过验证并成功注册后即可获得该本皮书的电子书。

（2）如何获赠皮书数据库100元充值卡？

第1步：刮开附赠卡的密码涂层（左下）；

第2步：登录皮书数据库网站（www.pishu.com.cn），注册成为皮书数据库用户，注册时请提供您的真实信息，以便您获得皮书俱乐部会员服务；

第3步：注册成功后登录，点击进入“会员中心”；

第4步：点击“在线充值”，输入正确的卡号和密码即可使用。

皮书俱乐部会员可享受社会科学文献出版社其他相关免费增值服务

您有任何疑问，均可拨打服务电话：010-59367227　QQ:1924151860

欢迎登录社会科学文献出版社官网(www.ssap.com.cn)和中国皮书网（www.pishu.cn）了解更多信息

"皮书"起源于十七八世纪的英国，主要指官方或社会组织正式发表的重要文件或报告，并多以白皮书命名。在中国，"皮书"这一概念被社会广泛接受，并被成功运作、发展成为一种全新的出版形态，则源于中国社会科学院社会科学文献出版社。

皮书是对中国与世界发展状况和热点问题进行年度监测，以专家和学术的视角，针对某一领域或区域现状与发展态势展开分析和预测，具备权威性、前沿性、原创性、实证性、时效性等特点的连续性公开出版物，由一系列权威研究报告组成。皮书系列是社会科学文献出版社编辑出版的蓝皮书、绿皮书、黄皮书等的统称。

皮书系列的作者以中国社会科学院、著名高校、地方社会科学院的研究人员为主，多为国内一流研究机构的权威专家学者，他们的看法和观点代表了学界对中国与世界的现实和未来最高水平的解读与分析。

自20世纪90年代末推出以经济蓝皮书为开端的皮书系列以来，至今已出版皮书近800部，内容涵盖经济、社会、政法、文化传媒、行业、地方发展、国际形势等领域。皮书系列已成为社会科学文献出版社的著名图书品牌和中国社会科学院的知名学术品牌。

皮书系列在数字出版和国际出版方面也是成就斐然。皮书数据库被评为"2008～2009年度数字出版知名品牌"；经济蓝皮书、社会蓝皮书等十几种皮书每年还由国外知名学术出版机构出版英文版、俄文版、韩文版和日文版，面向全球发行。

法律声明